叢書・ウニベルシタス　170

身代りの山羊

ルネ・ジラール

織田年和／富永茂樹 訳

法政大学出版局

René Girard
LE BOUC EMISSAIRE

身代りの山羊／目　次

凡例

一、本書は、René Girard, *Le Bouc émissaire*, Grasset, 1982. の全訳である。

一、本文中の《 》カッコは原文でも同じもの、傍点は原文イタリック体であることを示す。ただし、明らかに引用文と判断される部分、書名・誌名を示すものについては、それぞれ「 」、『 』カッコを用いた。また、トリックスターなど、原文（フランス語）から見て外国語であることを示すのみのイタリック体の部分には、傍点をふらなかった。

一、引用された書物のうちすでに邦訳のあるものについては、訳文を用いさせていただいた。聖書からの引用は、日本聖書刊行会版の訳文によった。ただし、いずれの場合も、前後のテクストとの関連で、多少訳語を変更させていただいたところもある。なお、引用文中〔 〕で補ってあるのは、ギョーム・ド・マショーの詩のなかのもの（四ページ六行目）をのぞいてすべて著者の手になるものである。

一、読者の便宜を考え、必要最小限の訳注を付し、本文中行間に（一）、（二）…で示して、同様に（1）、（2）…で示した原注とともに、巻末に一括してかかげてある。

第1章　ギョーム・ド・マショーとユダヤ人

ギョーム・ド・マショーは、十四世紀中頃のフランスの詩人であるが、その『ナヴァール王の審判』はもっと広く知られていていてもよさそうだ。なるほど、この作品は、文体からしても主題からしても、因襲的な宮廷文学様式の長詩でしかない。だが、冒頭部分に印象的なところがある。破局的な出来事が脈絡もなしに次つぎとおこり、ギョームはその場に居合わせたというが、結局、恐ろしさのあまり、自分の家に閉じこもって、死かさもなくば厄災の終焉の訪れるのを待とうとする。出来事のうちには、まったく信じられないものもあれば、半ばしか信じられないものもある。しかしながら、この物語を読んでいると、何かが現実におこったにはちがいないという気になってくる。

空にしるしがあらわれる。石が雨のように降り注ぎ、生あるものたちを叩きつぶす。雷がいくつもの町を完全に打ちこわす。ギョームの住まっていた町――彼はそれが何という町なのかを語ってはいないが――でも、多数の人間が死んでゆく。そのうちいくつかは、ユダヤ人とキリスト教信者のあいだにもいた彼らの仲間たちの悪意にみちた仕業のせいである。彼らはどんなふうにして、町の住民に広汎な害をおよぼしたのだろうか。河や飲水を供する泉に毒物を投げこんだのだ。天の正義がこれらの悪行の張本人が誰であるかを明らかにしてくれたので、住民は彼らを皆殺しにし、秩序が戻ってきた。しかしながら、あいかわらず人びとは死んでゆき、その数はふえる一方だった。それは、ある春の日、ギョームが通りで音楽と男女の笑い声を耳にするときまでつづいた。こうして一切の災難が終り、宮廷風恋愛詩の世界がまた戻ってくる。

近代批評は十六世紀から十七世紀にかけて成立したが、以来テクストを盲目的には信用せぬことをその本分としてきた。現代でも、テクストにたいする不信感をさらに高めることが批評の洞察力を高めることだ、と考える人は数多い。歴史家が幾世代にもわたって解釈につぐ解釈を繰り返してきたために、以前は現実的な情報をふくむと思われていたテクストも、今日では疑わしいとされる。他方でまた、認識論と哲学は深刻な危機に見舞われており、これがかつて歴史学と呼ばれていたものの動揺を助長している。テクストの消化に手慣れた知識人はみな、一切の確実な解釈が不可能であることをめぐる意気あがらぬ考察に逃げこんでしまっている。

一見したところ、ギョーム・ド・マショーのテクストは、現代の懐疑主義的な風土では、歴史的な確実性にかんして脆い点があると思われるかもしれない。だが、もう少し深く考えてみれば、今日でもなお、これを読む者は、物語のなかのおこりそうにもない出来事をとおして、現実の事件の存在を見抜くことだろう。空にあらわれたしるしもユダヤ人に向けられた非難も信用しはしない。かといって、一切の題材を同じく信じられぬものとも見なさない。ギョームは作り話は少しもしていない。彼は物事を信じやすい質の男であって、ヒステリックな世論を反映しているのだ。彼の報告している夥しい数の死者は現実以外の何ものでもなく、明らかに、一三四九年と一三五〇年にフランスを襲った、有名な黒死病がその原因である。ユダヤ人たちが虐殺されたのも同様に現実であって、血に狂った群衆の眼には、その虐殺は、ほとんどいたるところに広まった毒物投げこみの噂によって、正当なものと映っていた。こうした噂に充分な重みをもたせ、虐殺の引き金となったのは万人の疫病にたいする恐怖である。
『ナヴァール王の審判』でユダヤ人について述べている一節は次のとおり。

そののち、嘘つきで裏切者で背教徒の
唾棄すべき連中がやってきた。
それは善を憎み、あらゆる悪行を好んだ、
不誠実で邪悪な呪われたユダヤ人たちであった。
彼らはキリスト教徒たちに多くの金額を与え、また約束したので、
この者らは清らかで清潔であった多くの井戸や川、泉に毒を仕掛けた。
そのことから多くの人が命を失った。
なぜならその水を使った者はすべて
すぐさま死んだからである。
そのおかげで、この致命的な出来事が発覚する前に、
田舎でも町でも確実に十万の十倍もの
人びとが死んだ。

しかし高所に座を占め、遠くを見通し、
すべてを支配し、すべてを保護したまう方は、
この裏切りが隠されたままであることを望まれず、
その反対に、それを明らかにされ、

あまねく知れわたるようにされたので、
彼らは身体と財産を失った。
今やあらゆるユダヤ人は
ある者たちは絞首刑で、他の者たちは火刑で、
ある者は溺死刑で、他の者は斧ないし剣で首を斬られ、殺された。
そして〔彼らから金をもらった〕多数のキリスト教徒も同様に、
恥辱にまみれて死んだ。(1)

中世の共同体の人びとはペストをひどく恐れていたので、その名を聞くだけでもふるえあがるほどだった。彼らはなるべくならその名を口にせぬようにし、また、放っておけば重大な結果をまねくことになるのもかまわずに、疫病にたいする必要な措置を講じようともしなかった。彼らは無力なことははなはだしく、真実を認識することは、正面から状況に立ち向かうことではなく、むしろ病いの破壊的な力に身をまかせること、正常な生活を送っているという振舞いをすべて断念することを意味していた。共同体の住民全体が、すすんでこのようにわれとわが眼をふさいだのである。明白な事実を否定しようとするこうした絶望的な意図からは、《身代りの山羊》狩りが容易に発生してきた。(2)

ラ・フォンテーヌは『ペストに罹った動物たち』という寓話詩のなかで、この恐ろしい語を口にして、共同体のうちに何か邪悪な力を解き放ってしまうことにたいする、ほとんど宗教的とも言える嫌悪感を見事に描いている。

ペスト（というのもこれをその名でもって呼ばねばならないので）……

この寓話作家は、疫病と神の懲罰とを同一視する集合的な自己欺瞞の生成の過程をわれわれに見せてくれる。怒りの神は全員がひとしく罪をわかちあっていないことに立腹している。災いから逃れるためには、罪ある者を見つけ出して、しかるべく処分する、いやむしろ、ラ・フォンテーヌも書いているように、神に《捧げ》なければならない。

寓話のなかでまず問いただされるのは猛獣たちだが、彼らは殊勝げに自分たちの猛獣としての振舞いについて述べ、すぐさま許されてしまう。ロバが最後にやってきて、このもっともおとなしく、したがってもっとも弱くまた無防備な動物が、結局災いの張本人に指名されるのだ。

ペストの到来する以前に、それが近辺で流行しているという噂だけでユダヤ人を虐殺した町もいくつかあった、と歴史家は考えている。ギョームが語っていることは、おそらくこの種の社会現象に照応しているのだろう。というのも、虐殺は、疫病が最高潮に達するよりもずっと前におこっているからだ。だが作者によればユダヤ人の毒物のせいにされる多数の死者は、もうひとつ別の説明もできることを示唆している。現実にそれだけの死者が出たのだとすれば――これを架空の出来事とする根拠は何もない――彼らは同一の災いの最初の犠牲者であるかもしれないのである。しかし、ギョームは、後になってからでさえ、そのようには考えていない。彼の眼には、疫病の初期段階は昔ながらの身代りの山羊のせいであるとして充分に説明できるように映っている。それ以後の段階についてのみ、作者は本来の病いの現象の存在することを認めている。災いは広い範囲にわたっているので、これを毒物投入の陰謀ということだけでは説明しきれないのだが、ギョームは事件のその後の展開全体を真の原因との関連で解釈しなおそうとはしないのである。

さらにまた、この詩人がいったいどの程度までペストの存在を認めているのかもはっきりとしない。というのも、彼はこの不幸な語を最後まで明記していないからだ。決定的な瞬間がくると、疫病 *epydimie* という、当時はまだめったに使われていなかったと思われるギリシア語がおごそかに用いられる。ギョームのテクストのなかでこの語が現代語におけるのと同様のはたらきをしていないことはひとめ見ればわかる。それは、口にするのが恐ろしい言葉とほんとうに対応するものではない。むしろ一種の言いかえであり、ペストをペストと呼ばないための新たな方策であり、要するにもうひとつ別の、しかしこの場合はもっぱら言語のうえでの身代りの山羊なのである。かくも多くの人間をきわめて短期間に死なせしめた病気の本性と原因とを確定するのはまったく不可能であった、とギョームは語っている。

それがどこから来たのか、何であるのか
ただそれが疫病と呼ばれる
病いであることを除いて、
その原因を言いあてることのできる
内科医も外科医もいなかった。
(また、何の治療もそれにたいして施しえなかった。)

この点でもまた、ギョームは自分で考えるよりも世論に頼ろうとしている。十四世紀において、疫病という学術用語には、たえず《学問》にまつわる雰囲気があり、それが不安を抑えるのに役立った。ちょうど、ペストの瘴気を和らげるために、長いあいだ街頭で実施された燻蒸消毒法のようなものだった。病気にうまい名前をつければ半ば治ったのも同然のように思える。そこで、手に負えない現象もあたかも支配できたかのような気になろうとして、たびたびこれに新しい名前がつけられた。こうした言葉による悪魔祓いは、今日でもなお、科学がさしたる効果もなく無力な領域ではどこでも、われわれの心を惹きつけつづけている。ペストをペストと呼ぶのを拒絶することで、ひとが神に《捧げる》のは、要するにペストそのものなのである。これはいわば言語のうえでの供犠であり、同時あるいは先に進行した人間の供犠に比べると、たしかにかなり素朴なものであるが、その本質的な構造はやはり同じなのである。

あらゆる現実および想像上の集合的な身代りの山羊、すなわちユダヤ人や鞭打ち苦行者(一)、それに石の雨や作者が疫病とよぶものは、ギョームの物語のなかできわめて効果的にそれぞれの役割を演じている。そのため、後になって観た場合でさえ、彼はそれらをわれわれが《黒死病》とよぶ災いのひとつのまとまりとしてはけっして理解しないのだ。作者が気がついているのは、多少とも独立した、さもなくばエジプトの十の厄災(二)のように、ただ宗教的な意義によってのみ、たがいにつながっている多数の災害でしかない。

これまで述べてきたことのすべて、あるいはほとんどが自明のことがらである。われわれはみな同じようにギョームの物語を理解しており、本書の読者も理解のために私の説明を必要とはしていない。だが、われわれにとっては大胆とも力強いとも見えないこの読み方を強調しておいても無駄ではない。なぜなら、まさしくこの読み方は誰しもが認めるところであり、また論議の余地がないからである。この読み方が異論なく成立してからゆうに数世紀の歳月が流れ、いまだかつて覆されたことがない。根柢的な解釈のしなおしが問題になっているだけに、このことはいっそう注目に値する。作者が自分のテクストに付与している意味をわれわれはためらいもなしに退ける。作者は自分が何を言っているかわかっていないのだ、とわれわれは断言する。作品の成立から何世紀も経った現在、われわれ現代人には作者自身以上によくわかっており、またその述べているところを訂正することもできるのだ。われわれは作者の見ていない真理をも見抜く能力があると考え、またさらに大胆にも、作者には何も見えていないけれども、この真理をわれわれに伝えてくれるのは作者その人なのだと、はばかることなく言いきるのである。

物語のこうした解釈がこれまで受けてきた広汎な支持には値しない、ということになるのだろうか。われわれはそれをあまりにも安易に受け容れているのだろうか。裁判における証言では、証人がただ一点でも不完全であることがわかれば、その証言はもはや信憑性を失ってしまう。歴史の資料も裁判における証言と同じ扱いを受けるのが通例である。ところで、われわれは今、ギョーム・ド・マショーなる詩人の有利になるよう、この通例を破っているのだが、彼はそんな特別扱いには値しないかもしれないのである。『ナヴァール王の審判』のなかで言及されたユダヤ人の迫害が現実のものであることをわれわれは肯定する。要するに、いくつかの本質的な点ではなはだしい間違いを犯しているテクストから真実を抽き出そうと望んでいるのだ。もしもこのテクストを信用してはならない理由があるとすれば、テクスト全体を疑わしいものと見なし、迫害という生の事実はもとより、どんなわずかな確証もテクストに求めることを断念せねばならないのかもしれない。

それでは、先にユダヤ人たちは現実に虐殺されたのだと肯定してきたが、このような驚くべき確信は何にもとづいているのか。まずすぐに思いつく答えがある。われわれはギョームのテクストだけを読んでいるわけではないということだ。同じ時期に同じ主題を取り扱った別の文献資料がいくつか残っており、そのなかにはギョームのよりも信頼できるものもある。その作者たちはギョームほど軽がるしく物事を信じはしない。そうした文献が一体となって、緊密な網の目のような歴史の知識をつくり上げていて、われわれはそのなかにギョームのテクストをおいて読んでいるのである。とりわけ先に引用した『ナヴァール王の審判』の一節において真実と虚偽との区別ができたのも、この他の文献との関連に注目していたからなのである。

黒死病のさいのユダヤ人迫害の事実は、全体として比較的よく知られている、と言ってよい。この問題についての知識はすでに完全にそろっており、それゆえわれわれはある種の期待を抱きもする。ギョームのテクストはこの期待に応えてくれるのである。このように考えることは、個人的な経験やテクストとの直接の接触といった範囲では誤ってはいない。だが、理論的な観点からすると充分ではない。

なるほど歴史の知識は網の目のように拡がってはいる。しかし、そのもとになっている諸文献が、ギョームの場合と同じ理由からかあるいは別の理由からか、それはともかくとして、ギョームのテクストに比べてはるかに高い確証性をもつというわけではけっしてないのである。またすでに述べたように、ギョームの報告している出来事がどこでおきたものかわからないのだから、ギョームのテクストを他の文献との関連のなかでぴったりと位置づけることはできない。パリか、ランスか、それとも別の都市でのことかもしれないのだ。いずれにせよ、他の文献との関連は決定的な手段とはならない。現代の読者は、かりに予備知識がなくとも、結局は私と同じ読み方をするであろう。罪なくして虐殺された犠牲者のいた可能性が強いと結論するであろう。したがって、犠牲者は無実であったのだからテクストは虚偽をふくむけれども、しかし同時に、現実に犠牲者が存在したのだから真実を語ってもいる、と考えるであろう。通常の場合とまったく同じやり方でもって、真実と虚偽とを区別するにいたるはずである。どうしてこんな区別ができるのか。一個でも腐っていればその籠のなかのりんごは全部捨てるべきだという原則に忠実にしたがったほうがよいのではないか。ここで懐疑心が不足していたり素朴な思考が残存しているのではないかと疑ってはいけないのだろうか——そんなものは、今日の高度な批評精神が自由な活動の場さえ得ておれば、きれいさっぱりなくなっていたにちがいないのだが。どんな歴史の知識も不確実であり、今問題になっているような文献からは何も、迫害が現実であったということすら、抽き出しえない、と認めてはいけないのだろうか。

こうした問いにはいずれも、きっぱり否と答えておく必要がある。現代批評のように意固地な懐疑主義におちいってしまうと、テクストのもつ本来の性質を考慮することができない。だが、テクストのうちの本当にありそうな部分とありそうにもない部分とのあいだには、きわめて特殊な関係が存在するのだ。むろん読む側も最初から、これは間違い、あれは真実などと言えるわけではない。出てくる話題のなかに信じられないものと信じられるものとがあることに気づくのみである。死者がどんどんふえてゆくという話は信じることができる。たぶん疫病のことだろう。しかし、毒物投入の件は、とくにギヨームが述べている場合、広い範囲におよんでいるので、あまり信じられそうにもない。十四世紀にはそれほど強い毒性をもつ物質はなかったからだ。犯人だとされる者たちにたいする作者ギヨームの憎悪は明白である。だからこそ、彼の主張はきわめて疑わしいものになってくるのだ。

このようにテクストが二種類の部分をふくんでいることを認めるならば、両者が相互に影響しあっているという点も、少なくとも暗黙のうちには認めないわけにはゆかない。もし本当に疫病が発生しているのであれば、これまで眠っていた偏見が呼びさまされる可能性は大きい。迫害への志向は、とりわけ危機的状況のさなかでは、宗教上の少数派にたいして容易に収斂するものである。また逆に、ギヨームがかるがるしく信じて作品のなかに反映させているような型の告発は、現実の迫害を正当化しもする。ギヨームのような詩人が特に残忍であったはずがない。彼が自ら語る物語を本当だと信じているのは、おそらく彼の周囲が本当だと信じているからである。このテクストの背後に読みとることができるのは、したがって、異常に興奮し、どんなに馬鹿げた噂でも受け容れられるようになっている世論のありようである。要するに虐殺事件がおきるのに好都合な事態である。そして作者は事件が現実におこったと断言するのだ。

信じられそうにもない記述との比較のなかで、その他の本当らしく思える記述が確実なものとされ、また高い蓋然性をもつものに姿を変えてしまう。だがその逆もまた真である。本当らしく思える記述との関連で、信じられそうにもないその他の記述は、《仮構機能 fonction fabulatrice》、つまり架空の物語をつくり出す楽しみのためならいくらでも発揮される機能とのつながりをほとんどなくしてしまう。なるほどここには想像のつくり出したものがある。しかし、想像なら何でもよいというわけではなく、暴力を渇望する人間たちに特有の想像なのである。

それゆえ、このテクスト中のあらゆる記述は相互に合致しており、それらのあいだの対応関係を説明できる仮説はたったひとつしかない。われわれの読んでいるテクストは、迫害者の観点から語られた現実の迫害のうちに根ざしている。迫害者たちは自分たちの暴力が正当だと考えているのであるから、その観点は欺瞞にみちたものにならざるをえない。彼らは自らを審判者と見なし、そのため罪を犯した犠牲者を必要としている。しかし、この観点から、真実が部分的には明らかになってくる。というのも、迫害者は自分たちの正しさを確信しているので、自分たちの行った虐殺をいささかも隠そうとはしないからである。

ギヨーム・ド・マショーの残したような文献を前にしているときは、一般的な批評規準にしたがって、テクスト全体が、現実の情報をどれだけ伝えているかの点で、最悪の価値しかもたない、などと判断するのはさし控えたほうがよいだろう。テクストに迫害を生み出しやすい状況が描かれているのであれば、明らかに迫害者がいつも好んで選びそうな型の犠牲者が登場しているのであれば、また、いっそう確実なことに、迫害者がふつう押しつけるような型の罪と犠牲者とが結びつけて記述されているのであれば、迫害が現実に行われた可能性は大きくなる。さらにテクスト自体が迫害の現実を肯定したのであれば、疑いをさしはさむ余地はないのである。

迫害者の側の考え方にさぐりを入れてみた途端に、告発が馬鹿げていることは、テクストの情報としての価値をそこなうどころか、かえってその信憑性を高める結果になる――もっともテクスト自体が反映している暴力にかんする情報にかぎってではあるが。かりにギョームが毒物投入事件に加えて嬰児殺しまで語っていたとしても、彼の報告はもっと荒唐無稽になっていたかもしれないが、しかし、彼の伝えるユダヤ人虐殺の事実がより不確かなものになるということはなかっただろう。この種の文献では、告発が荒唐無稽であればあるほど、虐殺が行われたことの可能性はそれだけ強まってくる。すなわち、虐殺がほとんど確実に発生したにちがいない社会心理的な状況が、この告発をとおして明らかになってくるのだ。逆にまた、虐殺の話題が疫病のそれとならべて呈示されているところからは、本来なら洗練されているはずの知識人ですら、そのさなかにあっては毒物投入の話をまじめに受け止めてしまうような歴史的状況をうかがうこともできる。

迫害の表現がわれわれを欺いていることは間違いない。しかしその欺き方は、あまりにも迫害者一般、またとくに中世の迫害者に特有のものである。それゆえ、テクストにふくまれる虚偽の性質それ自体から推測しうることをテクスト自体も肯定している箇所があれば、そこでは真実が語られているのだと言える。迫害者とおぼしい人物が自分たちの迫害の現実を肯定している場合には、彼らの言うことは信頼するに足るのである。

テクストのなかの信じられそうな部分とありそうにもない部分とのふたつの組合せこそが、迫害の事実が確実であることを保証している。この組合せが稀にしか見あたらなければ、事実の確実性も不完全であると言えよう。しかしあまりにもしばしばそれに出会うので、疑いの余地がないのだ。迫害者の観点から眺められた現実の迫害のみが、これらふたつの部分の組合せを説明しうるのである。われわれの解釈は、あらゆる文献について統計学的に見て確実である。

ここで統計学的と言ったけれども、それは確実性がすべて同じように不確かな資料のみの単純な集積にもとづいているということを意味しているのではない。ここでの確実性はもっともすぐれたものだ。ギョーム・ド・マショーの呈示しているような型の資料が著しい価値をもつのは、そのなかでありそうな部分とそうでない部分とが組合せをなして、たがいに他方の存在を説明しあい、また正当化しあっているがゆえである。それでもわれわれの解釈が統計学的に確実だというのは、どんな資料であれ別べつに検討を加えた場合、偽作者の手になるものである可能性もあるからだ。個々の資料の水準ではその可能性は微少ではあるが、けっして皆無というわけではない。多数の資料を扱う水準では、逆に可能性はまったくなくなってしまう。

《迫害文献》の欺瞞をあばくために、西欧近代世界は現実主義的な解決策を採用したが、これは唯一可能な策であり、また、完璧であるがゆえに確実な策であった。この種の文献にあらわれるあらゆる題材は、この解決策によって完璧に説明できるのである。それをわれわれに教えてくれたのは、人道主義とかイデオロギーとかではなく、決定的な知の力である。右に見てきた文献解釈は、ほとんど万場一致の同意を得ているけれども、無理矢理に獲得したというのではない。歴史もこれより確固とした結論を提供してはくれない。《心性《マンタリテ》》を扱う歴史家からすれば、原則として信用に値する証言、すなわちギョーム・ド・マショーの場合のような幻想にはとらわれていない人物の証言には、迫害者ないしその共犯者の恥ずべき証言と同じほどの価値はけっしてないであろう。迫害者たちは意識していないだけに、そのぶんいっそう強烈に、迫害の事実を暴露してくれるのだ。決定的な資料になるのは迫害者の側の資料である。彼らはいたって素朴なので、自分たちの犯罪の痕跡を消そうともしない。この点、きわめて抜け目なく、したがって自分たちの不利になるやもしれぬ資料をそのまま残しておいたりはしない、大多数の現代の迫害者たちとはことなるのである。

自分たちの正当な権利を確信し、また迫害の事実が明らかになるような部分を粉飾したり削りとったりするほど用心深くもない、そうした迫害者のことを素朴と呼んでおくことにする。テクストのなかでこの部分は、正直かつ直接に真実を語るかたちであらわれることもあるし、欺瞞的ながら間接的には真実を明示するかたちで登場することもある。いずれの題材も強度に常套的な形式をとっており、これら正直なのと欺瞞的なのとふたつの型の常套形式の組合せからこそ、迫害文献の本性を説き明かすことができるのである。

＊
＊＊

今日ではわれわれは誰でも、迫害の常套形式を見抜くすべを知っている。そのための知識はもはやごくありきたりのものであるけれども、十四世紀には全然、いやほとんど存在していなかった。素朴な迫害者たちは「何をしているのか自分でわからない。」(三) 彼らは良心を少しも痛ませていないので、読者をわざと欺こうともせず、実際に見たとおりの事態を呈示している。自分たちの作成した報告が後世になって自身にたいする非難の手段になるなどとは考えてみもしない。この事情は、十六世紀の悪名高い《魔女狩り》についても変らない。さらにまた現代でも、地球上の《後進》地域では同様である。

そこでわれわれは今のところ平凡きわまりないことがらのうちを往きつ戻りつしているのだが、読者は、おそらく、私が口をすっぱくして言う何よりも明白な事実を退屈なものに思っておられるだろう。まことに申しわけないのだけれども、しかしこれも無駄ではないことがいずれわかってもらえるだろう。ギョーム・ド・マショーの場合には言うまでもないほど当然であったことがらが、これをごくわずか移動させるだけで、異様さを帯び不可解なものに変ってしまうこともときとしてあるのである。

読者はすでに気づいておられるだろうが、私がこれまでに述べてきたことは、多くの批評家にとっての神聖犯すべからざる原則のいくつかに違背している。テクストを歪曲してはならない、といつも言われてきた。だがギョーム・ド・マショーについては、選択ははっきりしている。すなわち、テクストを歪曲するか、それともテクストに登場する無実の犠牲者への暴力をそのまま存続させておくか、そのいずれかである。現代批評のいくつかの原則は、解釈者によっては生じうる行きすぎにたいする適切な防御壁となっているかに見える。それゆえあたかも普遍的に有効であるような様相をとっているが、だがここから困った結果も生じてきかねない。しかも、これらの原則を犯すべからざるものとして、すべてを見抜いたつもりになっている批評家たちは、そんな困った結果の生じることを夢にも思ってみたことはない。彼らはいたるところで、批評家の第一の義務はテクストの意味を尊重することだと繰返し述べている。ギョーム・ド・マショーのような詩人の《文学》を前にして、この原則をどこまでも貫いてゆけるのだろうか。

現代批評のもうひとつの気まぐれな原則も、ギョーム・ド・マショーから、というよりもわれわれがみなためらうことなく行っているこの詩人の読解から照らせば、くだらぬものであることがわかる。今日の批評家たちは、《指示物 référent》と呼ばれるものを今後一切お払い箱にしてしまうのだ。指示物とは、現代の言語学の専門用語で、テクストが話題にしようとしているもの、ここではキリスト教徒を毒殺したとされるユダヤ人の虐殺のことである。この二十年ばかりのあいだ、指示物はほとんど到達不可能なものだと言われてきた。もっとも、到達可能であるかどうかはさして重要な問題ではない。素朴に指示物を気にしたりすれば、テクスト自体のなりたち textualité についてのこのうえなく現代的な研究が妨げられるだけだ、と考えられたのである。以後ただ言語の言語自体とのつねに曖昧で捉えにくい関係のみが問題となる。必ずしもこうした考え方のすべてを拒絶せよというわけではないが、しかしこれをスコラ風に厳密にあてはめるならば、エルネスト・エプネル、すなわち尊敬すべき「中世文献協会」版のギョームの校訂者が、この詩人の真に理想的な批評家だということにもなりかねない。彼の序文はなるほど宮廷風恋愛詩を論じてはいるが、黒死病流行時のユダヤ人虐殺は全然問題になっていないのである。

先に引用したギョームの詩の一節は、私が『世の初めから隠されていること』のなかで《迫害文献》と名づけたもののすぐれた一例である。(3) 《迫害文献》というのは、現実におこった、そしてしばしば集合的な暴力を報告しているが、迫害者の立場から書かれているので、結果として特有の歪みをともなっている文献のことを指す。こうした歪みを見つけ出し、修正し、迫害文献が正当なものとして呈示している一切の暴力のもつ恣意性を確定しなくてはならない。

ギョーム・ド・マショーのテクストに出てきたのと同じような、現実の題材と架空ではあるがけっしていわれのないものではない題材との組合せが魔女裁判の報告のなかにも見出せることは、さほど詳細に調べずともわかる。ここではすべてが真実として呈示されているが、われわれはそれを信じはしない。しかしだからといって、すべてが虚偽だとも思わない。本質的なことがらについては、苦もなく真と偽とを見分けられるのである。

魔女裁判で告発理由に挙げられているのもまた、かりに魔女がそれを現実だと思いこんでいるにせよ、自白が拷問によって得られたのではないにせよ、馬鹿げたもののように思われる。被告の女性が自分を正真正銘の魔女だと信じている可能性はきわめて高い。彼女は実際に魔術を用いて隣人に禍いをおよぼそうとしたかもしれない。それでも現代人ならば彼女を死刑に処すべきだとは判定しない。われわれには魔術に効き目があるとは思えないのだ。魔術の効き目をめぐって犠牲者である魔女と死刑を執行する側とで同じ妄想が共有される場合のあることは認めてもよい。しかしわれわれまでこの妄想にとらわれはしないのだ。これぐらいではわれわれの懐疑主義は動揺しない。

こうした裁判のあいだに真相を明らかにする——いや真理をうちたてると言うほうがよいだろうか——ことを目ざす者はひとりとしていなかった。そんなことはまだ誰にもできなかった。すなわち、報告書についてのわれわれの解釈にたいして、判事や証人たちのみならず被告人自身までもが反対意見を唱えているのだ。しかし彼らの意見がまったく一致していても驚くべきではない。裁判記録の作成者はその場に居合わせたのだが、われわれはそこにはいなかった。われわれの手許の情報はすべて彼らに由来している。だがそれでも、数世紀もへだたったところで考えてみると、単独で研究をはじめた歴史家や、またたま記録を読んだ個人でさえ、自分には魔女たちにたいする死刑宣告を破棄する資格があると判断するのである(4)。

ギョーム・ド・マショーの場合と同様、魔女裁判の報告書についても、テクストの根本的な再解釈が可能であり、同じように大胆にテクストを揺るがすことができる。これを導いているのも、同じ知的な作業であり、同じ理由にもとづく同じ確信である。われわれは架空の部分をふくむからといって、文献全体が架空のものだとは考えない。むしろ逆であって、信じられないような告発がなされているがゆえに、テクストのその他の部分の信頼性は低くなるどころか高まるのである。

ここでもまた、テクストを構成しているありそうにもない部分とありそうな部分とのあいだに、一見逆説的に見えながら実はそうでない関係を認めることができる。この関係はふつう明確なかたちで示されはしないけれども、しかしわれわれの精神はその存在を感じとっている。そしてだからこそ、対象となったテクストからどれほどの量の、またどんな質の情報を抽き出せるか判定しうるのである。法的な資料であれば、その解釈から得られる結果は、ギョーム・ド・マショーと同じくらい、いやそれ以上に高い意義をもっていて当然である。大部分の裁判記録が魔女たち自身とともに焼かれてしまったのは残念なことだ。告発は不条理であり、判決は不当であるが、記録は法的文書一般に特有の正確さと明晰さを配慮して作成されている。だから文書には信頼をおいてもよい。信頼、と言っても、魔女を狩りたてた者たちにたいしてひそかな共感を抱いているのではない。ある裁判記録の一部が迫害文献に固有の歪み方をしているという理由でもって、記録全体をひとしく妄想の産物と見なす歴史家がいたら、彼は自分の仕事を何ら理解していないのであり、仲間の歴史家からも相手にされないであろう。失敗はつねに疑いの不足によるのであって、疑いの過剰によるのではない、などということを口実にして、テクストの全体をそのうちのもっとも荒唐無稽な部分と同一視してしまうのが、いちばん有効な批評であるとは言えない。現代批評の際限ない不信の原則は、迫害文献にかかわる重要な規準の前に、またもや席をゆずらねばならないのだ。迫害者の心性からはある特定の幻想が生じる。この幻想の痕跡をテクストのうちに認めることができれば、そのテクストの背景には迫害、魔女の処刑などの事件があったという事実は弱まるのではなくて強まるのである。したがって、繰返し述べておくと、どちらもきわめて形式化した性格をもつ真と偽とを選別するのは困難ではない。

迫害文献の解釈にかかわるわれわれの揺るぎない確信がなぜ、またどのようにして生まれたかを理解してもらうためには、迫害の常套形式にはどのようなものがあり、どんな特徴をもっているのかを述べる必要がある。この作業もまたむずかしくはない。すでにもっている知識を明確にうち出すだけでよいのだ。

これまで体系立てて展開したことがなかったために、その知識がどれほど有効であるのかわれわれは気づいていなかったのである。今問題になっているのは、もっぱら歴史、それも西欧の歴史の領域での具体的な実例に応用されるのみでその域を出ない知識のことである。歴史の領域以外で、たとえば《民族学》という世界にこの知識を応用するといったことは一度も試みられていない。この試みを可能ならしめるために、簡略な形ではあるけれども、今から迫害の常套形式の類型学を素描してゆくことにしよう。

第2章　迫害の常套形式

ここでは集合的な迫害もしくは集合的な響きのある迫害だけにかぎって話を進めることにしよう。集合的な迫害とは、黒死病流行時のユダヤ人虐殺のような、血にうえた群衆が直接ふるう暴力のことをさす。集合的な響きのある迫害とは、魔女狩りの型の暴力であり、形式としては合法的であるが、ふつう異常に興奮した世論に後押しされている。もっとも両者の区別は本質にはかかわらない。恐怖政治、とりわけフランス革命のときのそれなどは、しばしば両方の型の性質を同時に帯びている。われわれの関心の対象となる迫害が展開されるのは、通常の制度が衰弱し群衆が容易に発生しやすい社会的危機の時期である。自然発生的な民衆の集合体である群衆は、衰弱した社会制度に全面的にとってかわったり、これに決定的な圧力をかけることができる。

これらの現象が生まれやすい状況はいつも同じだとはかぎらない。疫病やひどい旱魃、また洪水など、外的な要因が飢餓状況をもたらす場合がある。政治的混乱や宗教上の対立といった内的な要因によることもある。うまい具合に、実際の原因が何であるかは問題にはならない。事実、真の原因がどんなものであれ、危機に見舞われた者たちからすれば、大がかりな集合的迫害のきっかけとなる危機は、いつでもほぼ同じようなものに見えているのである。彼らの抱くもっとも強烈な印象は、社会的なものの根柢的な消失、文化の秩序を決定する規準や《差異》の終焉についてである点で変りない。その描写はどれも似たりよったりだ。とりわけペストの場合にかぎってみても、トゥキュディデスやソポクレスから、ルクレティウス、ボッカチオ、シェイクスピア、デフォー、トマス・マンその他を経て、アントナン・アルトーにいたるまで、大作家の記述は共通している。また、文学的な意図をもたない人びとも、さしてちがいのない記述を残している。これは驚くにはあたらない。というのは、どの場合でも繰り返し述べられているのが、もはや社会に差異が存在しなくなったという事実、文化そのものの差異の解体とこれに由来するあらゆる混乱であるからだ。たとえば次に引くのは、ポルトガルの修道僧フコ・デ・サンタ・マリアが一六九七年に書いたものである。

王国であれ共和国であれ、ひとたびこの激しく強烈な火が燃えはじめれば、たちまちのうちに役人どもは茫然自失し、民衆は恐怖に襲われ、政府は分裂する。もはや法にしたがう者はひとりとしてなく、仕事は停止し、家族も崩壊し、町はさびれてゆく。ありとあらゆる混乱がそのきわみに達し、すべてのものが荒廃する。なぜとならば、いかなるものも、このうえなく恐るべき災禍の重みと拡がりに動揺し転覆せらるるからである。ひとは、身分財産の別なく死の哀しみのうちに沈みゆく……。昨日埋葬した者も今日は埋葬される……。友にたいしても情けを抱いてはならない。一切の情けは危険であるがゆえに……。
かくもすさまじい混乱に由来する恐怖のさなかで、愛と自然の法は一切失われあるいは忘れ去られ、突然子どもたちは両親から、妻は夫から、兄弟や友人もたがいに、引き離されてゆく……。人びとは生来の勇気を失い、もはやいかなる忠告にしたがえばよいのかも不明のままに、あたかも恐怖と混乱から一歩ごとに躓く絶望的な盲人のごとくに彷徨するのである。(5)

社会制度の解体は、階層や機能におけるさまざまな差異を消失させたり押しつぶしたりするので、そこではあらゆる事物が単調であるとともに醜悪でもある様相を呈することになる。危機に瀕していない社会においては、現実の多様性と一定の交換体系とがともに、差異の存在を印象づけている。この交換の体系は、必ず互酬性の要素をふくんでいるが、互酬が社会の表面にあらわれるのを遅らせ、したがって隠蔽している。そうでなければ交換の体系、言いかえれば文化を構成することはできないのである。たとえば婚姻における女性の交換、また消費財の交換ですら、交換というかたちで姿を見せはしない。ところが社会の秩序が乱れてくると、交換関係の決着の期間が短くなり、たとえば物々交換といったかたちで、生活必需品にかぎった範囲のみで現存する肯定的な交換のなかに、目まぐるしい互酬性が定着するばかりでなく、同じものがさらに増加する一方の敵対的、すなわち《否定的》な交換にも導入されるようになる。互酬性はいわばその間隔が短くなってはっきりと眼に見えてくるわけだが、こうした互酬性は礼儀正しいものではなくて、悪いほうのかたち、すなわち、ののしりあい、なぐりあい、復讐、そして神経症的症候の互酬性である。だからこそ、伝統的な文化はこのようなあまりにも直接的な互酬性を好まないのだ。

この悪しき互酬性は、人間をたがいに対立させるが、行動を画一化しもする。闘争的かつ唯我論的であるのがその本質的な性格であるのだから、いささか逆説めくけれども、同一であることが社会において優勢な力をもちうるのも、この悪しき互酬性によっている。差異の消失という経験は人間関係における何か現実的なものにつながっているが、しかしまた神話のなかの何かにもつながっているのだ。人間はこの経験を宇宙全体に投影し、絶対化しようとする――そうしたことが神話の時代以来もう一度われわれの時代にも起きているのだ。

先に引用した文献は、互酬性による画一化の進行過程をうまく浮かびあがらせてくれている。「昨日埋葬したものも今日は埋葬される。……友にたいしても情けを抱いてはならない。一切の情けは危険であるがゆえに……。突然子どもたちは両親から、妻は夫から、兄弟や友人もたがいに、引き離されてゆく……」誰の行動もみな同じであるところから、混乱と差異の消滅は全世界におよんでいるという感情が生まれてくる。「人は、身分財産の別なく死の哀しみのうちに沈みゆく……。ありとあらゆる混乱がそのきわみに達する。」

すさまじい社会的危機の経験の内容は、その現実の原因の多様さには左右されない。その結果、状況の画一性をめぐる記述もまたきわめて画一的である。ギョーム・ド・マショーの場合も例外ではない。彼によれば、個人が利己的になって自分自身のうちに閉じこもること、そしてこれが個人間の報復の応酬をまねくこと、すなわち逆説めくが相互的な結果が生じること、ここにペストの主な原因のひとつがある。だから常套化した危機を語ることができるのであり、また、論理的かつ時間的に見て、ここに第一の迫害の常套形式の存在を認めなければならない。差異の消失とともに、文化もほとんどその姿を消してゆく。いったんこのことに納得がゆけば、迫害の過程の首尾一貫した性格やこの過程を構成するすべての常套形式をつなぐ論理の質も、もっとよく把握することができるのである。

文化の消滅に直面して、人間は自らの無力を実感する。禍いの大きさに茫然とするが、しかし自然の原因に関心を向けるなどということには思いいたらない。自然の原因についてもっとよく認識することを学べば、それに働きかけることもできるといった考えはまだ萌芽状態にある。

危機はまず何よりも社会的なものであるのだから、それを社会的な原因とくに精神的な原因でもって説明しようとする傾向が強い。要するに崩壊するのは人間の関係であり、この関係の主体たる人間が危機の現象にまったく無縁であるというわけにはいかない。だが諸個人は、自分自身を責めるよりも、社会全体を非難することで責任を免れようとするか、あるいは容易に識別できる理由から殊に有害と思える自分以外の人物を非難しようとする。容疑者は特定の型の罪を犯したかどで告発される。

集合的迫害に特有の告発と言えるものがいくつかあり、そのなかで言及されていることだけを見ても、現代の観察者であれば、暴力の気配を感じとるのである。そこで、自分たちの感じとったことを裏づけてくれるような他の手がかり、すなわちその他の迫害の常套形式がいたるところに見あたりはしないか、探求の作業がはじまるのだ。

一見したところでは告訴理由はさまざまであるようだが、そのなかに共通性のあることは容易に見抜ける。まず、絶対的にであれ、罪を犯す個人との関連であれ、ともかくもっとも傷つけてはならないはずの存在――国王、父親、至高の権威の象徴、そして近代のキリスト教社会ではしばしば、もっとも弱く無防備なもの、殊に幼児がこれに加わる――を暴力の対象とする犯罪。

次に、強姦、近親姦、獣姦などの性的犯罪。もっとも頻繁に引きあいに出されるのは、当該の文化とのかかわりでもっとも厳格な禁忌を侵犯した犯罪である。

最後に、聖体冒瀆のような宗教的犯罪。ここでもまた、もっとも厳しい禁忌が侵犯されているはずである。

これらはすべて、根源的なものにたいする犯罪だと思われている。文化の秩序の基礎そのもの、家族や階層関係における差異に向けられた攻撃である。この差異なしには社会の秩序は実現しないだろう。これらの犯罪は、したがって、ペストなどの疫病やその他類似の禍いがもたらす広汎な混乱に、個人の行為の次元で対応しているのである。それらは社会的紐帯を弛緩させるだけにとどまらず、これを完全に引き裂いてしまうのだ。

迫害者たちは最後はいつも、ごく少数の人間、あるいはたったひとりの個人が、相対的には微力であるにもかかわらず、社会全体にたいして極度に危険な存在になりうると確信するにいたる。こんな確信が正当化されまた助長されるのも、ここで常套化した告発が明らかに媒介の役割を果たしているおかげである。それが卑小な個人と巨大な社会集団とのあいだの橋わたしをしている。悪人どもがたとえ悪魔の手をかりてでも、共同体全体から差異を消滅させてしまうのに成功するには、共同体の心臓や頭の部分に直接打撃を与えるか、さもなくば個人のできる範囲で仕事をはじめて、父親殺しや近親姦など、差異の消失を伝染させる罪を犯すか、そのいずれかでなくてはならない、というわけだ。

　こうした迫害者の確信を生みだす究極的な原因について、たとえば精神分析であれば無意識的な欲望を問題にし、マルクス主義なら反体制的存在を圧殺しようとする体制側のひそかな意志を論じるであろう。だがそんなことにはかかわらなくともよい。こちらの関心はそれ以前のもっと基本的なことがらに向かっている。われわれが興味をもつのは、告発の仕組み、迫害者の行為と表象との交錯のみである。そこには一定の体系的なまとまりが存在しているが、これを理解するために、迫害の原因の把握がどうしても必要であるのなら、もっとも直接的かつ明白な原因を挙げておけばこと足りるだろう。文化の消滅をまのあたりにした人間の抱く恐怖心。群衆の出現に代表される全世界的な混乱。群衆は、極端な場合、時間と空間のなかで人間をたがいに他者とはことなる存在にしてくれるものをすべて奪われ、文字どおり無差別になった共同体にほかならない。かくして、人間は事実、唯一の場と時を共有するよく似た者同士の無秩序な集合に化してしまうのである。

　群衆はたえず迫害を目ざす。というのも、彼らを混乱に導き、群衆 *turba* に変えたものの自然の原因には、彼らは興味がないからである。群衆は本来行動することを求めるが、自然の原因に働きかけることはできない。そこで、近づきやすく、かつ自分たちの暴力への渇望を充たしてくれる原因を探し出す。群衆の成員は、共同体を腐敗させる不純分子や秩序を乱す裏切者の追放を願っているのであるから、潜在的にはつねに迫害者なのである。群衆の生成過程は、彼らを一箇所に集める、あるいは動員する、言いかえれば暴徒 *mob* に変える無気味な呼び声と一致している。英語の暴徒という語は動きやすい、気まぐれなといった意味の語 *mobile* に由来していて、ちょうどラテン語の *turba* が民衆 *vulgus* とことなるように、群衆 *crowd* とはことなる。フランス語にはこうした区別がない。

動員 *mobilisation* は軍事的もしくは党派的な性格をもつ。すなわち、すでに敵になっているか、さもなくとも、やがて群衆が気まぐれに敵にしてしまうであろう相手に対抗してなされるものである。

黒死病の流行時には、ユダヤ人やその他集合的な迫害の犠牲者をめぐって、ありとあらゆる常套化した告発が出回っていた。ギョーム・ド・マショーは、しかしそうしたものには言及していない。すでに見たとおり、ギョームのユダヤ人への非難は、川へ毒物を投げこんだということをめぐってのものである。彼はどうしても信じられない非難は退けているが、この相対的な節度は《知識人》という彼の身分に関係しているのかもしれない。また、中世末期の意識構造の進化と結びついた、より一般的な意義をもっているのかもしれない。

この頃になると、神秘的な力にたいする信仰は衰退してきている。その理由については後で問うことにしよう。犯人の追求は依然としてつづくが、そのためには前よりも合理的な犯罪が必要になってくる。具体性をもち実質的な内容に富むことが求められるのである。それゆえ毒物の話題が繰り返し出てくるのであろう。迫害者たちは、ごくわずかな量でも住民全員を殺してしまえるようなきわめて毒性の強い物質の存在することを想像する。呪術にもとづく因果関係はもはや根拠のないことがあまりにも明白なので、そのかわりに物質性、すなわち《科学的》な論理でもって重みをつけようとするのだ。化学が純然たる悪魔憑きの役割を引き継ぐことになる。

迫害者たちがしていることの目的は変っていない。毒物を投げこんだと非難すれば、誰もその犯行を本当に見たわけではないのだが、現実におこった災禍の責任をある人びとに押しつけることができるのだ。毒物のおかげで、少人数の集団やあるいは個人たったひとりであっても、見つからないで社会全体に禍いをおよぼしうると思いこめるのである。毒物は、以前の告発の場合やまたいかなる個人にたいしてもどんな不幸な出来事の責任を転嫁できる単純な《邪視》(四)と比べてみると、神話的な性格が弱いとも言えるし、まったく同じくらい神話的であるとも言える。したがって、飲料泉への毒物投入という話は、告発の常套形式の一変種だと考えなければならない。

こうした告発がいずれも同じ必要に応えるものだということは、それらが魔女裁判でも陳述されていることから証明できる。容疑者はいつも、あの有名な魔女の夜宴に参加したと言いきかせられている。このことの立証のためには、被疑者が現にその場にいた必要はないので、どんなアリバイを立てても意味がない。この犯罪者の集会にはもっぱら精神的な手段によっても参加できるとされている。

魔女の夜宴で繰りひろげられる犯罪とその準備作業は、社会に強い反響を呼ぶものばかりである。キリスト教圏ではユダヤ人の、そしてそれ以前のローマ帝国ではキリスト教徒のせいにされるのがならわしであったいまわしいことがらが、ここにもまた再登場してきている。すなわち、儀礼的な嬰児殺し、神聖なるものの冒瀆、近親姦、また獣姦があいかわらず問題になっている。だが魔女の夜宴の件では、有力者や権威ある人物にたいする犯罪行為に加えて、毒物の調合もまた重要な役割を演じている。魔女は、したがって、個々人としては無力であるにもかかわらず、社会集団全体を左右しうるような活動に没入できるのだ。悪魔や悪霊どもが彼女と盟約を結ぶことを好むのもそのためである。

常套化した告発について語るのはこれくらいにしておこう。第二の迫害の常套形式がいかなるものであるか、とくにまた、これと第一の常套形式とを結びつけているのが何であるのか、容易に理解していただけよう。

次に第三の常套形式。迫害群衆の犠牲者は、まったく偶然に選びだされることもあるが、そうではない場合もある。現に罪を犯した人物が告発されたという例すらあるけれども、しかし、犠牲者の選択においてもっとも決定的なことがらは犯された罪ではなく、犠牲者が殊に迫害を受けやすい特定のカテゴリーに属しているという事実である。川に毒物を仕掛けた責めを負うべき人間として、まず第一にユダヤ人をギヨーム・ド・マショーは挙げていた。彼が呈示してくれるあらゆる手がかりのうちでも、このユダヤ人への言及は、迫害者の側の観点に由来する歪みをもっともはっきりと見せており、その意味でわれわれにとってはきわめて貴重な部分である。他の常套形式——空想によるものも現実のものもあるが——と並べて考えてみても、この種のユダヤ人を対象とする常套形式は現に存在したことがわかる。西欧近代社会においても、ユダヤ人は事実しばしば迫害されている。

人種や宗教上の多数派は、少数派を敵と見なして結束しやすい。これが犠牲者の選択の基準であり、むろんそれぞれの社会で多少のちがいはあるが、原則としてはどんな文化にも共通して認められる。全体社会にうまく統合されていない、あるいはただことなっている少数派の集団を迫害、とまではいかなくても何らかのかたちで差別しない社会はほとんど見あたらない。インドではとくにイスラム教徒が、逆にパキスタンではヒンズー教徒が迫害を受ける。このように迫害の犠牲者の選択には普遍的な特徴がある。これが第三の迫害の常套形式である。

文化や宗教上の基準に加えて、もっぱら身体的条件にかかわる選択基準もある。すなわち、病気、狂気、先天的な不具、事故による身体の損傷、また身体障害一般は、迫害者に狙われやすい。これが普遍的な事実であることを理解するには、自分の周囲や自分自身を眺めればこと足りる。今日でもなお、身体的に異常な人とはじめて接触したさいに、思わずちょっと後じさりする人が多数いる。異常な *anormal* という言葉自体、中世におけるペストと同じように、何か禁忌めいたものを感じさせる。高貴であると同時に呪われてもおり、ラテン語の聖 *sacer* という語にふくまれるあらゆる意味と同じ性格をもっている。そこで現代では、英語から来た《障害者 handicapé》なる語でもって言いかえるほうが適当だと考えられるようになっている。

《障害者たち》は今日でもなお差別され、また犠牲者としての取扱いを受けているが、しかし、これは彼らが存在すれば社会的交換が混乱するという考えと直接つながってはいない。彼らのためになることをせねばならないという義務感が広まっているのが、現代社会の偉大なところだろう。

身体障害は、さまざまな犠牲者のしるしがたがいに分離しがたく結合してつくっている総体の一部分である。ある種の集団——たとえば学校の寄宿舎——では、外国人、田舎者、孤児、良家の子弟、文無し、あるいはただたんなる新入りなど、集団生活への適応に何らかの困難を覚える個人なら誰でも、多かれ少なかれ障害者と同様の迫害を受けることがある。

身体障害や不具が現実のものである場合、これに苦しむ個人は、《未開》の精神の持主たちの迫害の的になりやすい。だが、それとともに、つねにある種の社会的、民族的、宗教的なカテゴリーから犠牲者を抽き出そうとする集団は、このカテゴリーのせいで身体障害や不具が発生するのだと考える傾向がある。そして不具が現に見つかれば、犠牲者にたいする集団の結束が強まるのである。こうした傾向は、人種差別を唱える漫画などのなかにはっきりとあらわれている。

異常は身体の領域だけにかぎらず、生活と行動の全領域において存在しうる。また、異常はどんな領域でも同じように、被迫害者の選択にあたって優先的に基準となりうるのである。

たとえば社会的な意味での異常。ここでは平均が正常の基準である。上下いずれの方向へであれ、社会でもっともふつうだとされる地位から遠ざかっているほど、迫害の対象となる危険が増大する。階梯の下部におかれた者については、このことは容易に見てとれる。

だがその反対に、あまり容易には理解してもらえないことだが、貧民の周縁性やよそ者の周縁性に加えて、内部の、つまり富める者や権力者の周縁性も挙げておかねばならない。君主とその宮廷には、しばしば台風の目を思わせるところがある。こうした二重の周縁性の存在は、社会というものが渦巻状に組織されていることを示唆している。なるほど、金持と権力者はふだん貧乏人にはもちえないあらゆる特権と保護を享受している。だがここで問題になっているのは、通常の状況ではなくて危機の時期なのだ。世界の歴史を一瞥するだけでも、拘束から解放された群衆の手にかかって非業の死をとげる危険度は、多くの場合、他の階級とくらべて特権階級の者のほうがはるかに高いことがわかる。

集合的な非難がきわめて激化した場合、あらゆる類いの両極端、すなわちただ富める者と貧しい者のみならず、成功と失敗、美と醜、悪徳と美徳、人気と不人気などの両極に属する者が次つぎとその非難の対象となる。女性、子ども、老人といった社会的弱者はもとより、最強の力の持主もまた、多数の前では無力になる。群衆はきまって、以前自分たちに絶対的な支配をおよぼした者の迫害に向かうものである。

金持と権力者を集合的迫害の犠牲者として弱者や貧民と対等に扱うのはいかがわしい、と考えるひともいるだろう。そうしたひとの眼には、両者にたいする迫害が対称をなしているとは見えていない。金持や権力者は社会にたいして一定の影響力をもつから、社会の危機にさいしては暴力の対象となるのも当然だ。それが抑圧されてきた者からの正義の反抗である、などといった考えは強い。

理にかなった区別と恣意的な迫害とのあいだの境界ははっきりしないことがときとしてある。政治的、道徳的、医学的その他の理由で、何らかのかたちでの区別は、今日から考えても合理的なものであったようだが、それでも、以前からの迫害の形式に類似しているのである。たとえば、疫病が流行したときに病気をうつすかもしれない患者を全員隔離したことがそうだ。ペストが患者との身体的な接触によって伝染するという考えに、中世の医師たちは反対であった。一般に教養ある階級に属していた彼らにとって、病いが感染するという理論は迫害者のいだく偏見にあまりにも近いものでありすぎたので、それを疑わないわけにはいかなかったのである。ところが間違っていたのは医師のほうだったのだ。十九世紀になり中世の偏見があらたな装いでもって再来したなどとはもはや疑われぬようになってはじめて、感染という概念が医学の分野において、つまり迫害とはかかわりのないところでふたたび取りあげられ、またその意義が認識されるにいたる。

こうしたことは興味深くはあるが、本書の主旨とは関係ない。私の目ざすのはただ、何が群衆を迫害に向けてまとめあげるのか、その迫害の対象になりやすいものの特徴を並べたてることである。この点では先に見てきた例に疑問の余地はない。それらの暴力のうちには今日でもなお正当化しうるものがいくつかある、などと言うひとがいたところで、それは私の進めているような分析には何ら意味をなさないのである。

私は迫害の領域を正確に画定するつもりはない。不当な行為がどこからはじまりどこで終るのか、はっきりさせようとも思わない。ある人びとの考えているのとは逆に、社会や文化の秩序をその善悪両面で評価することには興味がない。ただ、集合暴力には文化の差を超えた基本的な図式があること、またその図式を粗描するのはたやすいことを証明したいだけである。基本図式の存在と個々の出来事がその図式にかかわりをもっているという事実とは別の問題である。後者については判断するのがむずかしい場合もある。しかし私が目的としている証明は個々の出来事には左右されない。ある特定の出来事に見られるあれこれの特徴を迫害の常套形式だと認めてしまうのがためらわれるときには、その特徴だけを文脈から切り離して問題を解こうとはしないで、その他の常套形式がそれに付随していないかどうか調べてみる必要がある。

以下に例を二つ挙げておこう。大部分の歴史家の考えるところでは、フランスの君主制は一七八九年の革命勃発に責任がないとは言えない。とすると、マリ＝アントワネットの処刑はこれまで見てきた迫害の基本図式にあてはまらないのだろうか。この王妃は、犠牲者が優先的に選択されるカテゴリーに属していた。彼女は王妃であるだけでなく外国人でもあった。彼女がオーストリア出身であるということは、民衆の非難のなかでたえず述べられている。彼女に有罪宣告をくだした法廷はパリの群衆の強い影響下にあった。第一の常套形式にも欠けてはいない。すなわち、フランス革命は、集合的迫害の発生に好都合な大危機に固有の特徴をすべてふくんでいるのだ。当然のことだが、歴史家はふつうフランス革命の資料を、迫害の唯一の基本図式には必ず見られる構成要素として取り扱ったりはしない。こうした考え方が従来のフランス革命をめぐる考察に全面的にとってかわるべきであるなどとは私も主張してはいない。だがそれでも、この考え方を採用すれば、これまでしばしば無視されてきた、しかし王妃の裁判でははっきりと言及されている、ある告発、すなわち息子と近親姦を犯したという告発に興味深い光を投げかけることもできるのである。(6)

次にもうひとり処刑された者の例。この男の場合、現実に過失を犯し、それがきっかけとなって群衆から暴力を受けている。黒人の男が実際に白人女性を犯したのだ。ここでは集合暴力は、言葉のもっとも明白な意味において恣意的ではなくなっている。それは過失にたいして科すことが望ましい制裁であり、かつそのとおりに制裁が加えられるのである。こうした条件にあっては、迫害者の観点に由来する歪みはなく、また迫害の常套形式があらわれてはいるけれども、先に見てきたような意義をもはやともなっていない、と思えるかもしれない。ところが実は歪みは存在し、しかも告発が文字どおり正当であるという事実と両立しているのである。迫害者の側の表象は依然として非合理なもののままだ。そのため社会の全般的状況と個人の侵犯的行為との関係が転倒している。社会と個人の二つの水準のあいだに両者をつなぐ原因ないし動機づけがあるとすれば、それは集合的なものが個人的なものを決定するという方向でしかありえない。だが迫害者の意識はその逆の方向に動いてゆく。個人の内面のうちに社会の水準の反映や模倣を見るのではなく、迫害者の意識に抵触する一切のものの起源と原因を個人に求めようとするのだ。犠牲者の責任は、現実のものであれどうであれ同じように、途方もなくふくれ上がるのである。要するに、われわれの関心の範囲で言うと、マリ＝アントワネットの場合と制裁を受けた黒人の場合とのあいだにはほとんど相違がない。

*
**

すでに見てきたとおり、最初のふたつの迫害の常套形式は密接に結びついている。犠牲者たちを《差異消滅的》な犯罪のかどで告発するのは、彼らと危機に由来する《差異の消滅》とを結びつけんがためである。だが実際には、犠牲者はそれに固有のしるしをもっているからこそ、迫害の対象にされてしまうのである。この第三の常套形式は最初のふたつとどのようにつながるのだろうか。一見したところ、犠牲者のしるしはまさしく他との差異を産出するはたらきをする。文化における記号についても同じである。したがって、差異と言ってもふたとおりの発生の仕方があり、ふたとおりの型の差異があると考えなくてはならない。

どんな人間も自分が他者とは《ことなる》とは感じることなく、また《差異》を正当かつ必然的とは考えていないような、そんな文化はありえない。現代文化が差異を強く希求しているとしても、それは急進的で進歩的であるどころか、あらゆる文化に共通したひとつのものの見方の抽象的な表現にほかならない。いかなる個人にも、他者が自分にたいして感じている以上に、自分は他者と《もっとことなっている》と感じやすい傾向がある。これと同じく、いかなる文化にも、自身を他の文化とただことなるというだけではなく、最高にことなる文化であると考える傾向がある。なぜなら、あらゆる文化はその文化に属する諸個人のうちに、こうした《差異》の感情を根づかせているからである。

犠牲者を選びだすしるしが意味するのは、文化の体系の内部の差異ではない。体系の外側に存在する差異であり、体系からすれば本来の差異を変えてしまう可能性、言いかえれば、差異をまったく保持できなくなり、体系としての存在を止めてしまう可能性なのである。

このことは身体的な不具の場合にはっきりと見てとれる。人間の身体は解剖学上の差異の体系をなしている。かりに事故によるものではあっても、不具が人を不安にさせるのは、活力が崩壊する印象をもたらすからである。体系が体系として成り立つことを脅かすかのように見えるのである。不具の範囲を画定しようとしてもうまくゆかない。その周囲に存在した種々の差異は、調子を狂わせ、奇怪なものに姿を変える。たがいにせめぎあい、激突し、混じりあい、最後には消滅しそうになる。体系の外部の差異は、体系の真実、つまりそれが相対的で脆弱であること、またいずれ死滅する運命にあることを教えるために恐怖をひきおこすのである。

犠牲者の属するカテゴリーには、差異を消滅させるような犯罪を生む傾向があるかのように見える。宗教、人種、民族などの点での少数派が非難されるのは、彼ら固有の差異が原因なのではけっしてない。しかるべき差異を示さない、また極端に言えば少しも差異を示さないからなのである。外国人には《真の》差異状況を尊重することができない。自己のおかれた状況の習俗や趣味にあわせることができない。差異を産出するものそれ自体の理解がまちがっているのだ。ギリシア語で野蛮人 *barbaros* と言えば、よその言語を話す者ではなくて、言語――ここではとりわけギリシア語――にふくまれる唯一の真に意義ある区別を混同している者のことである。部族や民族的な偏見にもとづく語彙のうちには、どんな場合でも、差異にたいしてではなく差異がなくなることにたいする嫌悪があらわれている。ひとが他者に認めるのは、自分たちのとは別のもうひとつの規則 *nomos* ではなくて変則であり、もうひとつの規範ではなくて異常性なのである。不具は奇形にされ、外国人は無国籍者となる。ロシアでは、国際人と見なされるのはよくないことである。外人 *métèques* は差異をもたないので、あらゆる差異を猿まねする。こうした外部の差異をきらい排除するという先祖伝来の仕組みは、世代から世代へと次つぎに無意識のうちで再生産され受けつがれてゆく。もっとも、その再生産の水準は昔にくらべると致命的なものではなくなってきていることを認めなければならないだろうが。たとえば、今日の反アメリカ主義は、アメリカのみからやってきて差異の消滅を伝染させるウイルスに対抗できるあらゆる差異を支持しているのであるから、以前に存在したどんな偏見とも《ことなっている》と思いこんでいる。

《差異》は迫害を受ける、とはいたるところで耳にする言葉だが、しかしこれは必ずしも犠牲者の側から発されたものではない。普遍性を拒否することでますます抽象的に普遍的性格をもつにいたった、したがって今では迫害にたいする闘いという必要不可欠な仮面をかぶらないではもはや存続してゆけない文化の側が果てしなく繰り返すセリフなのである。

どんなに閉鎖的な文化にあっても、人間は自分たちが自由であり普遍的なものに向かって開かれていると考えている。差異を産出するという性格をもつおかげで、どんなに狭い文化領域でも、その内部では尽きることない活力のあるものとして体験される。この幻想を危うくするものはすべて、ひとをおびえさせ、迫害を好む太古からの性向をめざめさせる。この性向はいつも同じ道筋をたどり、いつも同じ常套形式をとおして具体化し、いつも同じ脅威に応答している。周囲で繰返し述べられているのとは逆に、迫害者に強迫的にとり憑いているのはけっして差異ではない。そのいわくいいがたい反対物、すなわち差異の消失なのである。

迫害の常套形式は、どれも分かちがたく結びつきあっている。そして注目すべきことには、大部分の言語においてもそれらはつながっているのである。たとえばギリシア語やラテン語、したがってフランス語にも妥当するが、迫害の常套形式について調べていると、たえず一群の類語にたちかえらなければならない。すなわち、危機 *crise*、犯罪 *crime*、基準 *critère*、非難 *critique* など、どれも同一の語源、ギリシア語の *krino* という動詞にまで遡る言葉である。この動詞には、判断する、区別する、差異を産出するというだけではなく、犠牲者を告発したり刑を宣告したりするという意味もふくまれていた。語源の考察にあまり頼りすぎてもいけないし、またこれを出発点にして議論を進めてきたわけでもない。しかしこうしたことがらはたえず眼につくので指摘しておいても悪くはないだろう。集合的な迫害と全体としての文化とのあいだにはなお隠れた関係の存在することがわかる。もしそのような関係があるとしても、それを明らかにした言語学者、哲学者、政治学者というのは、かつてひとりとしていなかったのである。

第3章　神話とは何か

口承ないしは筆記による証言のなかで直接にせよ間接にせよ集合的な暴力が報告されるのに出会うたびに、それが一様に次のようなことがらをふくんでいるかどうか問うてみることにしよう。（1）社会や文化の危機、すなわち差異の消滅が一般化した状況が語られていること——第一の常套形式。（2）《差異を消滅させる》ような犯罪——第二の常套形式。（3）これらの犯罪の張本人とされる者たちが犠牲者の選択のさいのしるしになるもの、つまり逆説的に差異を解体させるような目印をもっているかどうか——第三の常套形式。第四の常套形式として暴力それ自体をつけ加えておくこともできるけれども、これについては後で問題にする。

同一の資料のうちに複数の常套形式が並存しておれば、迫害が存在したと結論づけてよい。常套形式がすべて揃っている必要はない。そのうちの三つ、いやときによってはふたつでも充分である。それらが見つかれば次のように断定できるのである。（1）暴力は現実にふるわれた。（2）危機が現実に存在した。（3）犠牲者たちは罪を犯したからではなく、犠牲者選択の基準になるしるし、危機と彼らとのあいだにただならぬ親和性のあることを暗示するすべてのことがらのために選びだされた。（4）迫害を行う意味は、犠牲者たちに危機の責任を押しつけ、彼らを殺害するか、さもなくばせめても彼らに《汚染》された共同体から追放することによって、危機が去るように働きかけるという点にある。

こうした図式が普遍的であるならそれはどんな社会にも見出されるはずである。事実、歴史家たちは、その研究対象となるあらゆる社会、すなわち、現代世界全体および、過去の時代について言えば、西欧社会とその直前の社会、殊にローマ帝国のうちに、迫害の基本図式を発見している。

民族学者たちは逆に、自分たちの調べている社会に迫害の図式を何ら見つけだしていない。これはいったいなぜなのか。考えることのできる答えはふたつある。（１）《民族学的》社会には迫害の慣習がない。あるいはあったとしてもごくわずかなので、ギョーム・ド・マショーの文献について展開したような分析をあてはめることができない。現代の新未開主義が目ざすのはこうした結論である。ここでは、われわれの生きる社会の非人間性に、それ以外のすべての文化のもつ人間性が対置せられている。とはいえ、非西欧社会には迫害が本当に存在しない、とはまだ誰もあえて断言してはいない。（２）迫害は存在しているが、必要な資料が入手できていないか、入手はしていてもその資料を解読する術を知らないか、このいずれかの理由で、われわれの視野に入ってこない。

二番目の仮説のほうが適切であると私は考えている。神話や儀礼のうえに成り立つ社会は迫害に欠けてはいない。このことが証明できるにちがいない資料、言いかえれば、先に列挙した迫害の常套形式をふくみ、ギョーム・ド・マショーにおけるユダヤ人の取扱い方と同じ領域に属する資料があるのだ。われわれの論理に矛盾がなければ、の話だが、この資料についてもこれまでと同様の解釈をほどこすことができるだろう。

その資料とは神話である。議論をわかりやすくするために、論点をはっきりさせている典型的な神話からはじめることにしよう。すべての迫害の常套形式をふくみ、それ以外に余分なものは何もない神話。しかもそこに常套形式が明白にあらわれているような神話。それは、ソポクレスが『オイディプス王』で扱ったオイディプス神話のうちの一挿話である。次に、同じく迫害の基本図式を再現してはいるけれども、さほど容易には解読しがたい神話を取りあげる。そして最後に、迫害の基本図式を語ることを拒絶しているのだが、それがあまりにも明白なかたちで拒絶されているために、かえって図式の正当性を肯定しているような神話を扱おう。議論の容易な神話から困難なものへと進んでゆけば、どんな神話も現実の犠牲者にたいして現実にふるわれた暴力からはじまっているにちがいないことを立証できるであろう。

さて、まずオイディプス神話からはじめよう。ペストがテーバイを荒らしている。すなわち迫害の第一の常套形式。その責任は、父を殺し母と結婚したオイディプスにある。これは第二の常套形式である。神託にしたがうならば、疫病を終らせるためにはこのおぞましい罪人を追放しなければならない。迫害の究極的な目的が明らかに示されているわけだ。父親殺しと近親姦とは、誰にでもわかるようなかたちで、個人と集団とをつなぐ役割を果たしている。このふたつの罪は差異を消滅させる力がきわめて強く、したがって社会全体がその影響に感染する。ソポクレスのテクストにおいては、差異を失った者とペストに感染したものとが同一であることを確認できる。

第三の常套形式、すなわち犠牲のしるしについてはどうか。まず身体の不具——オイディプスはびっこをひいている。また、この主人公がテーバイに到着したとき、誰ひとりとして、彼のことを知らなかった。法的にはともあれ、事実上の外国人である。最後に、彼は王の息子であり、王自身であり、ライオスの法定相続人である。その他多くの神話上の人物の場合と同様に、オイディプスの条件も、外的な周縁性と内的な周縁性とをかねそなえられるように調整されている。『オデュッセイア』の結末部分のオデュッセウスと同じく、オイディプスもまた、よそ者の乞食であるかと思えば、全能の君主にもなるのだ。

歴史上の迫害のなかにあてはまるものを見出せない唯一の題材は、捨て子という身分である。だが、捨て子が将来の不幸を予測させる異常性の目印をもつがゆえに、早いうちから選択された犠牲者であるという点には、誰しも異存ないだろう。この異常性の目印とは、明らかに、先に前章で列挙した犠牲者選択の基準となるしるしのことにほかならない。捨て子に課せられたさけがたい運命、それは共同体からの追放である。捨てられた子どもはやがて拾われるけれども、しかしただ一時的に救われたにすぎない。その運命はせいぜい延期されただけであり、神話では結局、神託のおつげがまちがってはいなかったことが証明される。この託宣は、オイディプスがいたいけな幼年期から集合暴力の犠牲になることを望んでいたのである。

一個人が犠牲者のしるしを多くもてばもつほど、その頭上に迫害の雷が落ちる機会もそれだけ多くなる。不具、捨て子という過去、よそ者で成りあがり者で王であるなどの状況は、オイディプスをまさしく犠牲者のしるしの集合体に仕立てている。もしこの神話を歴史的な記録と見なすことができるのであれば、われわれは必ずや暴力の事実に気がついていたことだろう。また、これら犠牲者のしるし一切が、他の迫害の常套形式とともに、ここでどのようなはたらきをしているのかを問うていたことだろう。その結果でてくる答えにも疑問の余地はなかったであろう。おそらく、ギョーム・ド・マショーの文献のなかに認めることができたのと同じもの、つまり素朴な迫害者の観点より記述された迫害の報告を、この神話においても認めていたにちがいない。迫害者たちは、その眼に実際に映るがままに、言いかえれば罪人として犠牲者の姿を描きだし、自分たちの迫害の客観的な痕跡を隠そうとはしない。われわれはテクストの背後に現実の犠牲者がいるにちがいないと考えるであろう。この犠牲者は告発を受けている常套的な犯罪のゆえではなく――しかもその犯罪がもとになってペストに感染した者などひとりもいないのだが――同じテクストのなかで並べたてられているあらゆる犠牲者の特徴のゆえに選びだされたのである。犠牲者の特徴は、実際に、それをもつ者にたいして、ペストに苦しむ群衆の偏執狂めいた疑惑を集中させることができる。

　ギョームや魔女裁判におけるのと同様、神話にも、父親殺し、近親姦、精神的にも物質的にも共同体に害毒をもたらす所業など、まさしく神話的な告発が登場する。これらの告発はたけり狂った群衆が犠牲者を思い描いている、その仕方に特有のものである。ところで、まさにこうした告発が、犠牲者の選択のさい現実に用いられたであろう基準と並置されているのだ。犠牲者を犠牲者として呈示し、また迫害者がふつう想像するようなかたちで犠牲者の姿を潤色する一方で、彼らが現に迫害されるために存在したかのように見せかけもしている。そんなテクストの背後に現実に犠牲者がいなかったなどと、どうして考えることができようか。この推測をさらに確実なものにしているのは、犠牲者の追放が迫害を発生させやすい危機の深刻化した局面でなされると語られている点だ。もしテクストが《歴史的な記録》であったならば、先に述べてきたような解釈、すなわち迫害者の観点から作成されたすべてのテクストについて通常ほどこすことのできる解釈へと、現代の読者をおのずといざなう条件がすべてここにはそろっているのである。だが、なぜ神話の場合はそうした解釈を控えるのだろうか。

　この神話における常套形式は、ギョームの場合よりも数が揃っており、形も完璧である。こうした常套形式がただ偶然に、あるいは迫害者の意識はもとより迫害の現実とも無縁の、まったく根拠のない、詩的で気ままな空想によってひとつにまとめられたとは、どうしても信じることができない。ところが学校の先生がたがわれわれに信じるよう求めているのはまさにこのことなのであり、私がその反対を提案すると、私こそ突拍子もない説を唱えているときめつけられるのである。

　オイディプスの神話は、おそらくソポクレスないし他の誰かによって、まったく捏造されたとまではいかなくとも、手を加えられたテクストである可能性もある、と言う人もいることだろう。私がいつでもオイディプスの神話から議論をはじめるのは、それが迫害の常套形式を典型的にふくんでいるからである。そしてこの典型としての完璧さは、おそらくソポクレスの筆が加わったことにもとづいている。だがそうであるにせよ、問題の本質は何ら変らない。いやまったく逆だと言ってもよい。もし迫害の常套形式をめぐって、ソポクレスが神話を改作したのであるとすれば、現代の民族学者とはちがって、彼が何ごとかを察知したからなのである。ソポクレスをある種の《予言者》と考えるのを好んだ人びとがたえず察知していたことだが、彼のもっとも深遠な霊感は、神話のなかのもっとも神話的な部分、《神話性 mythicalité》一般の啓示を目ざす。この神話性とは、かろやかな文学的香気ではなくして、迫害者がその迫害を眺める観点のうちにある。

　中世における迫害の場合と同様に、神話にあっても迫害の常套形式はつねに集中しているのを見かけることができるが、この集中は、多くの場合必ずある真実を告げているはずである。同一の型式に属する神話があまりにも数多く存在しており、このように同一の型式が反復される原因を、迫害が現実に行われたということ以外に求めようとしても無理である。それとは別の理由を考えることは、ギヨーム・ド・マショーのユダヤ人をめぐる話がまったくの虚構だと結論するのと同じくらい馬鹿げていると言えよう。

　歴史的な記録とされている文献と並べてみればすぐにわかることだが、多数の神話において迫害の常套形式をまとめて登場させる力をもちうるのは、迫害者の意識をとおして把握された迫害行為のみである。迫害者たちは犠牲者が罪を犯したと考え、それゆえ犠牲者を選択したのだと思いこんでいる。彼らから見れば、その犯罪は迫害のきっかけとなった災いの責任が犠牲者にあることを証明してくれている。ところが実は、彼らはいくつかの迫害の基準にしたがって犠牲者を選びだしているのである。しかも、彼らは迫害の事実を知らせることを望んでではなく、そこから真実が明らかになるなどとは思ってもみないために、迫害の基準を忠実に今日にまで伝えている。

　神話の起源には集合暴力とその犠牲者が現に存在している、という仮説を私が最初に立てたのは、『暴力と聖なるもの』においてである。[7] おおかたの批評家たちはこの仮説が正当であることを認めはしなかった。一見したところはもっともよく理解してくれそうな人ですら、奇妙なことに、《ルソー風の起源の寓話》建国神話の繰り返しとしか考えなかった。ある解釈方法を神話にあてはめようとしていることが彼らには見抜けなかったのである。彼らによると、私は神話の分野での歴史的研究の可能性に幻想をいだいているということになった。もし私が解釈の能力を誇張しているのでなければ、いったいどうして犠牲者がたしかに存在したなどと主張できるのか、というわけである。

　こうした反論からある事実が明らかになってくる。空想的な表現に染まっていることがはっきりと見てとれるどんな文献にもあてはまる唯一の解釈上の規準は、懐疑を徹底して貫くことだ、と批評家たちは確信しているのである。彼らの繰り返し述べるところによれば、ある文献の信憑性の程度はそのうちもっとも信憑性の低い部分によってきまる。もしほんとうにこの規準を遵守しなければならないのであれば、神話からはどんなに些細な現実の情報を取りだすことも断念しなければならないであろう。だがここでもっとも信憑性の低い部分とは、父親殺しと近親姦とに触発されてペストが発生することである。この話題はたしかに空想的であるけれども、ではそれ以外の部分もすべて空想的だと結論してよいわけではない。いやまったく逆なのだ。この話題を創出する想像力は孤独な文学者の心を慰める空想とはちがうし、精神分析で言う主体の無意識でもない。それは迫害者の無意識、ローマ帝国にあってはキリスト教徒、キリスト教世界においてはユダヤ人が儀礼のために嬰児殺しをするという話を創出したのと同じ想像力である。この同じ想像力からはまた、黒死病の流行時に川に毒物が仕掛けられた話も生まれてきた。

迫害者が想像でもって語っている場合、次の三項目に対応することをのぞいて、話を信用してはいけない。（1）迫害者の想像力自体を産出する状況。（2）どんな場合にも必ず選択される犠牲者のもつ特徴。（3）そこからきまって派生してくる結果、すなわち集合暴力。迫害者の想像力が、ペストの原因たる父親殺しや近親姦についてのみならず、現実の世界においてこの種の信仰にともなうあらゆることがらや、またその結果生じるあらゆる行動についても語っているならば、最初の点では嘘を言っているのであるから、それ以外のところでは真実を述べている、ということもありうるのだ。ここでもまた出会うのは、例の四つの迫害の常套形式であり、歴史的な文献に見られたのと同じく、ありそうな題材とそうでない題材との組合せである。この結合は、それが歴史的な文献のなかで意味していたこと、つまり確信をもつ迫害者たちが自分たちの行為を見る観点は半ば欺瞞的であるとともに半ばは真実をふくんでもいるということ以外の何ごとも意味していないのである。

このような考え方が素朴なものであるなどとは言えない。真の素朴な思想はむしろ過度の懐疑主義のうちにこそひそんでいる。それでは迫害の常套形式の存在を見抜いたり、またこれにたいして大胆とはいえ正当な解釈をあてはめたりすることができないのである。オイディプスの神話はありふれた文学のテクストではなく、また精神分析用のテクストでもなく、たしかにひとつの迫害文献である。したがって迫害文献にふさわしい扱いをしなければならない。

歴史学のなかで、また歴史学のために発明された解釈方法を神話にあてはめるのは不自然だ、という反論が出てくるであろう。なるほどそのとおりだが、すでに述べてきたように、既成の歴史学は、迫害表象の解読にあたって、付随的な役割しか果たしてはいない。さらにつけ加えておくと、かりに歴史学に頼らねばならなかったとすれば、こうした読解ははじまってはいなかったであろう。近代がはじまるころになってようやくはじまっていたであろう。

魔女狩りの話に出てくる犠牲者が現実に存在したと判断できるのも、多くの場合、別個の、つまり迫害者の手を経ていない情報源があって、それに教えられたというわけではないのである。たしかにわれわれはテクストを知識の網の目のなかにおいて解明する。だがもしも歴史的な迫害文献もオイディプス神話と同じように扱うならば、この知識の網の目自体がなくなってしまうことであろう。

すでに述べたことだが、ギョーム・ド・マショーの語る出来事も、それが正しくはどこでおきたことであるのかわかってはいない。極端な言い方をすれば、黒死病の実在もふくめて、それら一切の出来事について知っていなくてもいいのだ。それでもやはり、ギョーム・ド・マショーのような文献が現実の迫害現象を映しだしているという結論に達することができるだろう。真実を明らかにするためには、いくつかの迫害の常套形式の結合だけで充分なのだ。神話の場合にもそれで同じように充分であるとは、どうして言えないのだろうか。

私の仮説は、批判者の言うような意味では、いささかも歴史的なものではない。歴史上の迫害表象をめぐる読解がすでにそうであったのと同じく、まったく《構造的》なものである。ただ迫害の常套形式の本性とその配置のみでもって、テクストが現実の迫害と深いところでつながっているという仮説を提起することができる。テクストの生成をこのように考えないかぎり、なぜ、またどのようにして同じ話題ばかり何度も登場し、現に多くのテクストで見られるような構造をなしているのかは理解しえない。逆にその仮説に立脚すれば、すぐさま曖昧さは解消し、どの話題も完全に理解でき、しかもまともな反論はひとつも出てこないのである。だからこそ、迫害の基本図式に属するすべての歴史的な文献について、この生成仮説を採用したのであり、それも少しのためらいもなく採用したのだ。その結果として、それはもはや仮説などではなくなり、テクストにかかわる単純明快な真理であることがわかった。われわれの考えは正しかった。そこで次に明らかにしなければならないのは、オイディプス神話のような神話を前にした場合は、どうして同じ解決がわれわれの念頭に浮かびあがってはこないのか、ということである。

それこそまさに問題であり、採用すればおのずと迫害の常套形式の存在を見抜けるようになる解釈の方式について、先ほどからながながと分析を進めてきたのも、この問題を正しく提起せんがためであった。歴史的な文献を対象にしているかぎり、この解釈は当然であり、その効力の程度を明らかにすることは必要がないかに見える。だが、そんなふうに見えるからこそ、ある程度の距離を保ったうえで、迫害表象をめぐる知見にしかるべく反省を加えるということができなくなるのだ。この知見をわれわれはすでに手に入れてはいるのだが、まだ一度も明示されたことがないので、完全に支配するにはいたってないのである。

われわれは知っている。しかし知っているということを知らない。われわれの認識は、それが最初に形成された領域に閉じこめられたままになっている。それが領域の外側でどんな可能性をもつのか、われわれは気づいていない。私は私を批判した者たち自身ももっているはずの認識をオイディプス神話にあてはめたのであるが、彼らは自分たちがそんな認識をもっているとはまったく知らないでいるのだ。

私には彼らの矛盾を何ら非難することができない。私自身、長いあいだ自分の仮説の真の性質を理解せずにいたのである。自分の仕事はフロイトやその他いつも異論の余地がありまた反論を受けている解釈家たちの業績のうえに接合されたものだと思っていた。私の批判者たちもこのような私のと同じ過ちを犯しているにすぎないのである。彼らの思い描くところによると、私の驚くべき結論はこれまで試みられてきたよりもいっそう疑わしい《方法論上の》過激化にその原因がある。それが彼ら自身も用いている解釈様式であることに気づかないのは、わずかなりとも私がそれを変形したからなのではなくて、新たな応用の分野を与え、慣れ親しんだ文脈の外へ出したからである。われわれはこのことに気づいて当然なのに、しかし気づいてはいない。その大胆さだけを見て、それを正当化するものを見ていない。それは水のなかから取りだした魚のようなもので、ひとはその生物自体については知りすぎるほど知っているのだ。私の批判者たちはそれを現代精神が産みだした最後の怪物だと見なしている。私自身、現代の神話解釈がはまりこんでいる袋小路からゆっくりとしか脱出できなかったのだが、そのために誤解を助長してしまった。

これまで神話の解釈をめぐって述べてきたことはすべて、《歴史的》であると認定できる資料を対象にさえしておれば、明白な、いやほとんど明白すぎるとすら見えていたことであろう。そこでもしもまだ納得できないでいる読者がおられるのなら、これからちょっとした実験を行ってそれでもって納得していただくことにしよう。オイディプスの物語の装いを大ざっぱに変えてみる。彼のギリシアの衣装を脱がせて、かわりに西欧風に身づくろわせる。こうすれば、神話は社会的階梯を二段か三段降りてくる。想定される事件のおきた場所と時間とははっきりさせないでおく。あとは読者のほうでうまくやってもらえるだろう。読者はすぐさま、この話が十二世紀から十九世紀までのキリスト教世界のどこかでおこったものと推定するだろう。これだけ条件が揃えば、まさに神話と呼ぶものを神話のうちに認めているかぎり、これまでは誰も神話にたいしては加えようとはしなかった解釈の作業が、まるでぜんまい仕掛けのように動きはじめるであろう。

収穫は悪く、牝牛は流産する。村人同士の仲も悪くなった。誰かが村に呪いをかけたのだそうだ。そんなことをしたのがあの足の悪い男であることははっきりしている。あいつはどこからなのかわからないが、ある日村へやってきて、まるで自分の家にいるみたいに居ついてしまった。それどころかあつかましいことに村でいちばん有名な後家と結婚して、子どもをふたりつくっている。連中の家では、あらゆる類いのいかがわしいことがおきているようだ。このよそ者は妻の前夫を殺害したのではないかとも疑われている。前夫はこのあたりの有力者だったが、行方不明になり、その間の事情は誰にもよくわからない。そしてまたたくまに、彼の立場は公私両方ともに、新参者にとってかわられた。ある日、村の若者どもはもう我慢できなくなって、熊手をもって、うさんくさいこの人物をたたき出した。

この話をきいていささかともためらう者はひとりもいない。誰しもがおのずと私の求めている解釈を受け容れてくれる。犠牲者は非難されているようなことはおそらく何もしていないが、彼にかかわるあらゆることがらが、彼を同じ共同体の住人の不安や怒りのはけ口にふさわしい存在にしている——このことは誰にでも理解してもらえよう。この短い物語のなかのありそうな部分とありそうにもない部分との関係もまた、誰しもが容易に把握するであろう。それがたあいのない神話にすぎないとは誰も言わないだろう。そこに気ままな詩的想像力の所産とか、あるいはただ《人間の思考の基本的な仕組み》を明らかにしようとする作品を見る者は誰もいないであろう。

とはいえ、変ったことは何ひとつないのだ。この話は神話を大ざっぱに剽窃しただけであるから、あいかわらず神話の構造を保ってはいる。解釈の様式は、したがって、テクストを外側から解明する歴史の知識の網の目のなかにおくかおかないかということでは決まらない。もしテクストが神話《本来の》かたちで呈示されていたならば、憤慨のあまり見むきもされなかったはずの読解へと解釈者をいざならには、装いを改めるだけでいいのである。この物語をもう一度ポリネシア人やアメリカ・インディアンの世界へ移してみれば、またしても、ギリシア版の神を前にしたときにギリシア学者がしばしば示すのと同じ馬鹿丁寧な敬意や、もちろんこれとともに、もっとも有効な解釈の採用を拒む強情な態度に出くわすであろう。この解釈はもっぱら歴史のなかに実在した世界のためにのみ取っておかれるのだが、なぜそうであるのかは後で明らかにすることにしよう。

ここに姿をあらわすのは、まがうことなく文化的な精神分裂病である。私の提起した神話にかんする仮説がこの病いの存在を明らかにするだけの成果しかあげなかったとしても、まったくの無駄ではなかったことになるだろう。われわれはテクストが実際にどのようなものであるかを問題にせず、その外側の包み――商品の包装とでも言いたいくらいだが――だけでテクストを解釈しているのである。テクストの外観をわずかに修正しさえすれば、われわれのもつ唯一の真に根柢的な迷妄暴露の能力を制止することも作動させることもできるのだが、しかし誰もそんなことに気づいてはいない。

＊
＊＊

ここまでは、迫害の表象にかんして典型的だと私自身も認めているただひとつの神話にかぎって論じてきた。それ以外の神話についても述べなければならない。それらの神話と迫害文献とは明らかに類似しているというわけではない。とはいえ、例の四つの常套形式を探してゆけば、より変形したかたちでではあっても、多数の神話のうちになんなく見つけることができるだろう。

多くの場合、神話は唯一同じ特徴でもってはじまる。昼と夜とがひとつになり、天と地とはつながっている。神々が人間のあいだを、人間が神々のあいだをめぐり歩いている。神と人間と獣とのあいだにははっきりした区別がない。太陽と月とは双子の兄弟なのだが、たえずけんかをしていて、どちらがどちらなのか見分けがつかない。太陽が地面に接近しすぎ、渇きと暑さとで生活は耐えがたいものになっている。一見したところでは、こうした神話のはじまりの部分には現実の何ものかと関連させられるようなものは何もない。だが、差異の消失が問題になっていることは明瞭である。集合的迫害が生じやすい深刻な社会的危機は差異の消失として経験される。これこそ前章で抽き出した特徴にほかならない。したがって、はなはだしく変形され、様式化され、きわめて単純な表現に切りつめられてはいるものの、ここに迫害の第一の常套形式が見られるのではないかと問うことができる。

こうした神話的な差異消滅の状況は牧歌的な内容をともなっていることもときにはあるけれども、これについては後でまた述べることにしよう。破局的な性格をもつもののほうが多いのである。昼と夜とがひとつになった、というのは太陽の不在とあらゆる事物の破滅を意味している。太陽の大地への接近は、逆の理由から生存が不可能になったことを意味する。《死を創りだした》とされる神話がいくつかあるが、実際には死を創りだしたのではなく、《はじめには》生も死もひとつのものであったのに、これをはっきりと分けてしまったというだけである。このことは、私の考えでは、死なくしては生きてゆけない、言いかえると生存がいっそう困難になった、ということを意味している。

《始源的な》差異の不在や《原初の》混沌には、しばしばきわめて強い闘争的な性格がある。明確なかたちをもたないものが、相互の区別をめざしてたえず闘っている。この闘争の主題は、インドのバラモン教の後期ヴェーダ文献のなかでとりわけ見事に展開されている。すべてはつねに、区別のつかないほどたがいに似かよった神々と悪魔たちとの果てしない、結着のつかない戦いからはじまる。要するに、これはどの場合でも、あまりにも急激に入れかわり、あまりにも目立ちすぎるようになった悪い互酬関係のことであり、この関係は人間の行動を画一化し、集合的迫害を発生させるおそれのある深刻な社会の危機をもたらすのである。差異の不在の状況とは、こうした事態を部分的に神話に移しかえたものにほかならない。闘争という差異の不在の状態をとりわけ経済的にあらわしている、あい闘う双子ないし兄弟の主題もつけ加えておくべきであろう。この主題が世界中の神話のなかでもっとも古典的な出発点のひとつとなっているのも、おそらくここに理由がある。

差異の不在の状態という語を用いて、多数の神話のはじめの部分に統一性のあることを最初に見抜いたのはレヴィ＝ストロースであった。だが彼にとって、この差異の不在状態には、やがて差異が展開してゆくうえでの背景の役目を果たすという、修辞的な価値しかない。この主題を現実の社会の条件につないで考えるということは問題にならない。当然のことではあるが、これまでは神話とその現実との関係について具体的に論じるどんな可能性もなかったのである。われわれの四つの迫害の常套形式がこうした事態を変えた。先ほどから述べてきたようなはじまり方をしている神話のなかに、残り三つの常套形式をも見つけることができれば、神話の最初の部分の差異の不在は第一の常套形式を図式的にではあるが、しかし見まがうことなく移しかえたものだと結論することが正当であろうと考えられる。

第二の常套形式についてはながながと述べる必要はない。迫害者が犠牲者のせいだとしている犯罪は、通常どれも神話のなかに繰り返し登場してくる。神話学によっては、殊にギリシア神話を論じる場合には、こうした犯罪を真の犯罪とは見なさないことがある。たんなる過失としか見ないのである。これらは許容され、些細なこととして片づけられてしまう。だがそれでも存在していることにはかわりないし、精神は別としても字面のうえでは、迫害の常套形式に完全に照応している。《未開》とは言わないが——という のも、今はこの語を用いてはいけないことになっているので——より《野性》に近い神話では、主要な登場人物は恐るべき侵犯者であり、またそのように取り扱われてもいる。彼らは、それゆえ、集合的な迫害の犠牲者を見舞う運命と奇妙に類似した罰を受ける。つまり、この根本的な点で、私が《野性的》と形容している神話群は、オイディプス神話よりもいっそう群衆現象に近いのである。そこで、これらを群衆現象と関連づけて考察してみることにしよう。

こうした神話にはただひとつの常套形式が残るだけとなった。それは迫害の対象を選びだすさいの優先的なしるしである。世界中の神話のなかに、びっこ、片目、片手のない者、盲人、その他の身体不具者が数多く登場してくることについては強調するまでもない。疫病患者もまた多くあらわれる。

不具の主人公たちにたいして、きわめて美しく、まったく欠点のない主人公も登場している。これは神話には文字どおり何でも出てくるということではなく、それが極端なものを好むということを意味しているのであり、すでに指摘しておいたように、極端であることは迫害の的になりやすい者の特徴である。

あらゆる種類の犠牲者特有のしるしが神話のなかに姿をあらわしている。これに気がつかないとすれば、犠牲者は周知の民族上や宗教上の少数派に所属しているものとばかり決めこんでいるからだ。そんなしるしは神話にそのまま出てくるはずがない。迫害されるユダヤ人も黒人も見あたりはしない。だが、私の考えでは、世界中のどこでも中心的な役割を果たしている主題、すなわち集団から追放されたり殺害されたりするよそ者という主題がこれに相当している。(8)

犠牲になるのはよそからやって来た男とか、人目をひく外国人とかである。彼は共同体の祝祭に招かれるが、その挙句にはリンチを受ける。なぜか。彼はしてはならぬことをしてしまった。行動が不吉だと受けとられた。あるしぐさがまちがって解釈された。ここでもまた、現実の犠牲者、現実の外国人の存在を想定するだけで、一切の事情が明らかになる。外国人が招待者から見て奇妙なあるいは無礼な振舞いをしたように思われるのは、彼が外国の規範にしたがって行動しているからだ。ところが民族中心主義が一定の限界を越えると、外国人はよくもあしくも、それこそ神話的な存在となる。どんなに些細な誤解でも悪い結果を招くおそれがある。外国人が殺害され、ついで神格化されるという主題の背後には、きわめて極端な《地方主義 provincialisme》の一形態を認めることができる。この地方主義はあまりにも極端化しているために、ちょうど一定の波長の以上や以下ではわれわれの耳や眼が何の音も色も知覚できなくなるのと同様に、それが地方主義だとは確認しがたくなっているほどである。ここでもまた、哲学的すぎる解釈を地上へ引き戻すためには、こうした神話の主題を西欧の村の舞台装置のなかにおいてみる必要がある。そうすれば、さきほどオイディプスの神話をおきかえてみたときのように、何が問題になっているのかはすぐにわかるだろう。適切な知的訓練を行い、とりわけ近代西欧世界に属さない一切のものへの硬直した崇拝をもう少し減らせば、神話における認識と了解とが可能な領域を拡大することは容易にできるのである。

神話をさほど詳細に検討しなくても、迫害の四つの常套形式が大多数の神話にふくまれていることは確認できる。それ以外にもちろん、三つないしふたつ、またひとつしか常套形式をふくまないもの、あるいはまったくふくんでいないものもある。そうした神話を忘れているわけではないが、まだ効果的に分析できるまでにはいたっていない。われわれは、すでに解読した迫害表象が神話の迷路をわけ進んでゆくうえでまさしくアリアドネの糸になりうることを理解しはじめたばかりである。この手がかりがあれば、迫害の常套形式がひとつも見あたらない神話をもふくめて、神話の真の起源、すなわち集合暴力にたどりつくことができるであろう。あとで明らかになることだが、迫害の常套形式がまったく欠如した神話は、われわれの主張にたいする反証になるとか、議論のつじつまを合わせるためのあやふやな綱渡りを強いるどころか、逆にもっとも明白な確証をもたらしてくれる。もう少しのあいだ、常套形式をふくんではいるけれども、中世の迫害やオイディプスの神話にくらべると多少とも変形をこうむっているためにその分見わけのつきにくい神話の分析をつづける必要がある。

常套形式が極端に変形されているといっても、それで神話とすでに解読してきた迫害とのあいだに越えがたい溝ができあがるわけではない。実際、変形された常套形式は一語でもって言いあらわせる。それはまさに怪物なのである。

ロマン主義以来、神話に登場する怪物は、無からの真の創造、純粋な創出と見なされてきた。想像力は自然のどこにも存在しない形態を産み出せる絶対的な力であると受けとられている。だが神話の怪物を検討してみると、けっしてそのようなものではないことがわかる。怪物のなかで結合し混じりあい、特徴ある形態をなそうとしているのは、つねに既存のいくつかの形態から借用してきた要素である。たとえばミノタウロスは人間と牡牛との組合せとしてなりたっている。ディオニュソスもまた同様だが、この場合は、怪物、言いかえれば形態の混合よりもむしろ神であることのほうが注意を喚起する。

怪物を考えるには差異の消滅にたちかえらなければならない。この消滅過程は、現実そのものにはもちろん何の影響をもおよぼしはしないが、現実についての知覚を左右する。闘争関係が加速されてくると、闘争相手の行動がこちらと同じだという印象がいっそう真実味をましてくるだけではなく、知覚の解体が進行し、関係は目まぐるしいものになる。怪物とは、知覚の断片化、解体、そしてこれにひきつづく自然の特徴を無視した再構成をとおして生まれてくるものであるにちがいない。怪物とは、安定した形態すなわち虚偽の醜悪な形態に後になってからまとまろうとする不安定な幻覚である。というのも、記憶の喚起が実現するのは改めて秩序が安定した世界においてなのだからである。

先に見てきたとおり、歴史上の迫害表象も、この点ではすでに何か神話的な性格をおびていた。怪物への道は、すでに述べてきたあらゆる表象、すなわち、差異の消滅状態としてあらわれる危機、差異の消滅のもとになった罪を犯したとされる犠牲者、犠牲者選択のさいのしるしとなる奇形、などの延長線上に位置している。そこには身体のうえで怪物であることと精神的に怪物であることをつなぐ一点がある。獣姦という罪は、たとえば、人間と獣との醜い混淆を生みだす。ティレシアスの両性具有においては、身体的に怪物であることと精神的に怪物であることとはもはや区別がつかない。要するに、常套形式そのものが混じりあって神話の怪物を発生させているのだ。

神話の怪物においては、《身体》と《精神》とは切り離しがたい。両者の結合はきわめて完璧なので、どんなに分離しようとしても空しく終ってしまうのがきまりであるかのようだ。だがそれでも、もし私の考えにまちがいがなければ、まさにこの点で区別することが必要である。身体的な奇形は犠牲者のもつ現実の特徴、現実の不具に対応しているはずであり、オイディプスやウルカヌスは、もともと中世の魔女と同じく、現実にびっこをひいていたにちがいない。精神的な怪物的性格の場合は逆だ。迫害者は、あれこれの危機や公的であれ私的であれさまざまな不幸から自分たちの心中で怪物を作りだし、それを不具や奇異な性格のゆえに怪物との強い親和性を感じさせる不運な者たちのうえに投射する。どんな迫害者でももっているこうした傾向から生じるのが精神的な意味での怪物的性格なのである。

怪物的性格はふつう、神話がまったくの虚構であり空想の産物であることを改めて確認するものとして理解されているから、私の分析には根拠がないと受けとられるだろう。怪物のなかには、しかしながら、本書ですでに詳しく述べてきた、たしかに虚偽であるものと真実であるかもしれないものとがやはり見出される。ひとによっては、迫害の常套形式はどれもみな、私の主張に水をさすような錯綜した状態で姿をあらわしているではないかと言うであろう。常套形式のいくつかを同時に把握すれば、それらはある種の統一を保っている。そこから特殊な雰囲気、神話に特有の雰囲気が生まれており、かりに美的な理由からであろうとも、この雰囲気をいくつかの要素に分解する必要は何もないかのように見える。そして事実、最良の神話研究家でさえ、それらの要素をけっして分離しなかった。とはいえ、研究者によっては諸要素をまったく同一の次元に位置づけて論じることができていない、という印象もある。彼らは、犠牲者の犯した罪――架空の――と犠牲者の選択のためのしるし――おそらく現実のものであった――とをはっきり区別する方向に進んでいる。以下に引用するのは、ギリシア神話をめぐるミルチャ・エリアーデの特徴的な文章であり、犠牲者の現実のしるしからはじまり、架空の犯罪を論じて終っている。

> 彼ら〔ギリシア神話の英雄たち〕は、その力と美しさだけではなくて、怪物的な特徴（巨人的な体軀――ヘラクレス、アキレウス、オレステス、ペロプス――やまた他方では平均より劣った体軀の場合もあるが）によっても周囲から際立っている。獣の姿をしていたり（たとえばリュカオンは《狼》）、あるいは動物に変身することができる。両性具有であったり（ケクロプス）、あるいは性を変えたり（ティレシアス）、また女装したりもする（ヘラクレス）。そのうえに、英雄たちは数多くの異常な特徴をもつ（無頭や多頭。ヘラクレスの歯は三列に並んでいる）。びっこ、片目、盲目であることもとくに多い。狂気にとらわれてしまう場合もしばしばある（オレステス、ベレロポン。またあの並外れたヘラクレスでさえ、メガラとのあいだに生まれた息子たちを虐殺する）。彼らの性的行動は過度であるか常軌を逸しているかのいずれかである。すなわちヘラクレスは一晩でテスピオスの娘五十人を孕ませる。テセウスは多くの女性（ヘレネ、アリアドネなど）を手籠にしたことで知られているし、アキレウスはストラトニケを強奪する。英雄たちは自分の娘や母と交わり、羨望や怒りから、また何の理由なしでも人を殺す。彼らは父や母、ないし近親の者をさえ殴り殺す。(9)

この文章は英雄にふさわしい特徴をいくつも豊富に挙げている点で見事である。著者は怪物的なものという指標の許で、犠牲者選択の基準となる特徴と常套化した犯罪とを結びつけるが、しかし両者を混同しているわけではない。この二項目をつき混ぜてしまうことにはどこかで抵抗を感じているようだ。事実上は二者を切り離しているのだが、ただその分離は公に認められたものではない。この暗黙のうちの区別は、構造主義の戯れの多くよりも興味深いが、はっきりと表明されてはいないのである。

神話においては、身体のうえでの怪物的性格と精神面での怪物的性格とが対をなして展開されている。この結合は当然であると思われている。言語自体もそのことを示唆している。難癖をつける者は誰もいない。歴史的な世界を問題にするのであれば、現実の犠牲者のいた可能性を排除することはできない。これと同じように、ふたつの怪物的性格がつねに並んでいるのを見ていると、われわれはおぞましい気がしてきて、それが迫害者の精神構造に由来していることに気がつくであろう。それ以外のどこに由来しているというのか。それ以外にどんな力が、ふたつの主題をたえず一箇所に集中させるというのか。ひとは気休めに、《想像力》のせいにちがいないと言う。現実から逃れるためにはいつも想像力があてにされる。だがここでもまた、美学者のいう根拠のない想像力ではなく、いっそう錯綜してきたギョーム・ド・マショー風の想像力が、錯綜しているがゆえにこそそれだけ確実に、現実の犠牲者の存在をわれわれにわからせてくれるのである。それはあいかわらず迫害者の想像力なのだ。

ふたつの怪物的性格は、身体障害者にたいする迫害を正当化する神話のなかでは、たがいにぴったりとつながりあっている。その周囲に別の迫害の常套形式が存在しているために、このことはいささかも疑いえない。両者の結合がきわめて稀にしか生じていないのであれば、まだ疑うこともできようが、数えきれないほどの例が見つかるのである。それは神話にとって日々の糧とも言える、なくてはならないものである。

無器用な熱情にとらわれた批判精神の持主は、テクストのうちのある部分が架空であることにもとづいて、全体が架空であると推論する。さらに鋭い懐疑心をもつ者は、神話のなかで作動しているような型の想像力は必ずしも現実の暴力につながらないのではないかと問う。表現に歪みのあることはたしかにわかるが、しかしその歪みは首尾一貫しており、必然的に迫害者のほうを向いている。歪みは主に犠牲者を中心にしていて、そこから作品全体へと拡大している。ギョームの詩のなかの石の雨、雷で破壊しつくされた町々、とりわけ川への毒物投入などが架空であるからといって、黒死病や犠牲者の虐殺までが虚構だとは言えないのである。

神話において怪物が増殖すると、さまざまな形態が生じてきて、そのためどんな首尾一貫した読解も不可能になり、これまで私が展開してきた解釈の独自の根拠が持ちこたえられなくなる、という反論も出てくるであろう。だがそうした意見は、雲の発生を水の蒸発でもって説明する理論に反対して、雲のかたちはつねに移り変るから、それぞれのかたちに応じた無数の説明がどうしても必要だと述べるのと同じ程度のものでしかない。

いくつかの典型的な神話、殊にオイディプスの神話を別にすれば、神話は解読が可能な歴史上の迫害表象と直接的に同一だとは見なせないが、しかし間接的には同一である。怪物的な特徴をいくつかぼんやりとも呈示してくれないので、犠牲者が犠牲者であることもかろうじて判明するくらいである。というのも、犠牲者が怪物そのものになっているからである。だが、こうした相違から、二種のテクストの起源が同じであるはずがないと結論してはならない。詳細に見てゆけば、テクストの表現内容は必ず唯一同じ原則にしたがって歪んでいることに気づく。ただ神話の場合、歪みをつくりだす力が、歴史的な文献の場合よりも強力に作動してはいるけれども。

歴史上の迫害と神話とにあらわれる常套的な犯罪を注意して比較してみると、右の事実にまちがいないことが確認できよう。なるほど、迫害者の信念はどこでも、理性的でなければないほどそれだけいっそうゆるぎないものになっている。だが歴史上の迫害にあっては、それはもはや、信念としての性格およびそこから帰結する迫害の過程を隠蔽できるだけの力をなくしてしまっている。おそらく、犠牲者が有罪であることははじめからきまっていて、犠牲者には自己弁護することができず、裁判はすでに完了したも同然である。だがこれはまぎれもなく裁判であり、不公平だとも言えようが、それでもやはり裁判としての性格を保ってはいる。魔女は本来の意味で合法的な訴追の対象にされているし、迫害を受けたユダヤ人たちでさえ、神話の英雄たちとくらべるとさほど荒唐無稽でもない罪を犯したとしてはっきり告発されているのだ。《川への毒物投入》などという罪をこしらえようとする程度には、相対的ながら真実らしさを求める気持がそこには介在している。だからこそ逆説的に、テクストの性質を理解するために必要な真実と虚偽との区別が行えるのでもある。神話についても同様の操作が要求されるが、題材がさらに錯綜しているので、もっと大胆な操作でなくてはならない。

歴史上の迫害では、《罪人》と《犯罪》との区別がはっきりとつくので、犯罪がどんな過程で生じるのかを誤解することはない。ところが神話ではそうもいかないのである。罪人とその過ちとは一体化していて分離しえない。彼の過ちはある種の幻想的本質、存在論的な属性としてあらわれる。多くの神話においては、不運な男がそばにいるだけで、周囲のあらゆるものが汚染され、人間も獣もペストに罹り、収穫は台なしにされ、食糧には毒がまわり、猟の獲物はいなくなり、まわりの者たちのあいだでいざこざがおきる。彼の通りかかったあとは、一切の調子が狂い、草も二度とはえてこない。いちじくの樹にはいちじくの実がなるのと同じくらい当然に、彼は災いをもたらす。彼が彼自身であるだけで充分なのである。

犠牲者を過ちや罪を犯した者として規定することは神話のなかではあまりにも自明のことであり、また彼らの罪と集団の危機とのあいだの因果関係はゆるぎないので、これまでどんなに鋭い洞察力をもった研究者も、そうした題材を切り離し、告発の過程が存在することに成功してこなかった。これを成しとげるには今われわれがたぐっているアリアドネの糸、つまり中世ないし近代の迫害文献が必要である。

迫害者の視点にもっとも深くつながっている歴史的な文献ですら、そこには衰弱した信念しか反映していない。彼らが自分たちの邪悪な立場が正当であることの証明に執拗であればあるほど、それだけ証明はむずかしいものになる。もしも、《オイディプスが父親を殺したことは疑いない。母親と寝たというのも確実である》、と神話が語っているのであれば、ここにあらわれている欺瞞がどんなものであるかは見抜くことができる。歴史上の迫害者たちと同じ流儀で、つまり信念の次元で語っていることになるからである。ところが実際には神話は、疑いようのない事実を告げるような平静な調子でもって語りかける。《日が暮れて夜になる》とか、《太陽は東から昇る》とか言うのと同じ調子で、《オイディプスは父親を殺し母親と寝た》と断言するのである。

神話から西欧の迫害へと移ってゆくにつれて、迫害者の視点に由来する歪みは減少する。まず後者の文献を先に解読できたのも、歪みが減少していたおかげである。この最初に解読したことを今から神話に接近するための跳躍台とする必要がある。ギョーム・ド・マショーのように比較的容易に解読でき、したがってすでに解読してしまった文献を指針にして、まずオイディプス神話、さらに少しずつ解読がむずかしくなる文献を取りあげてみたい。こうした一貫した手順をとおして、これまであまりにも空想的であったので、それを《まったくの想像力の所産》であるとはもはや見なさなくなるようなときが来るなどとはほとんど考えられなかったほどのいくつかの主題の背後に、あらゆる迫害の常套形式を見つけだし、その結果、暴力も犠牲者もともに現実に存在したということを公準として提起できるようになるのである。

われわれの先祖たる中世の人びとは、ユダヤ人や癩病患者が泉に毒物を投げこんだという話、嬰児殺しが儀礼として行われているという話、魔女の箒、月夜の悪魔たちの大饗宴、などといったきわめて馬鹿げた作りごとを真面目に受けとっていた。彼ら以上の残酷さと盲信はありえないかに見える。ところが神話はこれをはるかに凌いでいるのだ。神話からすれば、歴史上の迫害も頽落した迷信に属している。われわれは何を見ても理解しないことに決心してしまったので、神話的な幻覚の影響から免かれていると思いこんでいる。実は、一切を幻覚だと見なすことは、一切を真実だと見なすこと以上に、厄介な問題から逃れる手段としてはいっそうたちが悪い。神話の暗示する暴力が現実であることをまったく否定するこうした抽象的な不信感は、問題から逃れるためのもっとも決定的かつ最良の口実になってくれる。

われわれは、神話の英雄たちの真実らしい特徴すら、ありそうにもない特徴と組合わせられているという理由から、必然的に虚構であると見なしてしまいやすい。だがこれは、いつも同じ偽りの慎重さに支配されて、あいも変らずすべてが虚構であるとする先入見であり、こんなものに依拠してギョーム・ド・マショーを読んでいたのであれば、ユダヤ人虐殺が現実であることも認識できてはいなかったであろう。われわれは、虐殺が多少とも意義をもつあらゆる種類の作り話と並んでいるからといって、虐殺が現実であったことを疑ったりはしない。だから、神話の場合でも犠牲の現実性を疑ってはいけないのだ。

歴史上の迫害文献では、犠牲者の顔が仮面の背後から透けて見えている。そこには空隙やひびわれがいくつもあるのにたいして、神話においては仮面はまだ無傷のままだ。それは顔全体を見事に覆っているので、それが仮面だとはわからないほどである。その背後には犠牲者も迫害者も誰もいない、とわれわれは思っている。われわれは、オデュッセウスとその仲間に眼をつぶされたポリュペモスが助けを求めて空しく呼びかけている兄弟のキュロプスたちにどこか似ている。われわれのたったひとつの眼は歴史という名のもののために残してある。そして耳はどうかと言うと、もしそんなものがあるとしての話だが、ポリュペモスの発する「誰でもない、誰でもない……」という声以外には何も聞こえていない。この声は集合暴力それ自体に根ざしているが、そんな集合暴力は存在せず、おこったこともなく、ポリュペモスが詩的霊感にしたがって創作したものにすぎない、とわれわれに思わせてしまうのである。(五)

　神話のなかの怪物はもはや超自然的な種ではなく、ましてや自然の種でもない。神学的な属にはふくまれないし、また動物学上の属にすらふくまれない。神話それ自体よりもなお神話的な無意識のうちに堆積した想像力の所産や架空の《元型 archétypes》という種属まがいのものにほかならない。現代の神話科学は批判的史学とくらべて四百年の遅れをとっているが、しかしその発展を妨げている障碍物は乗り越えられないものではない。自然な視覚の限界を越えて、色彩体系で言えば赤外線とか紫外線とかに相当するものを知覚せよというのではない。われわれ自身の歴史のなかの迫害者の視点による歪みでさえ、誰も読みとれなかった時代もあったのだ。だがわれわれはついにそれを知るにいたった。いつ頃知るにいたったのかもわかっている。近代の初頭である。このとき最初の一歩を踏みはじめた迫害文献の解読の過程は、私の考えるところでは、その後数世紀のあいだけっして途切れたことはないが、しかしなかなか先へ進みもしなかった。神話という真に豊かな成果をもたらす道に向かって探求の領域を拡げようとしなかったからである。

＊＊＊

さて今度は、歴史上の迫害にはまったく、とは言わぬまでもほとんど欠如している、神話の本質的な一面、すなわち聖性の面について述べなくてはならない。中世や近代の迫害者たちは犠牲者を崇拝しない。ただ憎むばかりである。だからこそ犠牲者の存在も見抜きやすかった。崇拝の対象となっている超自然的な存在のうちに犠牲者を見つけることのほうがずっとむずかしい。なるほど、英雄の輝かしい冒険も、ときには集合暴力の犠牲者が犯したとされる常套化した罪と見まがうほどによく似ている。そのうえにまた、英雄も犠牲者と同じく、仲間から追放されたり殺されたりする。だが、古代後期のギリシア人から現代のギリシア学者にいたるまで、ギリシア神話に精通していると自認する人びとは、英雄のおこした不都合な事件を過小評価する点で意見が一致している。彼らによると、それは英雄の俗世を越えた気高い経歴のなかの些細な過ちにすぎず、そんなものを取りあげるのは趣味が悪いということになる。

神話からは聖なるものが滲みでているので、そうでない文献とは比較することができないかのように見える。これまで指摘してきた類似点がどんなに魅力的であっても、この相違の前では色褪せてしまいそうだ。神話を説明するにあたって、私は、歴史上の迫害者たちが自分たちの迫害行為を思い出すさいに生じるよりもずっと大きな歪みが神話のうちに認められると述べてきた。迫害文献にあらわれているものはどれも、いっそう歪んだかたちで神話のなかにも見出せたのであるから、これまでのところ私の方法は成功している。だがここで困難なことがひとつ生じた。神話には聖なるものが存在するのに、迫害文献には事実上存在していないのである。本質的なものが脱落しているのではないかと問うてもよさそうだ。私の比較方法では、神話の低次元の部分は解明できても、高次元、すなわち超越的な次元は依然として把握することができずに残る、と観念論者なら言うところであろう。

私の考えでは、何らそういうことにはならないのであって、このことを証明するにはふたとおりの方法がある。まず、二種類の文献のあいだの類似と相違に着目して、そこからの単純な推論によって、聖なるものの本性とそれが神話のなかに存在することとの必然性とを文字どおり演繹できる。次に迫害文献へたち戻って、外見に反してそこにも聖なるものの痕跡が残っていること、したがってまた、これまでどおり迫害文献を神話の頽落した、あるいは半ば解体したものだと考えた場合そこにあらわれているはずのものと、聖なるものの痕跡とがきわめて正しく対応しあっていることを明らかにすることができるだろう。

聖の何たるかを理解するためには、先に告発の常套形式と呼んだもの、犠牲者に押しつけられる偽りの罪状と責任から議論をはじめる必要がある。まず最初に、迫害者たちがそうしたものを完全に信じこんでいるということを認めなければならない。ギョーム・ド・マショーは、ユダヤ人が川に毒物を投げ入れたと本心から信じている。ジャン・ボダンも、魔術が当時のフランスに危険をもたらしていると本心から信じている(六)。彼らの信念に共感までしなくとも、その真剣さは理解しうる。

ジャン・ボダンはけっして凡庸な知性の持主ではないが、それでも魔術の存在を信じこんでいる。あと二世紀もたっていれば、ボダンの信念は、彼よりはるかに劣る知的能力しかもたぬ人びとをさえ、大笑いさせていたであろう。

ジャン・ボダンやギョーム・ド・マショーのような知識人さえ抱いていた幻想は何に由来しているのか。彼らの幻想は明らかに社会的な性格をもっている。つねに大多数の人間のうちで共有される幻想である。大部分の人類社会では、魔術にかかわる信念は、ただ数人ないし多数の個人ではなくして、社会の全員が分かちもつものなのである。

呪術をめぐる信念はある種の社会的コンセンサスを獲得している。十六世紀、いや十四世紀においてすら、このコンセンサスは全員一致と言うにはほど遠いものになってはいるが、依然として、少なくともある種の階層では大きな力を保っており、諸個人をかなり強く拘束している。この拘束を免かれた人間というのはまださほど多くなく、迫害を押し止めるだけの影響力をもってはいない。迫害表象にはデュルケムの言う意味での集合表象のもついくつかの性格が残っている。

この信念が何にもとづいているかについてはすでに明らかにした。広汎な社会層の人間が、ペストと同じくらいの恐ろしい厄災に、またときにはそれほど目立たない困難にまきこまれる。だが迫害のメカニズムが作動するおかげで、集合的な不安や欲求不満は、うまく社会全体に組みこまれていない少数派に所属する犠牲者に向かって容易に結束し、代償的な満足を獲得する、等々。

こうしたことがらを理解しえたのは、文献のうちに迫害の常套形式を見出せたからであった。そしていったんこのことがわかれば、われわれはほとんど叫びだしそうになる——犠牲者は身代りの山羊 *bouc émissaire* なのだ、と。この表現は誰にでも理解してもらえる。何を意味しているのか迷う者はひとりもいない。身代りの山羊という表現からは、犠牲者に罪がないこと、犠牲者にたいして集団が結束すること、この結束には何か集団にかかわる目的があること、などが一度に明らかになってくる。迫害者たちは迫害表象の《論理》のなかに閉じこもり、もはやそこから脱け出すことができない。おそらくギヨーム・ド・マショー本人は集合暴力に加担したことは一度もなかっただろうが、しかしそうした暴力を育て、また逆に暴力を吸収して成長する迫害表象とともに生きている。身代りの山羊が集団にもたらす効果の分け前にはあずかっているのだ。集団の結束はこれにかかわる者全員を強く拘束しているので、犠牲者には自己の無実を証明することができない。

《身代りの山羊》という表現は、したがって、これまで集合的な迫害について述べてきたことの一切を要約してくれている。ギヨーム・ド・マショーを前にして《身代りの山羊》という表現を用いれば、われわれわれが迫害表現に欺かれてはいず、また迫害表象の体系を打破してそのかわりにわれわれ独自の文献の読解を実現するために、なすべきことはなしているのだと指摘することになる。

《身代りの山羊》という表現は、私が神話にまで拡張しようとしている解釈の型を要約している。残念なことに、この表現についても解釈と同じことが言える。つまり誰もがこの語の用法を知っていることになっているので、それが正しくは何であるかをたしかめようとする者がいないのである。それゆえ誤解が誤解を呼ぶことになる。

ギョーム・ド・マショーの例や迫害文献一般について身代りの山羊の表現を用いるとしても、それはレヴィ記で述べられている贖罪の山羊の儀礼(七)とも、その他多少ともレヴィ記のそれに類似しているために《身代りの山羊》の名で呼ばれることのある儀礼とも、直接のかかわりはない。

《身代りの山羊》について考察する、すなわち迫害文献から離れてこの表現のことを考えると、その意味はすぐに変化しやすい。儀礼を思い出してしまうからである。ある一定の時期に僧侶の主宰する許でとりおこなわれる宗教上の儀式といったような、きまりきった観念が浮かんでくる。するとわれわれはつい、犠牲の仕組みを知りつくし、事情をよく承知しながらもマキャベリ的な底意をもって、無実の者を犠牲に捧げる巧みなやり方を想像してしまうことになる。

そうしたことのおきる可能性は、とりわけ現代では充分にある。だが現代ですら、そのためには悪事を組織しようとする煽動者が、容易に操作できる大衆、言いかえると迫害表象の体系のうちにやすやすと閉じこめられてしまう人びと、身代りの山羊にかかわる信念を受容できる人びとを手中に収めていなくてはならないであろう。

明らかに、ギョーム・ド・マショーには煽動者的なところがまったくない。彼はそれほど利口ではない。

その作品中の世界に煽動的な部分があるとしても、ギョームは煽動されたほうに数えるべきだ。テクストのなかのいくつかの箇所は、明らかに彼にとっては何も語っていないにひとしく、ただその真の意義を理解しているわれわれにとってのみ、真実を告げてくれているのである。先ほどは素朴な迫害者という言い方をしたけれども、彼らの無意識について述べてもよかったのだ。

《身代りの山羊》という語の近代的な用法にはたえず、あまりにも意識的かつ計算されつくした行為という概念がふくまれている。だが、そんなふうに受けとると本質的な点が脱けおちてしまう。本質的な点とは、すなわち、迫害者が犠牲者の有罪を信じこんでいること、また、すでに見たとおりけっして単純ではない、まさしく表象の一体系をなす迫害の幻想にとらわれてしまっていること、などである。

人間が迫害の幻想にとらわれてしまうことがあると仮定すれば、次に迫害的な無意識について論じることができよう。そうした無意識が存在することは、今日他人が作りだす身代りの山羊をきわめて巧みに発見する者も——現代人がこの種の発見にかけて名人であるのはたしかである——自分自身が身代りの山羊を作りだしていることにはまったく気づいていない、という事実からも明らかである。身代りの山羊について自分にも責任があるなどとは、誰も、ほとんど誰も考えていない。このきわめて不可思議な事情を理解するためには、誰しも自分で自分に問いかけてみなければならない。身代りの山羊とのかかわりで自身がどのような立場にあるのか、と。自分がどうであるのか私にはわからない。読者のあなた方にしても同じことだろう。われわれはたがいに正当な敵意しか抱かないので、身代りの山羊など必要ではないと思っている。にもかかわらず、身代りの山羊は世界全体にあふれんばかりである。迫害幻想はかつてなかったほど猛威をふるっている。もっとも、いつもギョーム・ド・マショーの時代におけるほど悲劇的というわけではないが、しかしいっそう陰険なものになってはいる。「偽善の読者よ、わが同類よ、わが兄弟よ……（八）。」

個人のあるいは集団の身代りの山羊を見つけ出そうとして、洞察力と鋭敏さを競っているのに、今日でもなお右のような状態にあるのだとすれば、十四世紀ではいったいどんなであっただろうか。迫害表象を今日と同じように解読する者は誰もいなかった。《身代りの山羊》という表現にはまだ、今日われわれが付与しているような意味はなかった。群衆が、あるいは社会全体が、自分たちでつくりだした犠牲の幻想のとりこになってしまう、などという発想はまだ生まれようもなかった。そんな発想を中世の人びとに向かって説明しようとしても、彼らは理解してはくれなかったにちがいない。

ギョーム・ド・マショーは、現代人よりもいっそう強く、身代りの山羊のもたらす効果に支配されている。彼の世界は、現代世界よりもいっそう深く迫害的な無意識のうちにはまりこんでいる。だが、明らかに神話の世界ほど深くではない。ギョームにおいては、すでに見たとおり、身代りの山羊のせいにされるのは黒死病のごく一部分であり、しかも最悪の部分ではない。他方、オイディプスの神話では、ペスト全体が犠牲者の責任だとされている。神話の世界では、疫病を説明するために常套的な犯罪、そして当然ながらこれを犯した者以外には何も必要ではないのである。この事情の確認には民族学の資料を見るだけでよい。民族学者たちは私の議論を民族学にたいする冒瀆と受けとり、そ知らぬふりをきめこんでいるけれども、ずいぶん以前から立証に必要な証拠を収集してきている。いわゆる民族学的な社会では、疫病が発生するとただちに、共同体の根本的な掟が侵犯されたのではないかと疑われる。こうした社会を未開と形容することは禁じられている。その逆に、神話的な型の迫害の信念や行動を現代社会にまで残存させているものはすべて、未開の名でもって呼ばねばならないのだ。

歴史上の迫害におけるよりも神話のなかでのほうが、迫害表象は力強くあらわれている。その力強さには面くらうほどだ。ここでの花崗岩のごとき堅い信念にくらべれば、西欧社会での類似の信念などはものの数ではない。歴史に登場してくる迫害表象はいつも不安定で残りかすのようであり、だからこそ、やがてたかだか数世紀のうちに神秘性をうしなってしまった。ところがオイディプス神話は、数千年ものあいだ存続し、なおかつ今日にいたるまで、そこへ分け入ろうとするわれわれの努力を無視しつづけているのである。

この恐るべき信念は今ではわれわれと無縁のものになっている。われわれにはせいぜい文献のなかに残されたその痕跡をたどり、それを理解しようと試みることができるばかりである。だがそうすれば、聖なるものと呼ばれるのはすべて、この信念にまつわる盲目的かつ圧倒的な性格と同じものであることがわかってくる。

この現象を調べてみることにしよう。まず、それはどんな条件のもとで発生しうるのか。この信念の強さの理由はわからない。だが、それがわれわれの歴史におけるよりもさらに効果的な身代りの山羊の仕組みに、すなわち機能の点で西欧社会のそれよりもすぐれた、もうひとつ別の迫害の体制に対応しているとは考えてよい。神話に根ざした世界のほうが数のうえでは優勢であることから判断すると、こちらの体制こそが人類にとってはふつうの体制であり、むしろ西欧社会が例外的であるとも言える。

犠牲者の死んだ後になって、迫害者たちは神話をとおして改めて彼のことを思い出す。だが、このとき共同体内の人間関係が犠牲の意味について疑念を抱かせるような状態であれば、つまり人間関係がもとに戻っていないのであれば、これほど強固な信念も成立してはいなかったであろうし、また成立しても永続きしてはいなかったであろう。迫害者全員が犠牲者のもつ邪悪な力について同一の信念を抱くためには、共同体の人間関係を毒しているあらゆる疑惑、緊張、報復がこの犠牲者に集中して向けられる必要がある。

迫害の終了した後には、実際に共同体から毒が取りのぞかれていなくてはならない。危機から解放され、また分裂が解消したと感じられるようでなくてはならない。

まさにこうした状態こそ、大部分の神話の結末が示しているものにほかならない。結末部分を読むと、危機に瀕していた秩序が真に回復したこと、またさらに多くの場合は、試練をくぐりぬけることで活力を得た共同体の宗教的な結合のうちに、まったく新しい秩序が生まれたことが明らかになる。

神話においてはたえず、大罪を犯した犠牲者と暴力的でしかも解放的な結末とがつながっているが、このことは身代りの山羊の強力な働きをもってでしか説明できない。事実、この仮説はあらゆる神話の根本の謎を解いてくれる。すなわち、消失した、あるいは身代りの山羊があやうくした秩序は、もともと秩序を混乱させたその当人の介入をとおして回復しあるいは新たに成立する、という仮説である。そうなのだ、まさしくそうなのだ。共同体の不幸の責任が犠牲者に求められる、ということは予想できる。これは神話でも集団的迫害でも同じことである。だが神話においては、いや神話においてだけであるが、この同じ犠牲者が秩序をもたらし、象徴し、さらに体現しさえするのである。

このようなことについて、民族学の専門家たちはただ驚いているばかりである。侵犯者は、ある意味で自分が前もって侵犯しておいた秩序の復興者、いや創始者に変身する。最高の犯罪者が社会秩序を支える柱に変わるのである。この神話における逆説には、現代の民族学者はもちろんとして、神話に忠実な信者たちも眉をひそめたにちがいない。それゆえ神話によっては、逆説が信者たちの手で多少とも和らげられ、検閲を加えられ、偽装されているものもいくつかある。だがそれでも――これについてはあとでまた述べることにしたいが――逆説はやはり偽装をとおして透けて見えている。それは神話にきわめて顕著な特徴である。

プラトンはホメロスの神々の反道徳的な性格を嘆いているが、彼を悩ませたのもまさにこの謎であった。ここ数世紀にわたって謎に正面から挑んだ解釈家たちも何ら歯が立たなかった。それは、未開社会の聖なるものの謎、すなわち身代りの山羊がもつとされる邪悪な全能の力が幸福をもたらす力に転化するということとまったく同じものである。この転化を理解し謎を理解するには、われわれがつなぎ合わせたいくつかの主題、つまりある程度変形した四つの迫害の常套形式に迫害者たちの和解で終る結末を加えたものを改めて仔細に検討してみる必要がある。迫害者たちが現実に和解しあったことはまちがいないのである。このことを疑う理由は何もない。彼らは犠牲者が死んだ後になって、自分たちのくぐりぬけてきた試練を回想し、いつもためらうことなくそれを犠牲者のせいにしているからである。

よく考えれば、そこには驚くべきことは何もない。迫害者たちはそれ以外どのようにして、自分たちの和解、危機の終焉を説明できるだろうか。自分たちの手柄にはしえないのである。彼らは犠牲者におびえていて、自らをまったく受動的でただ状況に反応しているだけの存在、犠牲者に殺到するその瞬間ですら、完全に犠牲者に支配された存在だと考えている。彼らの考えでは、一切の主導権は犠牲者の側にある。彼らにはただひとつの原因しか見えていないのであって、それが圧倒的に勝利し、他のいかなる因果性をも吸収しつくしている。この原因というのが身代りの山羊である。したがって迫害者たちにとっては、犠牲者とじかにつながらないことはひとつもおこらない。もし彼らのあいだに和解が成立するならば、それも犠牲者のおかげなのである。どんなことであれ責任があるのはただひとり、絶対的にただひとりであり、その人物は病いの責任を負うているのであるから、病いの回復もまた彼の責任になるであろう。これが逆説と見えるのは、犠牲の経験からあまりにも隔たりすぎているためにそのまとまりを感知することのできない二元論的な視点、とりわけ《善》と《悪》とをはっきり区別したがる考え方に左右されている場合だけである。

たしかに、身代りの山羊は本物の疫病をなおしたり、干ばつや洪水をなくならせたりすることができるわけではない。だがすでに述べたとおり、いかなる危機も、それがどのように共同体の人間関係に影響をおよぼすかというのが主要な点なのである。邪悪な互酬性にもとづく人間関係がはじまり、自らの力で成長し、外的な要因の手をかりずに永続化しようとする。外的な要因、たとえばペストが作用しているかぎりは、身代りの山羊に効力はないであろう。逆に外的要因が働かなくなれば、このとき最初に選ばれた身代りの山羊が、一切の害悪の責任を引き受けることで、個人間に生じた亀裂を解消し、共同体の危機に終止符を打つであろう。身代りの山羊が働きかけるのは、危機のために弛緩した人間関係のみであるけれども、しかしペスト、干ばつ、その他客観的な厄災といった外的な要因にも同様に働きかけているかのような印象を与えるのである。

信念がある一定の限度を越えたところでは、身代りの山羊の効果は、迫害者と犠牲者とのあいだの関係を完全に転倒させてしまう。そしてこの転倒から、聖なるもの、共同体を創始した祖先、神々が生まれてくるのである。この転倒をとおして、実際には受身の犠牲者が、自分たちは影響されるがままになっていると思いこんだ集団に対峙する唯一の能動的かつ全能の存在に姿をかえる。もしも集団が客観的な原因や集団自体に内在する原因から病態に陥ることがあるとするなら、また、もしも集団内部の人間関係がいったん悪化したのち、犠牲者が全員一致の憎悪の的となってくれたおかげで、ふたたび回復することがあるなら、明らかに集団は、病いからの回復を促した偽りの信仰、すなわち全能の身代りの山羊への信仰に沿ったかたちで、集団の罹った病いを記憶にとどめようとするであろう。その結果、病いをもたらす者にたいする全員一致の憎悪と、その同じ病いを治癒する者にたいする崇拝とが重ねあわせられるはずである。

神話における迫害表象の体系は西欧の歴史のなかにあらわれたそれに類似してはいるが、しかし迫害が効果的に展開されるぶんだけいっそう複雑になってもいることを認めなければならない。現代人はこの効果を認めたがらない。なぜならば、それは道徳の面と知見の面とで二重にひんしゅくを買うからである。われわれには犠牲者が邪悪なものの姿をとる第一の変貌を認めることができるし、それは当然であるかのようにも見える。だが逆に、幸福をもたらすものへの第二の変貌を認めることができない。それが第一の変貌を打ち消さないでそこに重なるなどということは、少なくとも一定の時間をおかぬかぎり考えることができない、と判断してしまうのである。

集団内部の人間関係は、それが良い方向にであれ悪い方向にであれ、突然に変動するものである。変動の周期全体を支配しているのが集団的迫害の犠牲者であり、そのおかげで常態へ戻れると考えられるならば、必ずやこの二重の転移からは二重にしてかつ単一の超越的な力、破滅と救済、懲罰と報酬を交互にもたらす力にたいする信仰が生じてくるであろう。それは暴力を媒介にして、すなわち暴力の犠牲になるとともに、それ以上に暴力を教唆する謎めいた存在としても姿をあらわしてくる力である。

犠牲者がその死後も彼を殺害した者たちにたいして恩恵をほどこすことができるのは、復活したかあるいは実は死んでいなかったからである。身代りの山羊でもって説明される因果関係には、死すらも押し止められないほどの圧倒的な力がある。それは犠牲者を原因として保っておくために、必要とあれば復活させ、少なくとも一定期間は不滅のままにおき、そして超越とか超自然とか呼ばれるあらゆるものを創出するのである。(10)

第4章　暴力と呪術

聖なるものを説明するために、これまでそれをふくむ迫害表象とふくまない表象との比較を行ってきた。神話が歴史上の迫害に比べてもっている特殊な性格に考察を加えてきた。特殊な性格といっても相対的なものではあったが、このことについてはふれなかった。歴史上の迫害表象にあらわれる歪みは聖なるものと無縁であるかのような語り方をしておいた。ところが実はそうでもないのである。中世および近代の文献において、聖なるものは少しずつ衰退してゆくけれども、しかし残存してはいる。ただ、この残存に着目すると、神話と歴史的文献とのあいだの隔たりが小さなものになってしまう。両者の隔たりを過小評価したくはなかったので、聖なるものの残存にはふれなかったのである。まさにこの歴史的文献のおかげで、歴史的文献と神話との隔たりがちぢまる、と私は主張しているのであるから。とはいえ、相違点が完璧に説明できるだけに、大ざっぱな類似点に頼って議論すれば、具合の悪い結果を招くことになりかねない。完璧な説明とは、身代りの山羊の仕組みによる説明のことである。身代りの山羊の仕組みは、それがどれだけ高度な体制で機能しているかによって、迫害表象の歪みが見分けにくいか見分けやすいか、また神話的であるかそうでないかのちがいはあるにしても、いずれにせよ歪みを生み出す真の源である。

こうした体制の相違を確認した今からは、歴史的な文献における見分けやすい歪みの周辺に残存している聖なるものの痕跡にあらためて眼を向け、この痕跡が神話の場合の聖なるものと同じように機能しているかどうか、またそれが先に呈示した理論的な定義を裏づけてくれるか、を問うてみることが可能になる。

中世の迫害において前面に出てくるのは憎悪であり、それのみしか見ないですますこともできなくはない。殊にユダヤ人に関する場合はそうだ。とはいえ、中世全般にわたってユダヤ人の医師は例外的に高い名声を享受しているのである。ユダヤ人の開業医は他の医師よりも科学の進歩をより多く吸収していたので実際に優秀であった、と彼らの名声を合理的に説明してよいかもしれない。だが、とりわけペストの場合、この説明には何ら説得力がない。当時最良の医学も、ペストにたいしては最悪の医学と変らない。貴族層も民衆もともにユダヤ人の医師を優先的に選んでいるが、それは、病気をもたらす力となおす力とが同じものだと考えられていたからである。したがって、ユダヤ人医者の名声を、大部分の人びととはちがい偏見をもたぬ一部の個人の立派な行いによるものと受けとるべきではない。私の考えでは、名声と偏見は同じひとつの態度の表と裏なのであって、ここに未開社会以来の聖なるものが残っていると見る必要がある。今日でもなおわれわれは医者にたいしてほとんど聖的な恐怖心を抱くが、これは医者の権威と無関係ではない。

ユダヤ人がわれわれに悪意を抱いているならペストが流行し、逆に善意を抱いておれば、ペストは発生しないか、あるいはすでに流行していてもなおしてもらえるだろう。したがって、悪事をなしうるあるいはすでになしたにもかかわらず、ではなくて、そうであるからこそ、最後はユダヤ人に頼ることになるのである。アポロンの場合も同じだ。テーバイの人びとがほかならぬアポロンにペストの平癒を祈願するのは、この神が厄災の最終的な責任を負うていると考えるがゆえである。アポロンを特別に好意的で、平和な、穏やかな神、あるいはこう言ってよければ、ニーチェや美学者たちの言うところのアポロン的な性格の神と見なしてはいけない。彼らは、オリュンポスの神々が時代をへて次第に力を失っていったせいで、この点だけでなく他のところでもさまざまな思いちがいをしている。外見に反し、また理論上は穏やかであるけれども、アポロンは、ホメロスの表現によれば、神々のうちでも《もっとも唾棄すべき神》である。プラトンはこのホメロスの表現を、あたかも詩人が勝手にこしらえた凡庸な言い回しであるかのように非難しているのだが。

　身代りの山羊への信仰が一定以上に強くなると、身代りの山羊はただ邪悪な力が集まる受動的な場所としてばかりでなく、あの全能の支配者としても姿をあらわすのであり、本来の意味での神話にしたがえば、われわれはその支配者の幻影を社会全体が一致して承認しているのだという仮説を立てざるをえない。身代りの山羊が厄災の唯一の原因と見なされるということは、厄災が文字どおり身代りの山羊の所有物になるということ、また彼は気分しだいでその所有物を罰にも報酬にも意のままに用いることができるということを意味している。

　イギリスのエリザベス女王の医師であったユダヤ人のロペスは、イギリスの宮廷で権勢の頂上にまで登りつめたその瞬間に、毒殺未遂と呪術の行使を理由に処刑された。どんなに些細な失敗やとるにたりない密告であっても、それに見舞われた成上り者は、出世していればいるほど激しく転落する。テーバイの救済者にして高名な治癒者であったオイディプスと同様、この犠牲者のしるしをもつ男ロペスも、混乱した時代にあって、常套的な告発の犠牲者となり、栄光の絶頂に達したところで挫折したのである。(11)

　超自然的な性格の過ちと近代的な意味での犯罪とが重なりあっているが、これは当時に特有の、呪術より遅れて到来した合理主義の要請に応えるためである。殊に取りあげられるのは毒殺の容疑、すなわち呪術を行使したとはっきり告発するのとほとんど変らないくらい露骨に、一切の法的な保護を被告から奪ってしまえる犯罪の容疑である。毒物はとくに医師であれば容易に隠してしまえるから、犯行を証拠立てるのは不可能である。したがって証拠立てる必要はないのだ。

ロペスの事件によって、われわれはすでに取りあげたすべての話題にもう一度連れ戻される。そこにはオイディプス神話を想起させる部分、ギョーム・ド・マショーやあらゆるユダヤ人迫害に結びつく部分がふくまれているかと思うと、またさらに、前章でオイディプス神話を《歴史化》し、あるテクストが歴史的であるか神話的であるかを規定するのは恣意的なものであることを明らかにするために偽の神話をひとつ作ったが、これに似た部分もふくまれている。

ここでわれわれは歴史的な文脈のなかの事件を問題にしているために、つい社会心理学的で暴露的な解釈に向かってしまいやすい。ロペスに嫉妬した競争相手たちの作る徒党の存在をかぎつけ、そのため神話的な聖なるものを想起させるような側面が見えてこない。

オイディプスやアポロン自身と同じように、ロペスにおいても、生の支配者と死の支配者とは同じものである。というのも、彼は病気という恐ろしい禍いを支配しているからである。ロペスはあるときは奇跡的に健康をもたらし、また別のときには同じく奇跡的に病いをもたらすが、しかし気が向けばいつでもこの病いを治癒することができるのである。このテクストには歴史的文献というラベルがついているので、われわれは神話、とりわけギリシア神話にたいしてであれば冒瀆、いや支離滅裂とさえ受けとられかねない解釈をためらうことなく採用する。ラ・フォンテーヌの『寓話』に出てくるコウモリのように、「あたしは鳥です。ごらんなさい、あたしの翼を」と言う一方で、「あたしはネズミよ。ネズミ族ばんざい」と言うわけだ。同じものが神話のかたちで示されると、人間の条件や運命の浮沈の力強い象徴ということになり、現代のヒューマニストたちが熱狂する。ところが物語をエリザベス朝の世界にもってくると、ただの宮中の汚い事件、近代の西欧社会でのみたえず猛威をふるう激しい野心や偽善的な暴力、また陰惨な迷信がよくあらわれた出来事、ということになってしまうのである。二番目の見方が最初のそれよりも真実に近いことはたしかだが、ロペス事件でも迫害的無意識の残りがやはり何らかの役割を果たしているかもしれないという点で、まったくの真実とするわけにはいかない。第二の見方は迫害的無意識を考慮に入れてはいないのである。こうした見方は、西欧社会の犯罪——それはたしかに現実ではあるが——を、ルソー風の無垢に光輝く偽りの神話と対比して、西欧世界をことさらに暗いものにしている。西欧世界には無垢が欠けている、というわけだ。

病いを癒してくれる神々の背後には必ず犠牲者がひそんでおり、犠牲者には必ず何か薬になるような性質がある。ユダヤ人の医師の場合と同じく、魔女を告発する者と魔女の助力に頼る者とは同じ人物である。すべての迫害者は、犠牲者には肯定的なものに転じうる有害な性質——あるいはその逆——があると考えている。

神話のあらゆる側面が、衰退したかたちではあるけれども、中世の迫害のなかにもう一度姿をあらわす。怪物の問題も、これまでよく考えもしないで比較不可能だとされてきたいくつかの現象を比較してみれば、それが中世の迫害にまで残存していることは、たやすく認めることができるのである。

動物と人間とが入り混じっていることは、神話における怪物的性格のもっとも目立つ、またもっとも重要な様態であった。同じものは中世の犠牲者にも見出される。魔法使いたちは男も女も、きわめて邪悪な動物である山羊と格別の類縁関係にあるとされていた。魔女裁判では、被告の足を調べてつま先が割れてないかどうかをたしかめたり、額にふれてどんなに些細な突起も角の生えてくる徴候だと解釈するといったことがなされる。犠牲者のしるしの持主においては動物と人間との区別がなくなってゆくという考えを、あらゆる手段でもって貫こうとするのである。魔女と推定される女性が猫、犬、鳥などの動物を身近かに飼っているならば、彼女はただちにその動物に似ていると見なされ、また動物のほうも、ある種の化身、一時的な変身、もしくは何らかの企てを成功させるための便利な仮装だとされてしまう。こうした動物は、レダを誘惑するためにゼウスが化けた白鳥やパシパエの場合の牡牛とまったく同じ役割を演じているのである。中世世界における怪物的性格の内容は否定的であり、逆に古代後期の神話や近代的な神話の概念においてはもっぱら肯定的であるために、両者のあいだの類似には気がつきにくい。この数世紀にわたって、西欧の作家、芸術家それから今日の民族学者たちは、神話に甘味をつけ検閲を加えるという、すでにいわゆる《古典主義》時代にはじまっていた作業を完了させるにいたった。この問題はまたのちほど取りあげることになるだろう。

年老いた魔女はほとんど神話的とも呼べる相貌をしているが、そこには本来の神話のなかですでにその存在が指摘された、精神的な怪物的性格と身体的な怪物的性格との融合の傾向がよくあらわれている。彼女はびっこをひき、がに股で、いぼやその他さまざまな突起物で顔面をおおわれ、これが彼女の醜さをいっそう強調する。彼女のもつ一切が迫害を呼び寄せる。当然のことながら、中世や近代のユダヤ人迫害におけるユダヤ人の姿も同様である。ユダヤ人とはあらゆる犠牲者のしるしがある個人に集中したものにすぎないのであって、それらを備えた個人が多数派の迫害の的になるのである。

ユダヤ人もまた山羊やある種の動物と深い関係をもつと考えられている。ここでも人間と動物との差異が消滅するという考え方が思いもかけないかたちであらわれる。たとえば、一五七五年にアウグスブルク近くのビンツヴァンゲンで刊行されていた新聞『ヴンダーツァイトゥング』のなかで、ヨハン・フィッシャルトは、たった今自分が産んだばかりの二匹の仔豚を眺めるユダヤ人の女性の絵をのせている。(12)

この種の神話は世界中のあらゆる神話のうちに見出せるが、しかし神話と中世の迫害との類似性はわれわれの眼にはとまらない。というのも、両者では身代りの山羊が同じ体制のもとで機能していないので、その社会的な帰結を比べることができないからである。優れた神話の体制は犠牲者の聖化に成功するから、迫害に由来する歪みを隠蔽し、ときには消し去ってしまうこともある。

北極圏に近い北西カナダ地方ならどこでも語られている重要な神話をひとつ取りあげてみよう。ドグリブ・インディアンの創世神話である。『プレイヤード百科全書』中の『総合民族学』の巻のロジェ・バスティッドによるその要約を引用する（同書、一〇六五ページ）。

ある女が犬と交わり、六匹の仔犬を産む。彼女は部族から追放され、自分で食物を入手しなければならなくなる。ある日、草藪から戻ってみると、彼女は仔犬たちが人間の子どもであることを発見する。彼らは母親が外出するたびに動物の皮を脱いでいたのだ。そこで彼女は出かけたふりをし、彼らがいつものように皮を脱ぐと、その皮を取りあげ、今後は人間の姿でいるように命じた。

迫害の常套形式はここにすべて揃っているが、相互に区別するのがややむずかしい。もっとも、融合していること自体が示唆的ではある。私が危機と呼んでいるもの、すなわち差異の消滅の普遍化は、ここでは共同体の象徴である子どもたちはもちろん母親においても人間と犬との境界が曖昧になっていることのなかにあらわれている。犠牲者のしるしは女性であることであり、常套的な犯罪は獣姦である。彼女は怪物的な共同体を産み出したのであるから、犯罪の責任はたしかに彼女にある。だが神話はこっそりと真実を告白してもいる。罪人である女性と共同体のあいだには差異が存在しない。すなわちどちらも同じように差異を奪われており、しかも犯罪に懲罰を加えるのは共同体なのだから、共同体が犯罪に先立って存在していることになる。したがって、ここではまさしく常套的な犯罪のかどで告発され、それ相応の扱い、すなわち、彼女は部族から追放され、自分で食物を入手しなければならなくなる……といった扱いを受ける身代りの山羊が問題にされているのである。

身代りの山羊の仕組みがここでは根柢から機能し、共同体の創始の役割を果たしている。それゆえ、豚を産んだと非難されるビンツヴァンゲンのユダヤ人女性との関連が見えてはこない。身代りの山羊は肯定的な存在に転化するのである。だからこそ、共同体はその処罰の対象となった犯罪に先行していると同時に後から生じてきてもいる。つまり共同体は犯罪から生まれるのだが、しかし本質的には仮のものでしかない怪物的性格ではなく、明確に差異をそなえた人間性のかたちをとるにいたるのである。身代りの山羊は最初共同体を人間と動物のあいだで動揺させたとして非難されるが、両者の差異を永久に固定した功績は結局身代りの山羊のものになる。女‐犬は、獣姦のみならず近親姦やその他あらゆる常套的な犯罪、社会の根本的規則にたいするあらゆる違反を罰する偉大な女神となる。明らかに無秩序の原因であったものが明らかに秩序の原因へと変る。なぜなら、まず恐怖にかられた共同体の成員が一致して犠牲者に立ち向かうこと、次に彼らが犠牲者の周囲に集まって感謝をささげること、こうした過程をへて共同体の結束をあらためてもたらすのは、実際上犠牲者なのだからである。

神話にはふたつの契機がふくまれているが、その区別に成功した解釈者はいない。第一の契機は身代りの山羊の告発であり、犠牲者はまだ聖化されていず、あらゆる邪悪な力が彼に凝集している。この第一の契機のうえに第二の契機、すなわち共同体の和解から生じた犠牲者の肯定的な聖なる性質の契機が覆いかぶさっている。第一の契機は、迫害者の観点を反映した歴史的文献のなかでそれに対応するものに注目することによって明らかになった。歴史的文献はほぼ完全に第一の契機のみに切り詰められているので、解釈者をそこまで導いてくれる格好の手がかりになる。

迫害文献と比較してみると、西欧史上の迫害におけるのと類似した犠牲者の第一の変貌が神話のなかにもふくまれていることがわかる。だがそれはいわば第二の変貌のための土台でしかない。西欧の迫害者たちよりもさらにいっそう容易に物事を信じこみやすい神話の迫害者たちは、身代りの山羊が自分たちにもたらしてくれる効果に支配されているので、本当に和解し、最初犠牲者にたいして抱いた恐怖心と敵意に、崇拝の念を重ね合わせるようになる。これに対応するものが西欧の迫害にはまったく、あるいはほとんどないために、犠牲者の第二の変貌を理解するのは容易ではない。とはいえ、いったん第一の契機から明確に区別してしまえば、二種類のテクストの比較、とりわけその結末部分の対立点の比較から出発して、論理的な分析を進めてゆくことができるのである。さらにまた、歴史上の迫害の周囲に残存している聖なるものは、それがどんなに衰弱したものであれ、聖なるものが完全に姿をあらわしたときのかたちにあまりにも類似しているので、別べつの仕組みから発生したとは考えることができない。この点を確認すれば、右の分析の正しさを検証することができるのである。

したがって、集合暴力のなかには一種の神話製造機械が存在していて、それは現代世界においてもはたらきつづけていることを認識する必要がある。もっとも、その機械のはたらきは、後ほど明らかになるいくつかの理由により、次第に鈍化してきてはいるけれども。神話のなかの犠牲者のふたつの変貌のうちで、第二のものはほぼ完全に消失してしまっているのであるから、こちらのほうが言うまでもなく脆弱である。近代西欧の歴史の特徴は、神話的形式の没落という点にあり、それはほぼ完全に第一の変貌のみに限られた迫害現象の状態でかろうじて生き残っている。もしテクストの神話的な歪みが迫害者の信念と直接に比例する関係にあるとすれば、神話的形式の没落は、われわれ近代人がもつにいたった迫害解読の能力、いまだ不完全ではあるが、それでも独自のものであり、たえず増大しつつある能力と表裏一体をなしているのであるかもしれない。この解読能力はまずはじめに聖なるものを解体させ、ついで聖なるものの半ば解体した形式を読み解くことを可能にした。それは今日ますます力を強めて、まだ手つかずのままの形式にまで遡及し、本来の神話を解読することをわれわれに教えてくれるのである。

事態が急転して聖なるものを生み出す地点を別にすれば、迫害に由来する歪みは、ドグリブ族の神話の方がギョーム・ド・マショーの例の一節よりも大きいというわけではない。理解しようとしてつまずくのは、主に聖なるものをめぐる問題である。身代りの山羊の二重の変貌をよく理解できていないと、聖なるものをおそらく偽りだらけの現象だとは見るが、しかしまた他に還元しえないとも考えてしまう。これではドグリブ族の信仰に忠実な信者と何らことならないのである。神話と儀礼とには聖の現象の分析に必要な材料がすべてふくまれているが、われわれはそれらを識別できていないのだ。

神話の背後に現実の犠牲者、現実の身代りの山羊の存在を推測することは、神話を過信することになりはしないか。こんなふうに言うひとが必ず出てくるだろうが、解釈の立場は、ドグリブ族の神話の場合とこれまで取りあげたいくつかの例の場合とで、根本的には少しも変っていないのである。迫害の常套形式があまりにも多く揃っているので、この神話がまったくの想像力から生まれたとはとても考えられない。不信も度をすごすと、過信と同様神話の理解の妨げとなる。私の神話解釈も、迫害の常套形式には適用できないいくつかの規準のおかげで無謀と見なされるだろう。

なるほど、私の選んだ特定の神話、ドグリブ族の女－犬の神話について、私の解釈は間違っているかもしれない。前項で《偽の》オイディプス神話を作ったが、これと同じように女－犬の神話もまったくの作り話だということもありうる。だが、そうだとしても、間違いは局部的なものにとどまり、解釈全体の正確さまであやうくすることはないであろう。かりにドグリブ族の神話が現実の集合暴力に端を発していなかったとしても、この種の暴力がテクストにもたらしうる効果を再現するだけの能力をもつ有能な人物が模作したものだとは言えよう。だから私の作った偽のオイディプス神話と同じ程度に有効な例をひとつ提供してくれる点では変りがない。私が勝手に作ったテクストの背景に現実の犠牲者の存在を想定するのは間違いだが、それは例外的な場合にすぎない。事実、この例外的な間違いのために、同じ迫害の常套形式をふくみ同じように構成された大部分のテクストの真実が疑われるわけではないのである。そうしたテクストがすべて偽作者の手になったものだとは、ほとんど考えることができない。

怪物を生んだかどで告発されたビンツヴァンゲンのユダヤ女性のことを想起するだけで、神話でも同じことがらが問題になっていることが理解できよう。背景がわずかに変化し、聖なるものの積極的な力が弱まれば、私を批判する人たちも、当初受け容れがたいと思えた解釈へ歩みよってくれることだろう。これまで自分たちが神話に押しつけてきた解釈を忘れてしまい、もしそれをもう一度強制されたとしても、その欺瞞的な性格を告発するであろう。先に規定した歴史的方法、すなわち迫害の欺瞞を暴露する方法とつながりのない神話の読み方は、どんなに華々しい前衛的な立場に見えても、いずれも事実上は退行的なのである。

*
**

民族学者たちは自分たちの民族学が私の主張から遠く離れたところにあると考えているが、いくつかの点では近接してもいるのである。民族学ではずいぶんと以前から、《呪術的思考》と名づけているもののうちに、超自然的な、それも因果論にかかわるかたちの説明を認めている。ユベールとモースとは、呪術のなかに「因果論の主題による巨大な変奏曲」を見ていた。この種の因果論は科学的な因果論に先行し、かつある意味ではそれを予告している。民族学者はそのときどきのイデオロギー的な気分に応じて、このふたつの型の説明のあいだの類似点もしくは相違点のどちらかを強調するのである。科学の優越を謳歌する者には相違がまさり、逆に現代人を虚栄的すぎると考えて、その偉そうなへらず口に水をさそうと望む者にとっては、類似のほうがまさることになる。

レヴィ＝ストロースはこのふたつのカテゴリーの両方に属している。彼は『野生の思考』のなかで先のユベールとモースの定式を引用し、呪術的な儀礼と信仰とを「やがて生まれ来たるべき科学にたいする信頼の表現」と規定する。(13) 彼の関心は呪術の知的側面のみに限られているが、自説を補強するために引用した次のエヴァンズ＝プリッチャードの文章は、呪術的思考と魔女狩りとの相同性を余すところなく明らかにしてくれる。

自然哲学の体系として考えるとき、それ〔妖術 witchcraft〕には一つの因果理論がふくまれている。すなわち、不運は妖術が自然力と共同してひきおこすものである。ある男がアフリカ水牛の角でひっかけられるとか、穀物倉の支柱が白蟻にむしばまれて倉が頭の上に崩れ落ちてくるとか、脳脊髄膜炎にやられるとかすれば、アザンデ族は、水牛や穀物倉が原因であって、それが妖術と結びついてその男を殺したのだと言うだろう。水牛や穀物倉や病気はそれ自体で存在するものだから、妖術はそれの存在については責任がない。しかしながら、それらの原因が、ある特定の個人に対して破壊的な関係に置かれたという特定の状況については責任がある。いずれにしても穀物倉は崩れ落ちたであろう。しかし、ある特定の人間がそのかげで休んでいるというある特定の瞬間にそれがおこったのは、妖術のせいである。これらすべての原因の中で、妖術だけは人間が干渉して変更させることができる。それは妖術がある一人の人間に発するものだからである。水牛や穀物倉にたいしては干渉の余地がない。それらも原因と考えられているけれども、社会的関係という面においては無意味である。(14)

《自然哲学》という表現は、無邪気に《自然の神秘》を解き明かそうとしているルソーの善良な野蛮人の姿を思わせる。実際には、呪術的思考は無償の好奇心の支配下にはないのである。多くの場合、人びとは災害のときにこそ呪術的思考に頼ろうとする。呪術的思考はとりわけ告発の体系をなす。呪術師の役割を務め、超自然的な方法で隣人に損害を与えるのはいつも他者なのである。

エヴァンズ＝プリッチャードは私が証明したことを証明している。ただし民族学者の好む言語でもってではあるが。呪術的思考は《社会的関係という面で意味をもつ原因》、言いかえれば人間を、犠牲者を、身代りの山羊を探し求める。事物の呪術的な説明に由来する、「人間が干渉して変更させること」というのがどのような性質のものであるかは言うまでもない。

エヴァンズ＝プリッチャードの述べることはどれも、民族学的な世界における日常の呪術現象のみならず、中世の暴力から《本来の》神話にいたるまで、迫害現象の全領域に該当する。

テーバイの人びとは、どんな人間の集団もときには疫病に襲われることがあることを知らぬわけではない。だが、なぜ今このときに自分たちの町が襲われねばならないのか、と彼らは考える。苦悩のさなかにある者は自然の原因に関心を抱かない。ただ呪術だけは「人間が干渉して変更させること」ができるので、人びとはみな、罰を加えるべき呪術師を求めて狂奔する。ペストそのものにたいしては、あるいはこう言うほうがよければ、アポロンその人にたいしては、手のほどこしようがない。そのかわりに、不運なオイディプスを浄化のために罰することには、何の反対も出てはこないのだ。

レヴィ＝ストロース自身、呪術的思考をめぐる議論のなかで、こうした真実を示唆しているが、彼の場合エヴァンズ＝プリッチャードよりもいっそう技巧的な曲言法でもって述べている。呪術はいくつかの「科学的に見て正しい」結果に到達しているにもかかわらず、科学と並べれば、ふつうはみすぼらしいものでしかないことを彼は認めるが、しかしそれは《未開の思考》の学派の人びとの想像するような理由からではない。レヴィ＝ストロースによれば、呪術が「科学と異なる点は、因果性についての無知ないしその軽視ではなく、むしろ逆に、因果性追究の欲求がより激しく強硬なことであって、科学の方からは、せいぜいそれを行きすぎとか性急とか呼びうるにすぎない」[15]。暴力のことはまったく問題になっていないけれども、この一節のなかの形容詞はどれも、呪術的な因果論を信じきった迫害者たちの振舞いに完全にあてはまる。迫害者たちの一切の判断、そして一切の行為が激しく、強硬で、行きすぎでかつ性急であることは間違いない。呪術的思考は一般的に呪術にたいする防御と考えられており、したがって、魔女狩りに参加した者たちや黒死病流行のさいのキリスト教徒の群衆と同じ型の行動にゆきつく。さらには、こうした人びとすべてについて、われわれは適切にも、彼らが呪術的に推論しているという言い方をしている。また同様に、神話的という言葉を用いる点にも注意しておこう。このふたつの語は同義であり、いずれにも同じようにそうした用いられ方をするだけの根拠がある。まさしくこのことをこそ、エヴァンズ＝プリッチャードは自分ではそれと気づかずに証明したのだった。歴史上の呪術的な表象や行動と神話におけるそれとのあいだに本質的なちがいはないのである。

歴史学と民族学というふたつの学問の精神的態度はまったくことなっている。歴史家は迫害の次元を強調し、そうしたものを可能にする狭量な精神と迷妄とを激しく非難する。民族学者は認識論の側面、因果関係を説明する理論にしか関心を示さない。われわれ西欧の文化が分裂症的な性質をもつことをあらためて確認するためには、言語を変えなくとも、文献解釈の応用領域を転換するだけで充分である。そうしたことを確認すれば不快になるのは避けがたい。これまで大切に思い、確固たるものと考えてきた価値のいくつかが揺らぐからである。だが、だからと言って、この不快感を指摘する者に当の不快感を投げつけ、彼らを身代りの山羊として扱ってよいわけではない。いや、むしろそれがいつもながらの身代りの山羊を選択する理由、現代風に知的に編成されてはいるが、実は太古以来の根本的な理由なのだと言えるかもしれない。われわれのうちの身代りの山羊にかかわる無意識、身代りの山羊の仕組みにもとづくあらゆる事物の表象を動揺させるおそれのあるものであれば何であれ、身代りの山羊の仕組みはそれに出会えばふたたび活動をはじめる可能性がある。ひびわれや欠落の生じた迫害の体系を修復するために、ひとがつねにいい程度の差こそあっても無意識的に頼ろうとするのは、この当の体系を生み出し再生している身代りの山羊の仕組みなのである。現代において強調しておく必要があるのは、明らかにこの無意識の程度が最低の状態に落ちているという点だ。迫害の事象はますます増加してきているとしても、迫害の無意識、犠牲の表象にともなう真に気づかれない歪みは次第に減少している。真実にたいする抵抗が弱まり、神話全体が理解可能なものになりつつあるのも、まさしくそのせいである。

＊
＊＊

神話はすでに解読してきた歴史上の迫害表象によく似ているが、神話の特徴であるいっそう強い歪みのために、その解読はさらに困難である。

神話においてはより著しい犠牲者の変貌が見られる。犠牲者は怪物と化し、またすさまじい力の持主となる。彼らは混乱をもたらすが、その後で秩序を回復させるので、共同体の始祖あるいは神々に姿を変える。だが、犠牲者がこのように著しく変貌するからといって、神話と歴史上の迫害とが比較できないわけではない。それどころかまったく逆なのである。神話における著しい変貌を説明しようと思えば、すでに解読した迫害表象のうちに確認しうる迫害の仕組みを手がかりにして、それがもっと効果的に機能していると想定するだけでこと足りる。秩序と平和への回帰はそれ以前の混乱と同じ原因、すなわち犠牲者と関係づけられる。犠牲者が聖化されるというのはこのことを指している。迫害という出来事が宗教と文化の真の出発点になるのもそのためである。というのも、事実、迫害の過程全体が、(1)それを宗教的な存在の顕現として記憶にとどめようとする神話にとってのモデル、(2)幸いをもたらすものとしての犠牲者がなした、あるいは強いられたことはたえず繰り返されねばならないという原則にしたがって、それを再現しようと努める儀礼にとってのモデル、(3)邪悪な存在としての犠牲者が行ったことは二度と繰り返してはならないという原則にしたがう禁忌にとっての反モデル、——以上の三つの役割を果たすからである。

神話-儀礼的な宗教においては、身代りの山羊の仕組みが歴史上の迫害の場合よりもさらに高度な体制で機能しており、すべてがこの仕組みから論理的に派生している。かつての民族学が神話と儀礼とのあいだには密接な関係があるという説を立てたのは正しかったが、しかし、あらゆる宗教的制度の成立のためのモデルおよび反モデルとして迫害現象を把握していなかったので、両者の関係にひそむ謎を解明することはできなかった。民族学者たちは、あるときは神話が先にあって、儀礼はその反映にすぎないと考えたり、またあるときにはその逆だと考えたりした。こうして失敗を繰り返すばかりであったので、民族学者たちはついに宗教的制度の本質と意味について問うことを断念してしまったのであった。

身代りの山羊の効果は現在の民族学者がもはやかえりみない問題を解決してくれる。私が提案する解答の重要性を理解してもらうためには、迫害者たち自身の手になる迫害の報告とその事件をあるがままに述べたものとの関係を想像してもらう必要がある。集合暴力に加担しないでその場に立会った冷静な観察者は、狂乱状態の群衆に痛めつけられている無力な犠牲者以外何も見ない。何がおきたのか知りたくて群衆のうちの誰かに訊ねかけたとしても、自分の眼で見たものがほとんど理解できないであろう。彼は犠牲者のもつ異常な威力や、共同体が見舞われた、また犠牲者はおそらく死を免れたにちがいないから現在も見舞われている神秘的な支配力、等々について聞かされるであろう。

現実におきた出来事と迫害者たちがそれを見る見方とのあいだには隔たりがあるが、神話と儀礼の関係を理解するには、この隔たりをさらに拡大して考えなければならない。もっとも野蛮な儀礼においては、無秩序な群衆が生贄にたいして少しずつ敵意を高めて、最後に全員で殺到するという光景が見られる。神話の語る物語によれば、恐ろしい神が共同体を混乱状態にした後、何らかの犠牲的な行為をとおして、あるいは自身の死によって、神に忠実であった者たちを救ったことになっている。

こうした信仰の信者たちはみな、自分たちは神話のなかでおきたことを儀礼のなかでもう一度行っているのだと言うのだが、われわれは儀礼のなかに生贄を痛めつける激昂した群衆を見ており、また他方で神話は共同体を支配する全能の神の物語なので、彼らの言っていることの意味を理解できないのである。迫害の歪みが犠牲者を聖なるものに仕立て上げるほどに強いということに気がつかないために、神話と儀礼、そのいずれの場合にも同一人物が問題になっていることがわからないのだ。

かつての民族学は荒々しい儀礼ほど未開のものであると推測していたが、これは正しかった。必ずしも時間的にもっとも古いということではなく、始源の暴力にもっとも近接しているということ、それゆえ秘められた暴力の存在をもっともよく明らかにしてくれるということである。神話は儀礼と同一の迫害の局面をモデルとしているにもかかわらず、たとえ儀礼にもっとも近づいたところでさえ、似ても似つかぬものになっている。ここでは言葉は行為よりも嘘つきなのだ。民族学者たちはいつもそれに騙されているのである。集合暴力をめぐる同一の出来事でも、神話におけるよりは儀礼におけるほうが実際の姿に近い、ということが彼らにはわかっていない。信者たちは儀礼のなかで先人の集合暴力を行為によって再現し、この暴力を模倣しようとするのだが、彼らが自分たちの行いについて抱く表象は、言語には深く影響しても、儀礼中の振舞いにたいしてはさほど影響しないからである。言語は迫害表象、つまり身代りの犠牲者の象徴能力に完全に支配されるが、儀礼の行為は迫害群衆の身振りから直接写しとってきたままなのである。

第5章　テオティウアカン

私を批判する人びとは、私がたえず事物の表現から表現された事物の現実性へ移行するとして非難している。多少とも注意深くこれまでの議論についてきてくれた読者であれば、私がそんな叱責には値しないし、また値するとするなら、半ば神話に近い中世の迫害文献の背後に現実の犠牲者がいたと考える者はみなひとしくそうだということになる。

だが今度は、少なくとも外見上は私の主張にあてはまりにくい神話を取りあげてみよう。なぜあてはまりにくいかと言うと、そこでは神話にとっての集団的殺人の妥当性が否定されているからである。この妥当性は、まず犠牲者はたしかに死んだけれども、彼は自殺したのだと断言することで否定される。未開社会における自己犠牲の神話はどのように扱えばいいのだろうか。

自己犠牲をめぐるアメリカ大陸の雄大な神話を見ることにしよう。アステカ族の太陽と月の創造神話である。われわれがアステカ族について知っているほぼすべてのことがらは、『ヌエバ・エスパーニャ事物総記』の著者ベルナルディノ・デ・サアグンによっているが、この神話についても同様である。ジョルジュ・バタイユが『呪われた部分』で、そのあらましをサアグンの翻訳から引用しているので、ここではそれを途中少しばかり省略しつつ取りあげる。

昼が存在する以前、神々がテオティウアカンと呼ばれる場所に集い〔……〕、互いに、こう語り合ったという。「誰が世界を照らす役目を引き受けるか？」これにテクシステカトルという名の神が答えて言った、「わたしが、それを照らすのを引き受けよう。」神々は再度語らい、こう言った。「もう一人、誰か。」そしてそのなり手を求めて互いに見つめ合ったが、誰もあえてこの仕事を果たそうと申し出る者はいなかった。皆々、恐れて、言訳をした。なかに一人、まったく問題にされなかった、腫れ物だらけの神だけが、何も言わず、他の者たちの言葉に耳を傾けていた。そこで連中は彼に話しかけて言った。「お前にしよう、腫れ物君。」彼は言いつけに快く従い、こう答えた。「ご一同の命令を有難く頂戴します。承知しました。」選ばれた神々は早速四日間の贖罪にとりかかった〔……〕。

夜半になると、四日のあいだ火が燃やされた、テオテクシカリという名のその炉の周りに、すべての神が居並んだ。彼らは二列にわかれ火を隔てて両側に席を占めた。選ばれた二人が炉ばたへ進み出て、二列に並んだ神々に囲まれた火のほうに顔を向けて位置につくと、神々は立ったまま、テクシステカトルに声をかけて、こう命じた。「さあ、テクシステカトル！ 火の中に飛び込め。」言われたほうは飛び込もうと努力したが、炉が大きく、たいそう燃えさかっていたので、その大きな熱気を感じると恐怖にとらわれ、尻ごみした。もう一度、渾身の勇気を奮い起し、炉に身を投じようとしたが、そこに近づくと立ちすくみ、もはやどうにもならなかった。四度いろいろと繰り返し試みたが駄目だった。ところで、誰も四度以上それを試みるわけにはゆかぬと定められていた。そこでその四度の試練がなされたとき、神々はナナウアチン〔それが腫れ物だらけの神の名前だった〕に向かって、言った。「さあ、ナナウアチン、今度はお前が試みよ。」この言葉が言われるが早いか、彼は全力をふりしぼり、眼を閉じ、突進し、火中に身を投じた。すぐさま彼は物がこげるときのようなぱちぱちいう音を立て始めた。テクシステカトルは、彼が炉に身を投じ、焼けるのを見ると、たちまち勇躍して、猛火の中に突入した。同時に一羽の鷲がそこに飛び込み、焼け尽きたと、そしてこの鳥が現在黒ずんだ羽をしているのはそのためであると、言い伝えられている。一匹の虎があとに続いたが、焼け尽きはせず、ただ燃え上がっただけだった。その結果、白と黒の斑点が残ったのである。

しばらくして神々はナナウアチンが《太陽と化して》東天に上るのを跪いて仰ぎ見た。彼は左右に身をゆすりながら真紅になって現われ出で、そして誰ひとり彼を正視できなかった、なぜなら彼はみんなの目をくらませたからだ、それほどまでに彼の身から発し、あまねく広がる光で照り輝いていた。次に、月が地平線に昇った。躊躇ったがためにテクシステカトルは輝きが劣った。つづいて神々が死なねばならなかった。風の神、ケツァルコアトルが、一人残らず皆殺しにしたのだ。風は彼らの心臓を抜き取り、新しく生まれる星たちの生命の糧に代えたのである。(16)


最初の神は指名されたのではなく、自ら名乗りをあげたのだが、二番目の神はそうではない。ところがしばらく後では逆になる。二番目の神は、命令を繰り返すまでもなく、すぐさま火のなかに飛びこんだが、最初の神はそうではなかった。こんなふうにふたりの神の行動には、そのつど強制されたものが加わっている。片方からもう片方に眼を移すたびに両者のあいだの逆転関係が見えるが、この逆転は差異によっても対称性によってもあらわされる。差異を考慮する必要がないわけではないが、構造主義者が考えるのとは反対に、真実をよりいっそう明らかにしてくれるのはけっして差異ではなく、対称性のほうであり、ふたりの犠牲者に共通した局面である。

神話ではふたりの神が自由にかつ自発的に決心した点が強調される。神々は偉大であり、彼らは世界と人類の存続を保証するために、もともと自らの意志で死に赴くことを選んだ、というわけだ。しかしながらふたりのいずれの場合にも、ぼんやりとではあるが強制された性格がふくまれている。これを考察してみなくてはならない。

いったん神々から指名されると、腫れ物君はきわめて従順なところを示す。彼は太陽の誕生というすばらしい動機で死ぬのだと考え奮い立つが、しかし自発的にではない。このことはおそらく、恐れ、尻ごみし、あえて《この仕事を果たそうと申し出る》ことをしない神々全員に共通した過ちであろう。そんなものはわずかな過ちにすぎない、と言うひともいるだろう。たぶんそうであるのかもしれないが、後ほどわかるように、神話には神々の過失を小さなものに見ようとする傾向がある。わずかではあれ過ちは過ちであり、腫れ物の神もしばらくはこの過ちを犯すが、しかしそのあとすぐに、託された任務を勇敢に引き受けるのである。

ナナウアチンにはわれわれの注意を惹かずにはおかない特徴がある。それは腫れ物であり、このために彼は癩病患者やペストに感染した者、つまりいくつかの伝染病患者を代表する存在のようになる。これまで検討してきた視点、すなわち集合的迫害の視点からすれば、それが犠牲者選択のさいの優先的な指標であることを認識しなければならないし、また犠牲者を決定しているのはこの指標ではないのかと疑ってみなくてはならない。したがって、自己犠牲というよりは、まさしく集団によって殺害される犠牲者を彼のうちに見るべきであろう。むろん神話はそんなふうには語らない。だが、神話がこの種の真実を明らかにしてくれるなどとも、もちろん期待できないのである。

しかしながらこの神話ではナナウアチンが「問題にされなかった」神と描かれている点で、彼がおそらく身代りの山羊の役割を果たしていたことは確実である。彼は他の神々からはなれて、沈黙していたのである。

アステカの太陽の神がペストの神でもあるのはギリシアのアポロンと同じだということも、ついでに注意しておこう。もしオリュンポスの神々の検閲が加わらず。したがってアポロンのもつ犠牲者の傷あとstigmate が一切除去されていなかったとすれば、アポロンはアステカの神にいっそう類似していたであろう。

太陽とペストとの結合は多くのところで見受けられる。両者のあいだにはどんな共通点があるのだろうか。これを理解するには、個人はもとより集団の次元においても、つまらぬ象徴論や無意識をめぐる粗雑な議論とは絶縁しなければならない。ひとはいつもそうしたもののなかに自分の望むものを発見するが、しかしそれは、自分が望むもの以外の何も注入していないからである。そんなことよりは自分の眼の前にある神話の一場面を注視するほうがよほど意味がある。人間はつねに自分たちの腫れ物の持主を火あぶりの刑に処してきた。というのも、火はいつももっとも根柢的な浄化をもたらすものに見えたからである。火と浄化とのつながりはこの神話にははっきりあらわれてこないが、底辺に横たわっていることはわかるし、明白に表現している他のアメリカの神話もある。伝染病の脅威が高まるほど、これに対抗するために炎が重要なものになってくる。そのうえに何らかの身代りの山羊の効果がつぎ足されれば、いつものように死刑執行人たちはすでに疫病の責任を負わせていた犠牲者のほうをもう一度ふり返り、今度は彼を病いからの解放者と見なすようになるのだ。太陽の神々はまず、きわめて危険な病人と判定される。そこで人びとはまさに人工の太陽とも言うべきテオティウアカンの炎を用いて、彼らを徹底的に破壊しつくそうとする。もし突然に病いが衰えれば、犠牲者は火あぶりにされた者として、また燃えさかる火と一体化した者として神的な存在に変る。火は彼を無化したはずだが、不思議なことに彼を幸いをもたらす神に変身させてしまいもするのだ。こうして犠牲者は人類を照らす消えることのない炎に姿を変える。それでは次にこの炎はどこにあるのか。こう問うこと自体がすでに答えになっている。それは太陽以外のものではありえず、そうでなければ月や星のはずである。こうした天体のみが人類を永遠に照らしてくれるのだが、しかしいつも照らしてくれるかどうかはわからない。そこで太陽や月に栄養を補給し、犠牲を捧げてその生成過程を繰り返すことによって、彼らの好意的な協力を得なければならない。つねにいっそう多くの犠牲者が必要なのである。

神は悪行をつくすのも、善行をほどこすのも、必ず同じ手段で行う。それが人の群れに光線を投げつけることである。神の光線は光と熱と豊穣とをもたらすが、またペストをもたらしもする。この場合、光線は怒ったアポロンがテーバイの人びとに向けて放つ矢のかたちをとる。中世末期であれば、こうした主題はいずれも聖セバスティアヌス信仰にもう一度あらわれて、迫害表象のひとつの体系を形成している。それらの主題をひとつにまとめているのは、例によって身代りの山羊の効果であるが、しかしその効果もきわめて弱いものになってしまっている。(17)

聖セバスティアヌスはひとをペストから守ってくれると考えられているが、それは彼が矢で突き刺されているから、また矢は、ギリシア人やおそらくはアステカ族のあいだで意味していたもの、つまり太陽光線、そしてペストをやはり意味しているからである。疫病は父なる神や場合によってはキリストが人間に放つ矢の雨によってしばしば表現されている。

聖セバスティアヌスと矢、というよりもむしろ疫病とのあいだにはある種の親和性があり、信者たちはこの聖人がただそこにいてくれるだけ、教会に飾られているだけでも、飛びかう矢をわが身に引き寄せ、身代りになって矢に当ってくれると期待している。要するに聖セバスティアヌスは、病いの格好の標的として提供されているわけだ。人びとは彼を青銅の蛇(九)のように高々とふりかざすのである。

聖人はしたがって、身代りの山羊の役目を果たしているのであり、ペストに罹っているがゆえにペストを防いでくれる。そして呪われていると同時に祝福されているという未開人的な二重の意味で聖なる存在となっている。あらゆる未開の神々と同様、聖セバスティアヌスは禍いを独占する、さらに極端に言えば禍いを体現する限りにおいて、人びとを禍いから保護してくれる。この場合、禍いの体現化の邪悪なほうの側面はほとんど消えてしまっている。だから、「アステカの場合とまったく同じだ」、などとは言わないようにせねばならない。こちらでは暴力の事実がないのであるから、事情は同じではないのである。しかし、同じ身代りの山羊の仕組みが機能していることはたしかであり、しかもそれがきわめて低劣な体制で、きわめて低下した信仰の水準で機能しているだけに、その存在をいっそう容易に見抜くことができる。

一方で聖セバスティアヌス、他方で迫害されたり《薬》になったりしたユダヤ人、この両者を比較してみると、邪悪な面と幸いをもたらす面とが正反対になってあらわれていることがわかる。現実の迫害と聖人崇拝における《異教的》で未開な部分とは、どちらも神話の解体の影響を受けるが、しかしその受け方は同じではないのである。

ナナウアチンが非難される唯一の過ちと言えば、指名されるのを受動的に待っていたことだけである。そのかわり、彼の身にはまぎれもない犠牲者の選択のさいの基準がついている。テクシステカトルの場合は逆で、犠牲者の選択基準はないけれども、極端な空威張りと臆病とを交互に示す。贖罪のための四日のあいだ彼はこれ見よがしの振舞いを繰り返しているので、自然に反する罪を犯してはいないにしても、ギリシア人の言う意味での思いあがり *hubris* にとらわれている点で罪がある。

犠牲なくしては太陽も月も存在せず、また世界は暗闇と混沌のうちに沈みこむであろう。こうした思想のうえに、アステカの宗教全体が成り立っている。この神話の出発点には昼と夜との差異の消滅があることは疑いえない。すなわちここにもまた迫害の常套形式、古典的な様式のひとつが見られる。それは、共同体の危機、言いかえれば身代りの山羊が効果を発揮するのに都合のよい社会的状況である。

ここで迫害の四つの常套形式のうち三つまで確認することができる。すなわち、危機、犯罪ではないにせよある種の過失、犠牲者を選び出すさいの基準である。しかもふたりの神の荒々しい死は、文字どおり決定的な差異の発生を招く。そこからはまったくことなるふたつの天体が生じるだけではなく、鷲と虎という二種類の動物の特殊な模様も生じてくるのである。

常套形式のうちでここに欠けているのは、集団による殺害のみである。神話はふたりの神の死は自らの意志によるものであり、殺人にはあたらないことを明言している。しかしすでに指摘しておいたように、ふたりの犠牲者の自由意志には、強制されたという性格がきわめて効果的に混じりこんでいる。表面的には否定され偽装されてはいるけれども、これがたしかに殺人であったと納得するためには、決定的な死の場面を眺めさえすればよい。神々は向かいあい、威嚇するように二列に並んでいる。儀式の一切をとりしきり、その細部まで支配しているのは彼らである。彼らはいつも全員で行動し、第二の《志願者》を選ぶときや、ついでふたりの犠牲者に《自ら進んで》火の中へ飛びこめと命令するときには、全員で声を揃える。もし志願者が尻ごみし、先のもうひとりと同じように決心を固められなければ、どういうことになるだろうか。彼を取りかこんでいた神々は、まるで何事もなかったかのように、自分たちの一員として彼を受け容れるだろうか。それとも、もっと乱暴に彼を嚇すだろうか。犠牲者たちが造物主になる任務からまったく免れうるなどとは考えられそうにない。もしふたりのうちひとりでも逃げ出そうとすれば、二列並行に並んでいた神々はただちに円形に変り、掟に逆らう者を押し包んで炎のなかへ投げこむであろう。

読者はこの円形ないしほぼ円にちかいかたちを記憶しておいていただきたい。中心に炎がある場合とない場合、犠牲者がいる場合といない場合などさまざまではあるが、これからあと取りあげる神話のなかに繰返しあらわれるかたちであるからである。

ここで少しまとめておこう。ふたりの犠牲者の供犠は本質的に自由な行為、自己犠牲として呈示されてはいるが、両者どちらの場合にも、出来事の展開するなかのふたつのことなる点で、強制的な要素が巧妙にこの自由を侵蝕している。この強制的な要素は決定的である。なぜなら、それは迫害者の視点によって神話的に歪曲されてはいるが迫害現象にはちがいないことをすでにテクストのなかで示唆しているもの一切と並べて考えることができるからである。四つの常套形式のうち三つははっきりしている。四番目のものも、犠牲者の死や死の場面の全般的な状況をとおして明確にうかがい知れるのである。同じ場面が無言の活人画で演じられておれば、疑いもなく犠牲者の殺害が重要な問題であり、供犠者の側にとっては犠牲者の同意を得るかどうかはどちらでもよいのだということがわかるはずである。アステカ文明の宗教的活動が特に人間の供犠を中心にして成り立っていたことを知っておれば、よりいっそうはっきりと理解できるだろう。専門家によると、コルテスのアステカ征服のころ、神に供された犠牲者の数は年間二万人を越えたという。かなり誇張されているとはいえ、それでもアステカでは人間の供犠がまさしく怪物的な役割を果たしていたことはたしかである。この民族はたえず戦争をしていたが、それは領土の拡張のためではなく、ベルナルディノ・デ・サアグンの調べたところによると、数えきれぬほど多くの供犠に必要な犠牲者を獲得するためであった。

民族学者は幾世紀も前から、実は西欧社会の迫害表象が最初に解読された時代から、右のような材料をすべて手に入れていたのである。だが彼らは、西欧の迫害からとアステカの宗教からとでは同じ結論を抽き出さない。今日では以前にもましてその傾向が強い。彼らは自分たちの属する世界ではまさに断罪していることがらを、アステカの世界ではまったく正当化はしないまでも、過小評価することのために貴重な時間を費しているのだ。ここでまたあらためて、人間諸科学の特徴でもあるのだが、歴史学と民族学とでは、その対象となる社会をめぐって、重点のおき方も取扱い方もまったくことなっているということがわかる。われわれは西欧の迫害表象よりもさらに巧妙に隠蔽された迫害表象が神話のなかに存在していることが見抜けないのであるが、これは解読の作業がより困難であったり素材の変型がより著しかったということにのみ由来しているのではない。現代の知識人たちが、《民族学的》といわれる社会を、自身の属する社会にたいするのと同じきびしい眼でもって直視することを異常なほどに嫌悪しているからでもあるのだ。

なるほど、民族学者の仕事は困難なものであろう。《彼らの》文化は、近代西欧社会とわずかに接触しただけでもガラスのようにこわれてしまい、今日ではほとんど何も残っていないほどである。西欧社会との出会いはつねにさまざまなかたちの抑圧を惹きおこしたし、また現在もなお惹きおこしている。しかもこの抑圧には侮蔑がともなっているだけに、いっそう苦々しいものになっている。現代の知識人はとりわけこの侮蔑に強迫的にとり憑かれているので、失われた未開の世界をできるかぎり好意的に描き出そうと努力するのである。われわれの無知もときにはその口実となる。自分たちの宗教を生きている未開社会の人びとの生き方を、いったいどうして批判することができようか。彼らのあいだでは犠牲者が心からの志願者、一言も発せずに虐殺されることで世界の存続を保証できると想像している信者にされているのに、これに反駁するに足るだけの知識がわれわれにはない、というわけである。

話をもとに戻すと、アステカ族は供犠のイデオロギーをもっており、先に取りあげた神話は、このイデオロギーの基盤が何であるのかをよく示してくれている。犠牲者がいなければ世界は暗闇と混沌のなかに沈みこんだままであろう。最初のふたりの犠牲者ではまだ足りない。先に引用した一節の終りのところで、太陽と月は天に輝いているけれども、しかし依然停止したままである。それらを動かすためには、まず神神を、それもひとりの例外もなく神々全員を犠牲として捧げ、さらに無名の人びとを神々にかえて犠牲にする必要がある。すべてが供犠のうえに成立しているのである。

犠牲者が死を承諾する神話にはたしかに《何らかの真実》がふくまれており、神話ではそれがどのようなものであるのかも明らかになっている。空威張りの神は自己の力を過信し、決定的な瞬間になると尻ごみする――この逡巡からも、犠牲者たちが民族学者の信じたがっているほど死を承諾しているわけではないことがわかる。テクシステカトルは最後に臆病を克服するが、最初は失敗した彼が最終的に成功できたのは、仲間の手本があったからである。ここで、集団のうちにいる人間を支配する力、すなわち模倣や模倣の衝動 mimétisme がはっきりと姿をあらわしてくる。これまでは集団的殺人を手がかりにした神話の解釈が妥当なものであることをできるかぎり単純なやり方で証明したかったので、模倣の問題には言及しなかった。議論に必要不可欠な題材をのみ導入したかったが、模倣の衝動は事実上そうした題材ではなかったのである。だが今度は、この神話で模倣衝動が果たしている注目すべき役割を考察してみよう。

将来の月の神が犠牲になろうと自ら申し出たのは、明らかに模倣にもとづく競争の精神、他のすべての神々を凌駕しようとする意志からであった。彼は他者にとっての手本であるが、自分自身では手本をもたない存在となることで、全員の上に立つ、競争相手のいない第一人者たろうと望む。これはまさしく思いあがりであり、ここでの模倣による欲望はきわめて激しく、そのため自分がどんな模倣衝動をも超越していると言いはり、また自己以外にいかなる手本も必要としないほどにまでなっている。彼が火のなかへ飛びこめという命令に従えなかったのは、明らかに、自分が望んでいた第一人者の地位を手に入れたので、その途端手本のいない状況におかれ、もはや誰にも導いてはもらえず、自分が他者を導かねばならないのだが、しかし第一人者の地位を望んだもともとの理由自体からして、彼にはそれができなかったからである。彼はあまりにも純粋に模倣にとらわれているのである。第二の神、将来の太陽のほうは、その反対に、他人に先んじようとはしていない。彼はそれほど激しく模倣にとらわれてはいない。だからこそ、自分の番が来れば、仲間には下せなかった決断を断固として下すのである。こうして彼は、手本なしでは行動できない者にとって有効な手本になることができたのであった。

この神話のいたるところで、模倣の要素が地下を循環している。寓話というのは道徳的な性格をもつものだが、にもかかわらずここで模倣の要素は消滅してしまってはいないのである。ふたりの登場人物のあいだの対比は、さらに大きな別の模倣、すなわちそこに集まり、模倣をとおして結束し、場面全体を支配している神々の模倣へとその輪を拡げている。神々のなすことはすべて、全員一致によっているがゆえに完璧である。自由と強制とが分かちがたく絡まりあっていたのも、結束した神々全員の模倣の力に従属していたからである。先ほど神々の呼びかけに応えて犠牲者になることを志願したり、躊躇なく火に飛びこんだりした神の自由な行為についてふれたが、この自由は、「さあ、火のなかへ飛びこめ」とたえず命じる神々の意志とまったく同一のものである。速いか遅いか、直接にか間接にかは別にして、神々の意志が模倣されているにほかならない。自発的な意志は、抵抗しがたい手本、またその手本の催眠力と一体化している。腫れ物君《いいい》の場合、「さあ、火のなかへ飛びこめ」という神々の言葉は、すぐさま行為に転じる。言葉にすでに手本としての力があるからである。もうひとりの神の場合は、言葉だけでは充分でない。言葉に加えて行動そのものを目撃する必要がある。テクシステカトルは、仲間が火のなかに飛びこむのを見て、自分もそこへ身を投じる。ナナウアチンは以前はもっと模倣にとらわれているように見えたが、結局はテクシステカトルほどとらわれてはいなかったと言うべきではないだろうか。

犠牲者が模倣をとおして死刑執行人に協力することは中世においても、また衰えたかたちでではあるが、現代においても存続している。十六世紀の魔女たちは自ら火刑台に上ることを選んだそうである。彼女たちは犯した罪の恐ろしさを充分に納得させられていたのだ。異端者たちもまた、しばしば自分たちの唾棄すべき信仰にふさわしい拷問を要求する。拷問しなければむしろ慈悲に反していたであろう。現代においても同様に、あらゆるスターリン主義的な体制から生まれた淫奔な蝮たちは、粛清のさいに訊問されている以上の内容を告白し、正当な懲罰が待ち受けていることを喜ぶのである。こうした型の行動は恐怖心だけでは説明できないように思われる。すでにオイディプスが、彼をもっとも唾棄すべき汚れた存在だと決めつける全員一致の合唱に唱和していた。彼は自らに罵詈雑言を吐きつけ、テーバイの都に向かって自分を実際に都の外へ吐き出してくれと哀願するのである。

現代社会において犠牲者がこのような態度をとれば、われわれは憤慨して彼らの味方になることを断るであろうが、アステカやその他の未開民族の場合となると、同じ態度を眉もひそめずに受け容れるのである。民族学者は犠牲者の運命をうらやましそうに、まるで美食家が御馳走に出合ったかのような調子で描いている。供犠に先立つ一定の期間、犠牲者は大変な特権を享受する。彼らが死に向かって歩むさまは落着いており、楽しげですらある。なかでもジャック・スステルは、読者がアステカで行われた宗教上の虐殺を現代の考え方でもって受け取らぬようすすめている。スステルによれば、自民族中心主義といういまわしい罪を犯すおそれがあるから、異国の社会でどんなことがなされていようとも、それについて否定的な判断を下すのはさしひかえねばならないのだという(18)。

誤解されてきた世界を《名誉回復》させようとする配慮がどんなに称讃に値するものではあれ、それには分別が必要である。現代のそれは行き過ぎであって、滑稽さの点ではかつての西欧社会の思い上がりと変ることがない。ただし、その方向は正反対であるが。人間にたいする横柄さという点では基本的に同じなのである。すなわち、われわれの世紀末に特有の現象であるが、価値が欺瞞的に転倒していて、その結果われわれは自分たちの社会を見るときには用いる基準を、未開社会にたいしては適用しないのである。われわれの情報源には何の価値もなく、アステカ族について確実なことは何ひとつ知りえないから、もはや沈黙するしかないか、あるいは、情報源がまったく無価値というわけではなく、したがって全人類の残虐行為を集めた博物館にこの宗教が展示されるのはもっともなことだと、誠実さゆえに結論するか——そのいずれかである。自民族中心主義にたいする反感も、熱狂的なものにまで高まって、血まみれの饗宴を、明らかにごまかしである当事者の自己認識によって正当化するようになれば、道をまちがっているのである。

テオティウアカンの無残でかつ壮麗な神話には供犠のイデオロギーが滲透しているとはいえ、そこには神話の欺瞞的な観点にたいして反対の証拠となるものもひそかにふくまれている。この神話に多少とも人間らしいところがあるとしても、それは今世紀の二度の大戦後の時代に、困ったことだが新ルソー主義や新ニーチェ主義が登場してきて共鳴した、犠牲者と迫害者をめぐる偽りの牧歌のことではない。神話の偽善的な観点に公然と反論するまではいかないが、対立してはいるもの、すなわち、すでに指摘したことだが、偽りの事実に取り囲まれながらもそれにたいして神々が示す逡巡のゆえに、この神話は人間らしいところを残している。ここでのひとを不安にさせるような美は、神話全体にとり憑いているある種の心のふるえと切り離すことができない。神の作用を動揺させ、また崩壊にいたらしめるためには、この心のふるえをこそ増幅してゆかねばならないのだ。

第6章　アース、クレス、ティタン

前章で集団的な殺害が出てこない神話をひとつ取りあげたが、そこで見てきたとおり、集団による殺害が描かれていないからといって、私の議論に反対する人びとの分がよくなるというわけではないようだ。もっとも神話解釈の作業はまだはじまったばかりである。今までのところさして多くの例を挙げてはいないし、これでは例の数が不充分だと非難されてもしかたないので、もっと例をふやして議論を進めることにしよう。しかもその例はすべて、集団的な殺害の場面が中心になっていることは一目瞭然であるのに、これを集合的殺害と規定するのを、見えすいた、ほとんど戯画めいたやり方で避けている、そうした神話ないし神話に近い多数の物語のなかから選び出すことにしよう。その中心になる場面にはいつも同じかたちがあらわれてくる。すなわち殺人者たちが犠牲者を取り囲んでつくる円形である。ただしこの円形の意味は必ずしも明確ではない。さまざまな意味がこめられており、それらのあいだの共通点は、集団的な殺害を意味しているのではないということだけである。

アステカの神話についで第二の例は北欧神話から挙げることにする。バルデルは、すべての神々のうちでもっとも善良で、何ら欠点がなく、あらゆる美徳に恵まれ、暴力をふるえぬ性格である。彼は寝苦しい夢を見て、自分に死が迫っていることを知る。仲間のアースたちに不安を伝えると、彼らは《バルデルを

どんな危険からも保護するようみなに頼む》ことを決める。このためにバルデルの母フリッグは、

火、水、金属、石、土、木、病い、四本足の動物、鳥、蛇〔……〕などあらゆる生物および無生物に、バルデルにたいして害を加えないことを誓わせた。こうして保護されたバルデルは、広場でアースたちとともに驚くべき遊びに興じる。彼らはバルデルに向かって石を投げつけ、剣で切りかかるのだが、彼の身体は少しも傷つかないのである。

ここに引用した神話の概略はジョルジュ・デュメジルの『神話と叙事詩』からのものである。[19] この著名な碩学がアースたちの没頭する遊びを驚くべきと形容していることに気づくのは容易である。もう少し後になると、この神々の同じ遊びにたいして、《見世物のような》、《いんちきの》というふたつの形容詞も用いられている。デュメジルはこのようにわれわれの好奇心をかき立てておきながら、しかしそれを何ら満足させようとはしない。そうした神話の光景を前にして、われわれは何に驚くのだろうか。それは例外的な場面なのか、それとも、逆にきわめて日常的なありふれた場面だが、常ならぬ意味を付与されているのか。その遊びはなるほどいんちきくさく思えるが、しかし遊びそのもの以外の何か別のもの、別の場面がそこから透けて見えていなければ、われわれもあえてそんな呼び方はしないであろう。神話学者はけっして報告しないか、少なくとも直接に言及しはしないけれども、この別の場面は実はまったく隠蔽されてしまっているわけではなく、神話学者なら誰でも必ずよく知っているにちがいないのである。何を考えているのか説明してはいないものの、アースたちの遊びがいんちきであるとほのめかすことをとおして、G・デュメジルはこの場面について間接的に語っているいると言ってよかろう。この別の場面とは、言うまで

もなく、集団的な殺害のことである。バルデルが不死身でなければ、アースたちの加えた仕打ちで命を落とすことは明らかであり、バルデルが、またアースたちが恐れていた事件がおきるであろう。バルデルは、集団的な殺害の犠牲となった他の多くの神々と同じような滅び方をしていたことだろう。そうすれば、バルデルの神話も、集団的な殺害を中核として成り立っている無数の神話と何ら変るところがないものになっていたかもしれない。

この神話の光景がわれわれを驚かせ、またそこでの遊びがいんちきくさく思えるのは、何か真に独創的で予期しもしなかったことを見せてくれるからではなく、あらゆる神話をつうじてもっともよく登場するもっとも月並な表現である集団的な殺害に非常に似かよっているからである。バルデルは不死身だという約束事があるおかげで、殺人の表現が無害な遊びのかたちに変っているにすぎないのだ。

単なる偶然の一致、たまたま生じた類似だと言ってよいのだろうか。物語のつづきを見てゆくと、そうではないことがわかる。この神話が集団的な殺害をそなえた諸神話と密接な関係をもっているにちがいないことを理解するためには、それを最後まで読み、アースたちの無害なはずの遊びが結局は《本気で》行ったのと同じ結果になるということを確認する必要がある。バルデルは、外見上あたかも彼を殺そうとする意図をもっているかにふるまう神々のうちのひとりに打たれ、その場に倒れて死ぬのだが、神話は、そうした意図は何ら存在していなかったと主張する。もっとも、神話がそんなふうに主張する理由を明らかにするのは困難なことではないだろう。

いったいどんなことがおきたのか。これを知るために、『神話と叙事詩』のつづきを読むことにしよう。ロキという名の神というよりはむしろ悪魔がいる。彼は北欧神話のトリックスターないし《天邪鬼》であり、いんちきな遊びには加わらず、これを邪魔してやろうとする。G・デュメジルは原資料に忠実に、

「ロキはこの光景が気に入らなかった」と書いている。バルデルの偽装された処刑を見れば誰でも強く反応する。ロキは不快を、デュメジルは驚きを感じるのである。それゆえ、バルデルの偽装された処刑、つまりあの素晴しいアースたちの子どもらしい遊びが、最後には本物の処刑と同じ結果をまねくとすれば、それは当然のことながら、必ずロキの過ちのせいなのである。

> この北欧のトリックスターは〔……〕女性に変装して、誰もバルデルに害を加えないという誓約に例外はないのか、フリッグに訊ねに行く。するとフリッグは、ミスティルテイン（宿り木の若枝）という名の若枝はあまりにも幼く見えたので、誓約を頼まなかったと教える。ロキはこの若枝を手に入れて、ティング〔処刑が行われる聖なる場所〕へ戻り、バルデルの盲目の弟のホズルにそれを渡す。ホズルには兄の姿が見えないので、それまで彼を打つ遊びに加わってはいなかったのだが、ロキはホズルの手をとって犠牲者のほうへ導く。彼は宿り木の若枝でちょっと打たれただけで死んでしまう。

要するに、バルデルを一切の暴力から《保護》しようとして神々のとった措置は、ロキの裏切りのおかげで効力をなくしてしまう。その他の多数の神話とほぼ同じ結果、つまりあるひとりの神が、彼に向かい一致団結して敵対した仲間の神々から暴力を受けて殺されるという結果にたどりつくために、この神話はなぜそれほど奇妙な回り道をとるのであろうか。これが神話でごくふつうの結果であるのなら、どうしてふつうの道を通ってそこへ到達しようとはしないのだろうか。

ありそうな、いや考えうる唯一の解答は、ここで分析しているのが神話の最初のかたちではないということだ。それは、バルデルをもっとも平凡な、もっとも《古典的な》集団的殺害の犠牲者としていた、より古いかたちの神話に接木されたものであるにちがいない。殺害の伝統的な表現では犠牲者以外の神々の全員がまがうことない犯罪者になっている、ということに我慢できない人びとが作ったものであるにちがいない。パンテオンはもともと殺人者たちの粗暴な一団と区別することができない。信者たちはこのことをある意味では望まないが、しかしそれは否定のしようがなく、また他のいくつもの意味で好んでもいる。自分たちの宗教的表象に情熱的な愛着心を抱いてさえいるのである。彼らはそうした表象を保存したいと望むとともに捨て去りたい、いやむしろ根本からひっくり返したいとも望んでいる。迫害の本質的な常套形式、すなわち集団による殺害という事実を取り除きたいからである。このあい反するふたつの要請を無理して和解させようとすれば、バルデルの神話のように奇妙な構成の神話にゆきつくしかない。

彼らは、原初に神が姿をあらわしたさい、祖先たちはたしかにそこに見るべきものを見たのだが、それを間違って解釈したのだ、と主張することで解決をはかろうとする。祖先たちは素朴かつ野蛮であったので、そのときおきたこととの微妙な点が理解できず、集団的な殺害だと信じてしまった。祖先たちは、唯一の真の殺人者、そしてそのうえに詐欺師でもある悪魔のロキの仕かけた罠におちたのだ、というわけである。こうしてロキは、最初処刑に参加した全員がひとしく分担していた暴力の唯一の責任者にされる。暴力はただひとりの責任に集中的に帰せられることで、端的に邪悪なものとなる。要するにロキの評判を犠牲にして、そのかわりその他の神々の名誉が回復する。もし最初の場面で処刑に参加しなかったのは、すべての神々のうちでロキひとりだけであったというのが真実であれば——私にはそう思えるが——最後に暴力の責任者としてロキを選ぶことは、何かしら逆説的である。

他の神々全員のためにたったひとりの神を精神的に傷つける操作が神話に加えられていると考えねばならないようである。もともとの殺人者たちの罪を消去しようとする意志は、バルデルが実際に殺害される場面の奇妙な展開の仕方のなかの他のいくつかのことがらをとおしても露呈している。事件の細部がすべて、もっとも罪があるとされかねない人物の責任を可能なかぎり消し去ることを目ざしているのは明白である。なぜもっとも罪があるかといえば、バルデルはまさにその人物の手にかかって死ぬ——その人物は文字どおり手による殺人者 *handbani* と記されている——からである。

原則として集団で行われる殺害においても、すべての参加者の罪状がひとしいわけではない。この神話の場合がそうなのだが、もし致命的な一撃を加えたのが誰であるかわかるのならば、その人物の罪の重大さは他とは比べものにならない。神話がとくに努力しているのはホズルを無罪にしようとする点であるが、その理由は明らかに、最後の一撃を加えた者の罪がもっとも重大であるからである。彼の無罪を証明するには、他の神々全員を一緒にしたよりもいっそう工夫をこらさねばならない。

そのための企てを見定めるだけで、殺害事件の細部のすべてを、少しももらさずに解明することができる。ホズルは盲目である——《ホズルには兄の姿が見えないので、それまで彼を打つ遊びに加わってはいなかった。》ホズルが兄のところまで行きつくためには、誰かが彼の手をとって標的のほうへ導く必要があり、当然ロキがこの役目を務める。ホズルは自分が打てばバルデルを殺すことになるなどとは思ってもいない。他の神々と同様に彼も、兄が考えつくどんな武器、どんな弾丸にも不死身であると信じている。そのうえさらに、できることならば彼を安心させるために、ロキはこれ以上のものはないほど微力なもの、とても致命的な武器になるとは思えないものをホズルに手わたす。兄の幸福と安全とにどんな細心の注意を払う弟でも、ホズルのように行動して、そのため恐ろしい結果が待っているとは予期できなかったであろう。要するに、彼を無実にしようとして、神話は言いわけに言いわけを重ねる。他の神々の場合のようなただ一度の否定では不充分であり、ホズルの責任は少なくとも三度つづけて否定される。しかもそのたびに、ロキがこの操作のつけを払うという損な役回りを演じるのである。つまり、ロキは自分が直接手を下したわけではない殺人について三倍分有罪になり、そのロキが皮肉な眼で眺めながらあやつるホズルは自分ひとりが手を下した殺人について、三倍分無罪になるのである。

証明のしすぎは何の証明にもならない。バルデルの神話は、うしろめたいところがあるために軽がるしく言いわけを連発するひとと変らない。そのようなひとには、平凡であってもただ一度の言いわけのほうが、見事な言いわけを何度もするよりまさっているということがわかっていない。読者を欺こうとするのなら、まさにその意図のあることをさとられぬようにしなければならない。何かを隠しているのが暴露されるのは、いつもあまりに巧みに隠そうとしたがるからである。読者の注意をそらせてくれたかもしれないものを周囲から消し去れば、それだけ何かを隠そうとする意志があらわになり、読者はただちに隠されたものを見つけ出してしまうのである。真に有罪な者の頭上に無実のちぐはぐな証明をつみ重ねることは、かえって何よりも疑惑をかきたてるものである。

すでに見てきたとおり、できるかぎり経済的かつ単純な原則に立脚して、あらゆる細部をひとつ残らず説明しうるようなバルデルの神話の読解が可能である。だがそのためには、この原則を現実の集団による殺害から、とはまだ言えないまでも、少なくともここでの表現が喚起する殺害への嫌悪感から抽き出してこなければならない。この神話は集団的な殺害の表象にとり憑かれ、またすみずみまで支配されているが、しかしそれは神話が呈示する題材のどこにもあらわれてはいない。現在の神話学者たちの述べるところを信じるならば、このバルデルの神話は間違っているということになる。神話一般において集団的な殺害はいかなる役割も果たしてはいないのであるから、ここでも神話が殺害の表象から免れねばならない実質的な理由は何もない、というわけだ。だがそれでも、バルデルの神話がこうした現代人の固定観念を少しも考慮していないということは確認しておいてよいであろう。神話は構造主義のことなどほんのわずかも気にかけていないのである。私の考えでは、神話に自由に語らせておくのがよい——とりわけ神話の語ることがわれわれの既成観念と逆である場合には。

さて今度はバルデルの神話が神話一般のなかで何か常軌を逸したものや特別な例外だというわけではないことを明らかにしておかねばならない。これによく似た神話の例は、いたるところにではないにせよ、かなりの数にのぼる重要な伝承のなかにある。そうした例は、意図しているものの点で先に見てきた神話にきわめて近い反面、採用している解決策、つまり今日にまで伝わったかたちの話の主要な内容の点ではずいぶんとことなっている。だがこの似ている点とことなっている点のいずれを見ても、神話の体系が発達してゆくうちに、どこかで入念な書き換えが行われて、もともとの《集団による殺害》の意味が消失してしまうにちがいないという考えを禁じえない。この意味を消失させようとする意志は非常によく目立つ。なぜなら、それはふつうは、まさに集団による殺害そのものを扱っているもともとの表現をまるごと、さもなくばほとんど保存したがる宗教的な保守主義と並んで存在しているからである。

ただちに第二の例を、今度はギリシア神話のなかから取りあげることにしよう。ゼウスの誕生をめぐる話である。クロノスは自分の子どもたちをみな呑みこむことにしていたので、最後に生まれたゼウスも呑もうとしてさがすが、ゼウスの母親のレアがうまく隠してしまう。勇猛な戦士であるクレスたちが赤子のゼウスを円形に取り囲んで見つからぬようにしている。幼いゼウスはこわがって泣き声を立てるので、その居場所を父親に知られるおそれがある。そこでクレスたちは自分たちの武器を打ち鳴らして、ゼウスの泣き声をかき消し、人食い鬼のクロノスを欺く。彼らはできるかぎり騒々しくまた威嚇的にふるまう。[20]

赤子がこわがればこわがるほど、泣き声が激しくなればなるほど、クレスたちは彼を守るためにさらにいっそう赤子がこわがることになる行動をとらなくてはならない。つまり、彼らは実際に頼りになり、ゼウスをしっかり保護する存在であるだけに、よりいっそう恐ろしそうな外見を呈することになる。彼らはまるで子どもを殺そうとしてその周囲を丸く取り囲んでいるかのようだ。ところが実は、彼らは彼の命を救わんがためにそうしているのである。

この神話においてもまた集合暴力は見あたらない。だがここでの暴力の欠如は、暴力と同様にこの神話から欠如しているが、しかし欠けていても少しも気にならない他の数多くの要素と同じではない。その欠如の仕方は、先ほどバルデルの神話で分析してきたものと、同一ではないが類似している。幼児のゼウスの周囲の事情ははっきりしている。クレスたちが喚起するのは、集団による殺害に特有のありさまと行動である。彼らの猛だけしい叫び声や身を守るすべのない人物に向けて振り回される武器からは、それ以外に何を考えることができるであろうか。もし無言の活人画で演じられているならば、その場面はまさしく神話が否定しているものを意味していると必ず受けとられるであろう。アーステたちのいんちきくさい遊びやアステカの神の自殺と同様に、クレスたちの身振りと恐怖にかられた幼児の反応とは、世界中のほとんどすべての神話の中心をなすあの出来事にかなりの程度似ているが、しかしバルデルの神話と同じく、この神話もそうした類似は幻影にすぎないと断言する。これらの神話にはすでに現代の人類学のようなところがあるのだ。

どちらの神話においても、場面にふくまれる暴力の意義を棄て去るために、殺人者の集団が《保護者》の役割を得ている。ただし両者のあいだの類似はそこまでである。北欧神話では、集団による殺害は実在しなかったように描かれながら実在したのと同じ結果を招く。ギリシア神話では、集団的な殺害は何の結果をもたらしもしない。ゼウスの威厳は彼がクレスたちの手にかかって死ぬということを許さないのだ。

この神話にも集団的な殺害をふくむもっと古いかたちのものがあったはずだと推定できる。表現を変更せずに、あるいは最小限の変更にとどめて、もとのかたちの神話から集団的な殺害を抜き去るような変化が生じたのである。問題は同じだが、北欧神話の解答よりもギリシア神話の解答のほうが、気がきいていると同時に根柢的でもある。処刑以外の何ものでもない場面や処刑者たちが犠牲者を取り囲んで作る円形にたいして、犠牲者の保護という意味を付与することに成功しているのである。すでに見てきたように、北欧神話には殺人者たちの行動をただ遊戯として示す以外の方策はない。したがって、集団による殺害の問題性を認めようとしない観察者でさえ、その遊びが《いんちき》で、言いかえれば他の意味があるにちがいないと考えるのである。

このふたつの解答はあまりにも独創的すぎるので、片方の神話がもう片方に影響したとは考えられない。ふたつの宗教的思考がそれぞれの進化過程の類似した段階において、まったく同じではないにしても、類似した目的を遂行しているのだと見るべきである。この種のことがらを扱う場合、神話が進化するという観念、いやむしろ、繰り返すことになるが、ごく少数の宗教的伝承にかぎっては急激な変革があいついで生じるという考え方を復活させるのをためらってはならない。

バルデルの神話と同じくクレスたちの神話も、自分たちが神話伝承を変質したかたちで受けとったと本気で思いこむ解釈者たちの手で生み出されたものにちがいない。集団による迫害などということは、彼らにはあまりにも忌しく、とても正当だとは思えない。そこで、殺害をふくむ場面を自分たちの流儀で解釈しなおしても、原文を偽造することにはならない、と彼らは考えるのである。ここでもまた、間違っているのはその伝達のされ方だとされる。先祖たちは受けとった伝承を理解できなかったので、これを忠実に伝えることなく改ざんしてしまったにちがいないというわけだ。ここでもまた、かつてはすべての神々が分けあっていた暴力がクロノスただひとりに転嫁され、彼はこの暴力の転移のために、文字どおり怪物的な存在となる。集団的な殺害が登場する神話には、この種の誇張はふつう見あたらない。善と悪とのある種の分割が行われる。すなわち集合暴力の消滅にともなって、道徳的二元論が登場する。オリュンポスの神々をめぐる神話全体のなかで見ると、この悪が先行世代のひとりの神に転嫁されるという事実は、新しく生まれた宗教的感性がそれ以前の神話表象について抱く否定的な考え方をおそらくは反映している。この感性の手が加わり、神話表象は姿を変えるのである。

　ゼウスとクレスの神話を取りあげて、集合的殺害の欠如をまったくの前提とする神話を解読することができた。この解読のさい殺害の欠如をまるで確実な所与であるかのように扱ったが、実のところそれは思弁的なものにとどまらざるをえない。ゼウスはバルデルとちがって殺害を免れ、したがって何の結果も生じなかったのであるから、バルデルの場合よりもさらに思弁的である。ふたつの神話が類似している点が助けになるとはいえ、クレスの神話をめぐる解釈には、おそらく北欧神話をめぐっての解釈ほどの説得力がない。この欠点を補うためには、クレスの神話に隣接し、かつできるかぎり類似し、しかも集団による幼い神の殺害が消え去ってはいないという相違点をもつような、もうひとつ別の神話をさがし出す必要があるだろう。その神話にはクレスの神話では巧妙に変形された場面が残っていてもともとの意味を完全に保っていることが望ましい。そうすれば、変形が実際に生じたこと、また私の解釈が間違ってはいないことの可能性が高くなるであろう。私はあまりにも都合のよいことを要求しすぎているのだろうか。絶対にそうではない。ただひとつの相違点を除いてクレスの神話と完全に相同な神話がギリシア神話のなかにあるのだ。その唯一の相違点とは、集合暴力が姿をあらわし、それが幼い神に向けてふるわれるということである。暴力はそこではクレスたちの場合明白に欠如していた意味をなおも保っている。それについては、読者に判断していただくことにしよう。

ティタンたちは幼いディオニュソスを自分たちの輪のなかへ誘いこもうとして、がらがらのようなものを振り回す。幼児はきらきら光るものに誘惑されて彼らのほうへと進むが、すると怪物たちは輪になって彼を包みこむ。ティタンたちはみなでディオニュソスを殺し、その後焼いてむさぼり食べる。ディオニュソスの父のゼウスはティタンたちを雷で打ち、息子を再生させる。(21)

クレスとティタンとのふたつの神話のあいだでは、大部分の意味が逆転している。父親はティタンたちの話では保護者だが、クレスたちのほうでは破壊者であり人食いである。ティタンたちの一団は破壊者であり人食いだが、クレスたちは保護者である。どちらの神話においても、幼児の前でものが振り回される。しかし、それはティタンたちの神話では、外見上は無害だが実際は死をもたらし、クレスたちのほうでは、外見上人を殺す武器だが実際は無害である。

神話は変形のたわむれである。このことを真に証明したのはレヴィ＝ストロースであり、彼の功績は貴重である。ただ、この民族学者は変形はいつもその方向をとわずに進行すると考えていて、これは間違いだと思われる。一切が同一の平面上に位置づけられている。本質にかかわる何ものかが獲得されることも失われることもけっしてない。時の流れは静止したままだ。

こうした考え方が不充分であることは、ここにいたってはっきりと理解できる。たしかに先に取りあげたふたつの神話のうち片方はもう片方が変形して成立したものである――これは証明したばかりだ。手品師はカードを切り終えた後、もう一度別の順序で並べる。最初はすべてのカードが揃っているように見えるが、本当にそうだろうか。もっとよく見ると、実はいつも一枚、しかも同じカードがなくなっているのがわかる。それが集団的な殺害の表現なのである。他の部分でおきることはすべてこの表象の消失に従属している。したがってそれらの組合せの形式しか見ないことは、非本質的なものしか見ないことにひとしい。そのうえまた、その組合せの形式がいかなる隠れた意図に対応しているのかを理解しなければ、それを徹底的に把握することはできない。

構造主義の分析はことなる二項の対立という唯一の原理を基盤にして成り立っている。この原理を手がかりにしていては、全員でひとりの人間を殺害する集合暴力がきわめて重要であることは見抜けない。構造主義はこれを他にいくつもある二項対立のうちのひとつとしか見ず、それらに共通の法則に還元してしまう。構造主義は暴力が表現されていても、これに特別な意味を付与することはまったくない。ましてや表現されていない場合にどうであるかは言うまでもない。構造主義の分析用具はあまりにも初歩的すぎるために、先ほど明らかにしたような神話の変形の過程で、何が失われてゆくかを理解できないのである。手品師が長々とカードを切ってから前とはちがう順序で並べるのは、彼がカードを一枚隠したことを観客に考えさせないため、またもしひょっとして気づいてもそれを忘れさせるためなのだ。神話と宗教の手品師からすれば、構造主義者はきわめて結構な客だと言える。現代の神話学者は、集合暴力の場面がいやでも眼にとびこんでくるときでさえ、何とかそれを見ずにすまそうとしているのだから、それが仮装されていることなどに気づくはずがないのである。

ティタンの神話からクレスの神話への移行をとおして集団的殺害が消失すると見ることは、この種の変形がある一定の方向、先に指摘した方向へ以外には行われないと理解することにひとしい。たしかに集団的な殺害は神話から消え去る可能性がある。というより、消え去るばかりなのだ。一度姿を消せば二度とあらわれてこないことは明らかである。ゼウスの頭からミネルヴァが出現したように、集団的殺害が武装をととのえ、他の表象と組合せをなしてもう一度姿をあらわすということはない。神話は、一度ティタン形式からバルデル形式ないしクレス形式へ移行してしまえば、けっしてもとの形式には戻らない。そのようなことは考えられない。言いかえれば、神話にも歴史があるのだ。この事実は、歴史主義の古びた幻影にとらわれないでも認めることができる。歴史的、あるいはこう言ったほうがよいのなら、通時的な諸段階を想定する必要は、もっぱらテクストに即した《構造的》な分析からこそ出てくるのである。神話は集団による殺害を消し去るが、ふたたび創り出しはしない。なぜならば、かつてそれを創出したのが神話でないことは明らかだからである。

　このように述べてきたからといっても、クレスの神話がティタンの神話から派生したとか、前者は後者の変形したものであり、別の神話の変形したものではないとかいったことを示唆したかったからではまったくない。集団的な殺害はほぼあらゆる神話のなかに存在しているので、議論を特定の神話にかぎる必要はないのである。そのうえ、ティタンの神話をより詳細に検討してみると、この神話はゼウスの神話をささえているのとおそらくさほど変りのない宗教観に対応していることがわかってくる。また、集団的な殺害を表現しているとはいっても、この神話にも何らかの手が加わっているにちがいない。事実、クレスの神話と同様に、ここでもやはりゼウスを善とする、善と悪との分割が見つかる。集合暴力は残存しているものの、人肉食いと同じく悪だと宣告される。クレスの神話でもそうだが、暴力はより古い世代の神話、すなわち以後《野蛮》や《未開》の名をつけられることになる宗教体系に属するものとされてしまうのである。

　ティタンの神話に出会えば、子どもや素朴な人たちは恐怖の念にとらわれ、後じさりする。彼らは情動に支配されるがままになっているのだ、と現代の民族学者ならば言うかもしれない。私もまた、感傷的な支離滅裂の論理しか見出せない情動的民族学に陥っているということになるであろう。一八五〇年代の写実主義の小説家と同様、現代の人間諸科学は、非人間的な冷酷と無感動とが、もっとも科学的な知識を獲得するのにもっとも適した精神状態だと考えている。いわゆる《硬い》科学のもつ数学的な厳密性が称讃の的となり、そのおかげで硬さの比喩がしばしばあまりにも文字どおり受けとられる。科学的研究はそれゆえ感情的要素を軽蔑するが、しかし危険をおかさずにこれを排除することはできない。というのも、感情的要素は、科学が研究の対象とするもの、この場合神話テクストそのものにおいて本質的な役割を果たしているからである。《構造》の分析と情動性とを完全に分離しておくことは可能であるとしても、そのようなことは何の利益にもなりはしないであろう。先のふたつの例に見られる神話の変形の秘密を把握するには、民族学の侮蔑している感情的要素を考慮に入れなければならない。無防備だという印象を避けて硬派ぶることは、実は最良の武器を失うことにひとしいのである。

神話的思考の真の克服は、こうした偽りの無感動とは何のかかわりもない。この克服は良心抜きの科学などというものの存在しなかった時代にまで遡る。それは、まず魔女狩りに抗して立ち上がり、さらに無慈悲な群衆の迫害表象を批判した無名の人びとの手をとおして実現したのである。

純粋に形式的なテクストの読解、また現在の構造主義学派の最たる強みと信じられるすべてのことがらとの関連で考えてすら、集団的な殺害があらわれている場合にはそれを、あらわれていない場合にはその消失に由来する漠然とした不安を考慮せずには、満足すべき結果には到達することができない。というのも、神話の表象はすべて、集団的な殺害を消し去ることによって成立するからである。この不安を直視することを望まないならば、神話にはいくつかのものが組み合わさったり変形したりして関係を構成するという側面があることですら、けっして明らかにはなってこないであろう。

第7章　神々の犯罪

　暴力をめぐる表象を消去してしまおうとする意志が神話の進化を支配している。このことをよく理解するためには、先ほど明らかにした段階をさらに越えて、進化の過程を追跡してゆく必要がある。この第一の段階で消滅の危機にさらされるのは、ただ集合暴力のみである。すでに見てきたとおり、集合暴力が姿を消すたびに、個人の暴力がその代替として登場する。とくにギリシア・ローマの神話世界でよく見かけることだが、進化の過程には第二の段階があり、そこでは個人の暴力までも削除される。それ以後、神話のなかではいかなる形態の暴力も許容されないという印象が生じる。この段階を越えると、自覚されているにせよ、そうでないにせよ――大部分の場合は自覚されていないようだが――神話はつねにただひとつ同じ目標をめざすことになる。すなわち、集団による殺害の最後の痕跡の除去、こう言ってよければ痕跡の痕跡の除去という目標である。

　プラトンの態度は、その新たな段階をもっともよく表明しているもののひとつである。『国家』には、神話特有の暴力を消し去ろうとする意志がきわめて明白にあらわれている。この意志はとくに、前章で行ったばかりの分析に直接つながるテクストのなかのクロノスという人物にたいして作用している。

「〔……〕クロノスがやったことや、息子から受けた仕打ちの話などは、たとえほんとうのことであったとしても、思慮の定まらぬ若い人たちに向けて、そう軽がるしく語られるべきではないと思う。黙っているに越したことはないけれども、もしどうしても話さなければならないようなことがあったなら、できるだけ少数の人が秘密のうちにそれを聞くべきだろう。その前に、仔豚などではなく何か大きな得がたいものを、犠牲として奉納しなければならぬということにして、聞くことのできる人をできるだけ少人数に限るように計らってね。」(22)
「じっさい」と彼〔アディマントス〕は言った、「あれはみな酷《むご》い話ばかりですからね。」

プラトンが眉をひそめるのは、明らかに、もはや集団的な殺害についてではない。なぜなら、それはすでに姿を消しており、その消失を間接的に示しているのが個人の暴力だからである。

暴力を除去しようとする意志は、ここで明白に表明されているということからもわかるとおり、神話のテクストにたいする文字どおりの検閲、断固たる削除のかたちをとる。前の段階で保たれていた、構造を再組織する力や驚くべき首尾一貫性は、もはや見あたらない。それゆえ、神話テクストの修正は失敗してしまう。プラトンは最高に重要な意味をもつ宗教的な慎重さでもってある種の妥協を提案するが、これも彼自身、テクストの修正が失敗することを予期しているからである。大量の貴重な生贄を捧げることを勧めているのは、クロノスとゼウスの悪事を知る人びとの数をできるだけ少なくしておきたいという配慮にのみよるものではない。依然として供犠に近い性質を残している宗教の支配する範囲においては、それは、暴力の伝染力を恐れる敬虔な宗教精神が暴力に対面した場合に示すであろう反応に一致している。この暴力に対抗するためには、それに比肩しうる、しかも合法的かつ神聖な暴力、すなわちできるかぎり重要なものを生贄として捧げることが必要なのである。つまり、プラトンのテクストでは、われわれの眼の前で、ほぼ明白に暴力と聖なるものとの円環が閉じられるのだ。

　プラトンの要求した検閲は、彼が考えたようなかたちではけっして課せられなかったが、しかし何らかのかたちで課せられたことには変りない。そして今日では、他のよりいっそう効果的なかたち、たとえば民族学という学問が体現するようなかたちでもって、検閲が神話に加えられている。先行した段階とは逆に、プラトンの段階は神話を完全に改作してしまうにはいたらないが、それでもやはり文化の創始にかかわる性格をもっている。ここからもうひとつの文化が創始されるのである。それはもはや本来の意味の神話には左右されない、《合理的》かつ《哲学的》な文化であり、また哲学のテクストそのものであると言ってもよい。

　神話の断罪は、古代の数多くの作家が行っている。それらは概して平凡なもので、プラトンの述べたことの再現だが、しかし神話がどんなひんしゅくを買ったのか、その真の性質を見事に照らし出してくれている。たとえばウァロ（二〇）は、彼にはとりわけ不愉快に思える《詩人の神学》を他のものから区別している。なぜ不愉快であるかと言うと、それは《盗人の神々、姦通する神々、人間の奴隷となった神々》を称讃するよう信者に勧め、《一言で言えば、人間、それももっとも軽蔑すべき人間の陥るふしだらを、すべて神神のせいにしている》からである[23]。

　プラトンを受け継いだウァロが詩人の神学と呼んでいるのは、真に未開の世界の聖なるもの、すなわち呪いと祝福とをつなぐ二重の聖なるものである。ホメロスのうちでプラトンが批判する箇所はいずれも、神々の幸いをもたらす側面と邪悪な側面が対等に評価されているところである。プラトンの差異化への意志は、神的なものにふくまれるそうした道徳的な曖昧さを許容しないのだ。今日のレヴィ＝ストロースや構造主義でも、事情はまったく変っていない。ことなるのは、プラトンにはあった精神的な偉大さが姿を消して、単純な論理学的、言語学的な配慮がこれにとってかわったということだ。それは、構造主義から見れば《言語と思考の法則》に合致しないがゆえに、成立不可能な混合の哲学である……。人間がいつもまったく同じように思考するわけではないかもしれないという点は忘れられているのだ。

ハリカルナソスのディオニュシオス(一一)もまた、《神にはもちろん、立派な人間にすらふさわしくない条件におかれた、意地悪い、悪業をなす、下品な存在》として神々を描く神話のことを嘆いている。こうした古代の作家たちはみな、自分たちの神があらゆる人間から軽蔑され迫害された犠牲者にすぎないかもしれぬということを、実は予感しているのである。それこそまさに、彼らの嫌うところなのだ。彼らは、ユダヤの預言者やさらに後の福音書の作者とはちがい、迫害を受けた犠牲者が無実かもしれないと考えることができないので、そうした可能性を恐ろしげに退けてしまう。

プラトンははっきりと神話に検閲を加え、神話を伝統的な主題から引き離そうとしている。先ほどクレスの神話から集団的な殺害が消滅した事情を説明するために、いくつかの動機を仮定する必要があったが、同じような動機がプラトンの文章のなかにも少しずつあらわれている。最初の変形は哲学の段階よりも以前の段階に遡るものであり、まだもとのままの神話をめぐって生じる。この点については、ほかならぬ神話それ自体、すなわち変形を被った神話が証拠になる。というのも、変形がどんな結果をもたらしたのかがわかると、それだけで神話の理解は著しく容易になるからである。同じように考えれば、プラトンが神話の検閲を要求したのも個人の気まぐれによるものではないと言える。そこから逆に辿ってゆけば、あらゆる神話が進化をとげる過程を知ることができるのである。近い時代であれ遠い時代であれ、プラトンよりも先に神話を浄化しようとした人びとがいたことは明らかであるが、彼らはその作業を依然として神話的な方法でもって行っていた。神話と宗教の伝統的な枠のなかで操作していたのであり、神話の叙述の形式に変形を加えていたのである。

迫害の常套形式のうち、神々や英雄たちの被る暴力は、まず荒々しく派手な集合暴力に特有の性格を失って衰退し、個人的な暴力となり、さらには完全に消滅することさえある。他の常套形式も同じ理由により、よく似た変化を経験する。もはや集団による神の殺害を許容できない人間たちは、殺害を正当化する犯罪にも同じように眉をひそめるはずである。ふたつの変化が足並を揃えていることは、先に引用した文章からもわかる。「人間、それももっとも軽蔑すべき人間の陥るふしだらを、すべて神のせいにしている」詩人たちのことをウァロは嘆く。そうした行為を神々のせいにした責任は、むろん詩人たちにはない。同じような神話が世界中にあるのがその証拠だ。現代でもそうだが、当時すでに《詩人たち》、すなわち先行する時代の解釈者たちは予備の身代りの山羊となるのであり、彼らの裏切りを非難するところから新たな段階の検閲がはじまることになる。

以後人びとは犯罪者でも犠牲者でもない神々を望む。また、神々が身代りの山羊だということがわかっていないので、暴力を、さらに神々の犯した罪や犠牲者のしるし、そして危機そのものまでを、少しずつ消し去ってゆくのである。ときには危機の意味が逆転し、神々と人間とのあいだの差異の消滅に、以前ふれたようなユートピア的な意味が付け加わることもある。

共同体がその信仰の起源である暴力から遠ざかるにつれて、儀礼の意味が衰退し、道徳的な二元論が強まってくる。神々とその一切の行動は、もっとも邪悪なものですら、最初は儀礼のモデルとなっていた。つまり、宗教は、重要な儀礼行為のある部分を無秩序にたいして割り当てていた。むろん、その無秩序はつねに秩序に従属しているのではあるけれども。だが、もはや道徳的な手本のみが要求され、神々の過ちはすべて浄化されねばすまないような時代がやってくる。プラトンや同じく神々の改変を望むエウリピデスたちのような苦言を軽く受け取るべきではない。そこには未開時代の聖なるものの解体が、言いかえれば神々の幸いをもたらす側面だけを保持しようとする二元論的な傾向が映し出されている。こうしてある宗教上のイデオロギー、悪魔が聖なる性質をもつことを否定したり、バラモン教の場合のように神々と悪魔とをますます分離させたり、あるいは、神々の邪悪な部分を無意味なものとしたり、それはより根源的な宗教、すなわち改革者の目指す理想に真に合致した唯一の宗教のうえに接合されたものだと主張したりするイデオロギーが成長する。実際には、改革者というのはまったく架空の過去に理想を投射して、起源を自己流に捏造しているのである。さらにまた、原初の危機が牧歌的世界やユートピアに変貌してしまうのも、この理想の投影のおかげである。葛藤をふくむ差異の消滅状況が幸福な融和に逆転するのだ。

要するに、神を理想化する傾向が大きくなると、危機、犠牲のしるし、集合暴力、そしてもちろん犠牲者の犯罪など、あらゆる迫害の常套形式は変形され、あるいは消え去るのである。このことは、バルデルの神話のなかによくあらわれている。この神は集団によって殺されたのではないのだから、有罪であるはずがない。バルデルは、罪がまったく消えてなくなった神、きわめて崇高で、いかなる過ちも免れた神である。常套形式が同時にふたつも削除されるのは、偶然ではなく、信者の抱く同じ霊感によっている。罰とその原因とはたがいに結ばれており、両者はともに姿を消さねばならない。というのも、ふたつのものの消失の理由は同一であるからである。

神々の犯罪はただもともと存在しなかったというのではなく、たしかに途中で姿を消してしまったのだと、ほんとうに主張してもよいのであろうか。集合暴力の場合にはそうであることが証明できたが、この証明がただちに、あらゆる神的存在が元来犯罪をともなっているという推定にもあてはまるわけではない。はっきりとではないが認めてもよいのは、より原型に近い神話に登場した最初のバルデルは《犯罪者》であったにちがいないということである。すでに見てきたとおり、不在であるはずの集団的な殺害が実はおどろくべきことに存在していたということを断定するのに必要なことは、現在のバルデルの神話のうちにすべて揃っている。それゆえ現在にまで伝わっているかたちの神話では殺害が隠されているのだとわかったのである。だが、犯罪もまた集団による殺人と同様に不在ではあるが、まったく同じようなやり方で証明することはできない。迫害の常套形式がどれも現実に普遍的なものであることを証明するには、常套形式をふんでいない神話にとってすら、いやとりわけそうした神話にとってこそ、どの常套形式の存在もきわめて妥当であることをまず証明しなければならないであろう。

それでは犯罪という常套形式について証明を試みてみよう。いくつかの神話を検討してみると、神々の犯罪を過小評価しさらには削除しようとする傾向は、プラトンや他の哲学者たちがこの傾向を概念化するよりもかなり以前から、神話、ことにギリシア神話にたいして《働きかけている》ことがわかる。

表面的な比較をしただけでも、神の過ちという点で、罪を犯した神々と罪なき神々とのはっきりことなるふたつのカテゴリーに、神話を分類してしまうのは不可能であることがただちに判明する。両者のあいだには多数の中間段階があり、もっとも残虐な犯罪から、些細な過失や不手際、単なる失敗をへて、完全な無垢にいたるまで、ちょうど光のスペクトルのように連続した層をなしている。もっとも、些細な過失や失敗と言っても、大部分の場合それらはやはり、真に重大な犯罪と変りないほど破滅的な結果を招くのではあるけれども。

こうした一連の段階を静止した状態でとらえてはならないだろう。それらは進化するという性格をもつものであるにちがいない。このことを納得するには、明らかに神の過ちを過小評価しまた弁護しようとする同一の意志を共通分母として成り立っている点で特徴的なさまざまの主題の集合に注目するだけでことたりる。その過ちはどの神話においても、字面のうえでは同じように定義されているが、そこから受ける印象が、現代人の眼から見てもきわめてことなっているので、そうした犯罪がすべて根本的に同一であるとは思えないのである。すでに見てきたように、古典ギリシアのオリュンポスの神々はもはや犠牲者としては登場しない。だが彼らは、他の神話体系であればそれを犯した者が死刑にされても不当ではないような、常套的な犯罪を大部分犯している。彼らの行為は、しかし、美化され、大目に見られ、上品なものに変えられているので、現代にあってもなお、《民族学的》と称される神話が感じさせるのとはまったく似てもいない効果を生み出すのである。

　ゼウスが白鳥に変身してレダの愛人になったとしても、われわれは獣姦の罪ということには思いいたらない。パシパエが牡牛と交わってミノタウロスを産んだ場合でも、獣姦についてはほとんど考えず、あるいは考えたとしても、それを示唆した作家の悪趣味を非難する程度である。しかしながら、これらはドグリブ族の女‐犬の神話や仔豚を産んだビンツヴァンゲンのユダヤ人女性をめぐる中世の恐ろしい作り話となんら変るところがないのである。われわれは同じような話に出合っても、同じように反応するとはかぎらない。そこから迫害の結果に気づいたり予感したりすることもあるし、逆に予感すら抱かないこともある。神話の芸術的、詩的な取扱いとは、結局のところ、さまざまな方法でもって迫害の常套形式を調整すること、言いかえれば、テクスト生産の起源に存在している仕組み、すなわち身代りの山羊の仕組みを暴露しかねないものすべてを潤色したり、蔽い隠したりすることにほかならないのである。

　あらゆる禁欲思想の例にもれず、プラトンの禁欲思想も、犠牲の仕組みの解明、迫害表象の欺瞞の暴露を目標としながら失敗する。それでも詩人たちの道徳的放任主義や問題の本質を見失ってしまう現代の解釈者たちの審美主義に比べると、よほど偉大で深みがある。プラトンは、神々に常套的な犯罪を押しつけることだけではなく、そうした犯罪を詩的に取り扱って些細な過ちや単なる逸脱、重要でない過失などに改変してしまうことにもまた反対しているのである。

アリストテレスの《過誤 hamartia》という概念（一二）は、過ちを詩的に過小評価したものを指している。その意味するところは、古い神話のなかに登場する徹底的な邪悪というよりは、単なる落度、手ぬかりによる過失ということである。この語の仏訳 faille tragique（悲劇上の欠点）や英訳 tragic flaw といった表現も、ごく小さな欠点、完璧そのものの美徳のかたまりに生じた瑕瑾を思わせる。聖なるものの不吉な側面はやはり存在しているが、それは話が必ず悲惨な結末になるのを正当化するうえで論理的に欠かせないからであり、そのために必要な最小限度に切りつめられている。こうした状態は、邪悪と幸いとが均衡しあっている神話から大きく隔たっている。いわゆる《原始的な》神話の大半は、初期の邪悪と幸いとを均衡させた状態のままで今日にまで伝わっているのだが、かつての時代の民族学がそのような神話をまさに原始的と呼んだのは正しかったようだ。それらが他の神話と比べて、神話の基底にある身代りの山羊の効果、すなわちきわめて暴力的な邪悪の投射の成功をつうじて生じる効果と、より密接につながっているということを見抜いていたからである。

神を許そうとする意志がただちに神の過ちの完全な除去にまでいたらないのは——プラトンたちが公然と要求しているのも結局はこのことなのだが——昔から伝わるテクストにたいして並々ならぬ尊敬を要求する力がなかなか消滅せずに作用しているからである。その力とは、身代りの山羊の効果、原始宗教の儀礼的かつ供犠的な局面に固有の論理にほかならない。前述したように、神は厄災を体現している。神は善悪の彼岸ではなく此岸にこそ存在している。神は差異を体現するが、そのうちの道徳的な区別はまだ明確になってはいない。犠牲者は人間を超越してはいるが、しかし依然神の善良な力と悪魔の邪悪な力とに分裂せぬままにとどまっている。

原初の神話の混沌とした状態にはあらゆる方向から圧力が加わるので、そうした分裂は必ずおきるにちがいない。そしてこの分裂の段階になってはじめて、神話における善悪の均衡は、あるときは邪悪な面に有利なように、あるときは幸いをもたらす面に有利なように、また場合によっては同時に両方向へ、破綻するのである。このとき、それまで曖昧な性格を残していた未開の神は、まったく善良な英雄とまったく邪悪な怪物とに分裂してしまう。たとえばオイディプスとスフィンクス、聖ゲオルギウスと竜（一三）、アラワク族の水蛇とそれを殺す解放者（一四）、などである。怪物は身代りの山羊にまつわることがらのうちの唾棄すべき要素のすべて、すなわち危機、犯罪、犠牲者選択の基準という迫害の常套形式の最初の三つを継承する。英雄が体現するのはただ第四の常套形式、すなわち殺害、犠牲の決心のみであるが、こちらのほうは、怪物の悪が暴力を充分に正当化してくれるだけに、その分公然と解放者の性格をもつことができる。

こうした型の分裂が時代的には後になってから発生したことは明らかである。なぜなら、それはおとぎ話や伝説、つまりもはや固有の意味での信仰の対象にはなりえないほどに退化した神話の形態にまで及んでいるからである。さて議論をもとに戻そう。

神の犯罪をいきなり削除するということは行われない。検閲を不用意に実行すれば、当面の問題は解決しても、また別の問題が生じるであろう。神話の思考に忠実に生きる者たちはつねに今日の民族学者よりもいっそう鋭敏であって、自分たちの神に加えられる暴力は、その以前に神が犯した過ちによって正当化されているということを、きわめて明確に理解している。この正当化をむりやり削除してしまえば、たしかにもっとも聖なる人物は罪から免れるわけだが、しかし今度は彼に罰を加えるのが正当だと信じている共同体の側に罪があることになる。ところで処刑者の作る共同体には、文化を創始する犠牲者とほぼ同じほどの聖なる性質がある。なぜならこの共同体を母胎として、信者の共同体が生まれるからである。それゆえ、神話を道徳化しようとすれば二律背反に陥るのだ。この二律背反はいくつかの原始的な神話から容易に抽き出せるし、またいっそう進化したことが明白な段階のテクストのなかにも、それのもたらす結果をきわめて直接的に読み取ることができる。後者のなかには、神が有罪であるかもしれぬことを暗示する、非常に微妙な表現がふくまれている場合があり、これまではそれを理解することができなかったのだが、聖なるドラマの登場人物全員を同時に《無罪化》するために、さまざまな時代のさまざまな神話を忠実に信じる者たちが創案した多少とも巧みな解決策だと考えれば、その意味は一挙に明らかになる。

もっとも単純な解決策は、犠牲者の犯罪はそのままにしておいて、それが意図をもってなされるものではないと主張することである。犠牲者はたしかに非難されるようなことを行ったけれども、わざとしたのではないというわけだ。オイディプスは父親を殺し母親と交わったが、自分ではそうだとはまったく考えていなかった。つまり、これでもはや誰にも罪はなくなり、昔から伝わるテクストをほぼ完全に尊重しながら、どんな道徳的な要請も充たせるのである。進化の途上での多少とも危機的な段階、すなわち解釈の段階に達すると、神話はしばしば、オイディプス流の無実の罪人を、無邪気に罪を犯す共同体と併せ並べて見せびらかすことがある。

先に分析した北欧の神ホズルの場合も事情はほぼ同じであるのがわかる。非のうちどころのないバルデルを殺したホズルは、物理的にはこの殺人に責任があるとはいえ、オイディプスよりもさらにいっそう無実——そういうことがありうるとして——なのである。というのも、すでに見たとおり、いくつかの完璧な理由から、ホズルは自分の殺人行為を、兄に向けていながらも何ら不都合な結果ももたらさない無害な振舞い、楽しい戯れとしか考えていないからである。何がおきようとしているのか、彼にはまったく予期のしようがないのだ。

このようにして、完全に有罪である未開の神々にかわり、かぎられたかたちでしか有罪でない、あるいは何ら有罪ではない神々が登場してくる。だがこのような神の赦免はけっして普遍的なものではない。一般的に見て、どこかあるところで過失が排除されると、また別のところ、ふつうは周縁領域で、激しいかたちのものが再湧出する。これが、ロキやクロノスなど、神というよりも強い有罪性をおびて出現してくる一種の悪魔たちである。彼らは要するに二次的な身代りの山羊の役目を果たしていて、一見したところではその役目はもっぱらテクストの上だけのことのようだが、しかしそれでも、発展系列を徹底的に遡ってゆけば、必ず何らかの実在の犠牲者にまでいたるのである。神々の罪状を減らし、しかも暴力をふるう共同体に押しつけたり、またとりわけ身代りの山羊の仕組みという最高の秘密を暴露したりせずにすませる方法は他にもまだいくつかある。本質的に邪悪な行為ではないのだが、本人には知りえなかった特殊な状況のおかげで、集合暴力を正当化できるほど重大な結果が生じた場合、この行為をなした者も有罪とされて犠牲者になる。これは、実際には、先ほどの犯意のない犯罪の一つの変種にすぎない。

こうした二重の正当化の最高の形態は、犠牲者と処刑者の集団との関係を単純な誤解、メッセージ解釈の失敗と読みかえてしまうことである。

また、神々の犯罪は現実のままにしておきながらも、その原因としておそらくは自然の条件に由来する抵抗しがたい力を追加する神話もある。すなわち、神が何かを飲まされて酔ってしまったとか、毒虫に刺されたとかであり、この場合神は、意志の働きとは何ら関係ないままに、悪業へと引きずりこまれることになる。

エリアーデが『信仰と宗教思想の歴史』のなかで述べている蜜蜂に刺されたヒッタイトの神の話を以下

に要約してみよう。

物語の発端部分が失われているので、なぜテリピヌが《行方をくらます》ことにしたのかはわからない。〔……〕ともあれ彼の失踪はただちにはっきりとした結果を惹きおこす。炉端からは火が消え、神も人間も《打ちひしがれる》。牝羊は仔羊を、牝牛は仔牛を見捨てるようになった。《大麦も小麦ももはや実ることなく》、動物もひとも交合をやめた。牧草は枯れ、泉も干上がった〔……〕。とうとう母なる神が蜜蜂を送り出す。蜜蜂はしげみで眠る神を見つけて刺し、そこで彼は目をめます。テリピヌは怒り狂って、国中に大変な厄災をまきおこしたので、恐れた神々は呪術を用いて静めようとする。儀式と呪文とのおかげでテリピヌは激怒と《病い》から解放される。平静を取り戻した彼はついに神々のあいだへ帰ってゆく——そして規則正しい生活がふたたびはじまったのであった。(24)

迫害の常套形式のうちふたつのものの存在ははっきりしている。すなわち、危機とそれを惹きおこす神の過ちとである。蜜蜂が神を刺したことで、彼の責任は重大になると同時に軽減されてもいる。邪悪を幸いに逆転させるのは、直接の集合暴力ではなくて、儀礼のなかでそれに対応するものである。とはいえ、呪術行為は集合暴力と同じ意義を担っている。それはやはり、原初以来の身代りの山羊の効果の再現を目指しており、そのうえにまた、集合的な性格をもってもいる。テリピヌの破壊的な活動に恐れをなし、これを終らせるために彼に対抗するのは、テリピヌ以外のいいいいの神々全員である。ただ、彼らの介入にともなう暴力はあらわにはなっていない。テリピヌは人間にとって真の敵ではないが、神々も同様に、テリピヌに敵対してはいない。共同体に混乱が生じ、その原因は神によるものである。だが、テリピヌと人間との関係にも、神々とテリピヌの関係にも、どこにも明確な悪意は見あたらないのである。

神々の過ちを縮小するさまざまなかたちのなかには、北米のトリックスターやほぼ全世界に広まっている《欺く》神の活動もふくめておかなくてはならない。他の神々と同様これらの神々も身代りの山羊である。彼らがよいことを行うとすれば、それはいずれも、結局は犠牲者のおかげであらためて成立した社会契約のことにほかならない。そうした善行の前には必ず、疑う余地のない、罰を受けるのが当然であるような悪いことがなされている。彼らの行為は、したがって、有害であるがゆえに利益をもたらす神、混乱を生むがゆえに秩序を作り出す神という、世界中の神話に共通して見られる、逆説的な性格をともなっている。なかなか傷つかない神話‐迫害表象にも、その中心をなす神々の意図がついには問題となるときが必ずやってくる。なぜ神は最後には助け保護してやろうと望んでいる人びとを困難な立場に追いやるのか。したがってまた、なぜ自分自身の立場を困難なものにするのか。そこで、悪であるとは知らないので悪事をはたらく神々や、不可抗力につき動かされて悪事をなす神々に加えて、楽しみのために悪事を行う神、悪ふざけする神という第三の解答が必ず考えだされてくる。彼の行いはいつも結果としては何かの役に立つのだが、いたずらを好み、それを繰り返してばかりいるのである。彼がまず自己の存在をひとに知ってもらうのはいたずらをとおしてである。彼の冗談はあまりにも極端なところまで進んでしまうので、その結果はもはやひとの手にはおえなくなる。火遊びから世界中を火事にし、小便でもって大地全体を水びたしにする魔法使いの弟子のようなものだ。こうして人間が干渉して変更させることすべて（二五）が正当化され、またこうした行動のおかげで、彼はいつも幸いをもたらす者へと変貌をとげることになる。

　トリックスターは、その任務の遂行について、あるときにはきわめて抜け目ない人物として、また別のときには逆にきわめて間抜けで無器用な人物として受け取られている。そのため、意図したものかそうでないかは別として、さまざまな事故が発生し、その結果所期の目標の達成は困難になるが、同時にまた、無器用なトリックスターにたいして、共同体全体の正常な維持に必要な人間の結束が生まれてくるので、結果としては目標の達成を保証することにもなる。

身代りの山羊の聖化からは重要な神学の主題がふたつ生じるが、そのうちのひとつである神の気まぐれという主題を体系化したのがトリックスターであると理解しなければならない。もうひとつの主題とは神の怒りであり、こちらは、迫害表象にとらわれた人びとが解決せざるを得ない問題、すなわち彼らにとっては本当の罪人と見える人物が現に共同体の和解をもたらしたということから出てくる問題へのもうひとつ別の解決になる。罪人が罪人らしく見えなければ、また犠牲の仕組みから恩恵を受ける者が、身代りの山羊による因果関係の説明に疑念を抱くなどということがありうるとすれば、和解も神もあったものではないであろう。

こうした見地からすれば、神はいつも本質的には善良なのであるが、一時的に邪悪な神に変貌するのだ。神が信者たちを打ちのめすのは、彼らを正道に連れ戻すため、神がただちに幸いをもたらす存在としてあらわれるのを妨げている信者の側の欠陥を正すためなのである。愛するゆえの懲罰なのだ。このような解決策は前のものほど楽しくはないけれども、唯一自分たちの身代りの山羊のみが暴力を体現しているのではないという、きわめて稀な考え方を人間たちにもたらす点で、より深遠な解決策になる。共同体は厄災の責任を神とともに分かちあう。自らの被る無秩序の罪を負うようになるのだ。神の怒りという神学の主題は真理に接近してはいるが、まだ迫害表象の内側にとどまっている。身代りの山羊の仕組みを分析しなければ、また神話表象をそれ自体のなかに封じこめている結び目を切断しなければ、迫害表象から逃れることはできないであろう。

神の過ちの問題に結着をつけ、しかも先に手短かに述べてきたいくつかの解決策を硬直した分類にはめこんではいけないことを示すために、地球上のたがいに遠く隔たった地域に見出され、なおかつ先ほどの解決策が選択しなければならなかったいくつもの利点をきわめて巧みに組み合わせているような神話について論じてみたい。

カドモスはテーバイの神話的世界全体の祖であるが、竜を殺したあと、この怪物の歯を大地に播くと、そこから武装した戦士たちが出現してくる。このひとつの脅威から別の脅威が生じたということは、人間の共同体のただなかに迫害を発生させる危機と、すべての竜や架空の動物たちとのあいだの関係をあざやかに示してくれている。戦士たちを片づけるためにカドモスの用いた術策はきわめて簡単なものであった。こっそり小石を拾って、戦士の群れの真中に投げただけである。戦士たちは誰も傷つかない。ただ、石の落ちた音を聞いて、どの戦士も他の戦士から戦いを挑まれたと思いこみ、次の瞬間には、ひとり残らず格闘しあって、ほとんど最後のひとりになるまで殺しあう。

カドモスはここで一種のトリックスターとして登場している。社会の危機、すなわち人間の集団を絶滅させるまで猛威をふるった混乱を惹きおこしたのは、ある意味ではカドモスである。小石を投げたことそれ自体はさほどの罪ではない。誰もそれで傷ついたわけではないからだ。事態が真に悪化するのは、戦士たちの間抜けな荒あらしい性格と相手かまわず争う盲目的な性向のせいにほかならない。悪しき互酬性は、参与した者がそれを見抜いていないだけに、そのぶんいっそう急速に闘争を助長し悪化させる。

この神話で驚くべきは、だんだんと差異を失ってゆく、したがってつねに加速がかかってゆく互酬性が危機に瀕した社会にとり憑く過程——これについてはすでに述べたとおりである——を解明し、それを通じて身代りの山羊の存在理由とその有効性の理由とを暗黙のうちにあばき出しているという点である。悪しき互酬性は、いったん真に開始されてしまうと、その少し前までは現実でなかったあらゆる不満が次の瞬間には現実のものとなるという事実からして、ただ悪化の道をたどってゆくしかない。ほぼ半数の戦士はつねに、復讐を果たしたのだから正義はあらためて確立されたと考える。だがその一方で、残りの半数の者が、一時的に満足している先の半数にたいして決定的な復讐の一撃を加えることで、その同じ正義を回復しようと努めているのである。

この悪しき互酬性は、全員が一致してその存在を認識しなければ、その動きを止めることができない仕掛けになっている。だが、集団内の諸関係は彼らの不幸をただ助長するだけでなく、それを生み出すもとにもなっているということを理解するよう彼らに要求するのは、彼らにたいしてあまりにも多くを要求しすぎることだ。共同体は些細な理由によっても、また逆に強制的かつ圧倒的な理由によっても、良好な互酬性から悪しき互酬性へと移ってゆくが、いずれにしても生じる結果は同じである。共同体の全員が、ごくわずかのちがいがあるとはいえ、まったく同等に責任を負っているのだが、誰もそのことを知りたがらないのだ。もし、どうしても自分たちの悪しき互酬性を自覚しなければならなくなったとしても、やはりそれをもたらした者、原因となる者が実在し、これに罰を加えるべきであると考えたがるのだ。その者の役割を小さく見ることにはおそらく承知できるだろうが、エヴァンズ＝プリッチャードの言う、人間が干渉して変更させることができる第一原因、社会的関係という面において妥当な原因をあいかわらず要求することだろう。

なぜ、またどのようにして身代りの山羊の仕組みがときとしてその悪しき互酬性の過程を中断するのかは、容易に理解できる。盲目的な報復の本能、すなわち誰しもが自分のもっとも近くにいる、あるいはもっとも目立つ敵にむかって攻撃するような愚かな互酬性は、何ら真に確実なものにもとづいてはいない。ほとんどときをかまわずに、といってももっとも熱狂的になった瞬間がいちばんいいわけだが、相手が誰であるかほとんどかまわずに全員が集中的に襲いかかれるのである。最初はまったくの偶然によるか、何らかの犠牲者のしるしによって正当化されるかして、集中的な攻撃がはじまりさえすれば充分なのだ。ある潜在的な標的が他のものよりもわずかばかり多くひとの注意を惹けば、それだけで、全員は反論の余地のないほどの確信にむかって、共同体に和解をもたらす至福の全員一致の状態にむかって、一挙に傾いてゆく……。

　この場合暴力を惹きおこすのは、暴力には別の原因があるという普遍的な信念にほかならないので、この普遍的な信念が実在の他者すなわち身代りの山羊として具現し、彼が共同体全体にとっての他者となれば、人間が干渉して変更させることは効果的に見えるだけではなくなり、生きのびた者たちすべての報復意志をすっかり根絶してしまうことをとおして、実際にも効果を発揮するのである。ただ身代りの山羊のみが復讐を望むかもしれないが、しかし明らかに、彼はそうする立場におかれてはいない。

　言いかえれば、カドモスの神話において殺しあいが停止するには、戦士たちがカドモスの演じた挑発者という役割を発見し、彼を犠牲にすることで和解しあえばよいのだ。挑発者が実在したかどうかはさほどの問題ではない。それが実在し、またそれ以外に原因はないと、みなが納得すれば充分なのである。小石が落ち、別の小石のうえでころがる音がしただけなのだから、どうして捕えたのが真の罪人であると確信できようか。惹きおこした者の側に悪意がない、またほんとうは誰が惹きおこしたのでもないような、こうした出来事は、どんなときにも発生するものである。ここで重要なのは、身代りの山羊には混乱の種をまくとともに秩序を回復させる意志と能力があるという、身代りの山羊に喚起された多少とも熱烈で普遍的な信仰のみである。もし現実に何がおきたのかわからなければ、いやこう言ったほうがよいかもしれないが、もし充分に説得的な身代りの山羊を発見できなければ、戦士たちは戦いを止めず、したがって危機は最終的な破滅にいたるまでつづくのだ。

生きのびた戦士たちは、カドモスの神話から出現する共同体をあらわしている。死んだ戦士たちは、カドモス自身とはことなり、無秩序しかあらわしていない。カドモスは、神話にとって無秩序の力である――竜の歯をまきちらしたのは彼であるから――と同時に、秩序を形成する力でもある――まずはじめに竜を、次に無数の戦士たち、すなわち再生した竜 *draco redivivus*、先の怪物の残余から新たに出てきた千の頭をもつ怪物を打ち倒して、人類を解放するのも彼だからである。カドモスは、したがって、いつも無秩序を惹きおこすけれども、それは《ただ》無秩序に終止符を打つためのみであるような神々のひとりである。したがってまた、彼は神話のなかで、また神話にとっても、はっきりとした身代りの山羊としてはあらわれない。暗黙の身代りの山羊、神話それ自体の聖化された身代りの山羊、テーバイ人たちの神なのである。結局のところ、この神話はただただ巧妙であると言うしかない。それは自身が産出される過程の秘密を徹底的に暴露しようとはしないし、またできもしないのであり、やはり身代りの山羊の仕組みを基盤として成り立つ神話なのである。

《小さな原因、大きな効果》という型の神話、あるいはこう言うほうがよいのなら、《小さな身代りの山羊、大きな危機》型の神話は、世界中のいたるところで見うけられるものである。またその形式は、細部について見るときわめて異様である場合が多いので、影響とか伝播といった考えでもってそのことを簡単に説明してしまうわけにはいかない。カドモス神話のインド版であれば、印欧語系の《影響》ということでまだ通用するかもしれないが、レヴィ＝ストロースの『神話研究』のなかのどこかに登場していた南アメリカ版の同様の神話となると、問題はもっと微妙である。人間の姿をした鸚鵡が、樹のなかにいて姿は見えないが、嘴から玉を落として、足許に紛争の種をばらまく。こうした神話にはどれも、もっぱら論理的で差異化する意味作用しかなく、人間の暴力とは何ら関係ない、しかも絶対に関係ない、とレヴィ＝ストロースのように主張するのはむずかしいことである。

＊＊＊

古くからの神話をあらためて取りあげるテクストはいずれも、集団による迫害を消し去ってはいない。もっとも、教典の註釈者や大作家、またとくに歴史家や悲劇作家のうちには重要な例外的存在もある。そうした註釈を読むさいには、これまで行ってきた分析を念頭においておく必要がある。私の考えでは、この分析は、ロムルスにまつわる言いつたえ、およびそれに類似した、何人もの都市や宗教の創始者をめぐる《言いつたえ》のどれにも、新たな光をあててくれるものである。フロイトはそうした言いつたえをまともに受けとめた近代人のなかでは唯一重要な著述家である。『モーセと一神教』において、フロイトは、モーセもまた集団の手で殺害された犠牲者であったかもしれぬとする、ユダヤ教の伝統の周縁に散在する《言いつたえ》を利用したが、だが残念なことに、そこでの目的はあまりにも論争的なものであった。奇妙にも『トーテムとタブー』の著者にはある種の能力が欠如しており、これはおそらくユダヤ教にたいする彼の批判があまりにも片よっていることから説明できるだろうが、彼はモーセをめぐる《言いつたえ》と他の立法者や宗教の創始者を対象とした同様の言いつたえとのあいだの顕著な一致に注目して、しかるべく議論を進めようとはけっしてしないのである。たとえばいくつかの資料によると、ゾロアスターは暴力的な供犠、文化を創出する殺人に特有の集合的で全員一致的な性格を依然として保持している暴力を実践している宗教結社と戦っていたが、その種の結社のうちのひとつに属する狼に変装した人びとの手で暗殺された。公式の伝記の周縁には、集団による殺害にかかわる多少とも《秘教的な》伝承が存在する場合がしばしばある。

近代の歴史家はそうした物語をまともには受けとらないが、あまり彼らを非難することはできない。彼らにはそうした物語を自分たちの分析に組みこむ手段の持ちあわせがないからである。それを《われわれの作者》と彼らが呼ぶような誰かただひとりの作家の枠組で検討し、したがって自分たちの資料にふくまれる皮肉なあるいは慎重な観点を受け容れて、真偽の不確かな流伝、《まゆつばものの話》としか見なさない。あるいはまた逆に、神話、いやこう言ったほうがよければ、世界史の枠組で考察する――彼らはそのいずれかの方法を選択することができる。後者を選んだ場合、今度は同じ主題が、世界的と言えるほどにはいたらないまでも、説明なしにはすまないほど頻繁に登場してくることを認めねばならなくなる。その主題はいつも神話の述べるところとは逆のものであるから、ただたんに神話的と呼んでしまうわけにはいかない。歴史家たちはついに、自分たちの問題を正面から見すえ、またそこに問題が存在しているということを認識しなければならないところにまで追いつめられるのだろうか。期待しすぎてはいけない。真実から逃れようとするのであれば、方策はいくらでもあるのだ。ここでは、至高の武器、まぎれもない死の光線に頼ることで、意味の拒否が行われる。厄介な主題はただ修辞上のことにすぎないとされるのである。ありもしなかった集団による殺害を強調したり、それが欠如していることを繰返し疑ってみたりするのは、すべてもっぱら装飾的な配慮によるものだと決めつけられてしまう。そんな問題に拘泥したままでいるのは馬鹿正直だというわけである。あらゆる言いのがれのうちでこれほど沈みにくい救命板になってくれるものもない。それは長いあいだ姿を隠していたのだが、現代になってふたたび浮上してきた。今日の嵐のような黙示録的な状況が何とかそれを沈めようとしても無駄である。メデューズ号の筏〔二六〕よりも多くの人間を載せていながら、それでも転覆しないのだ。これを転覆させるにはどうすればよいのだろうか。

つまるところ、集団による殺害をわずかなりとも重要視する者はまったくひとりもいない。そこでティトゥス＝リウィウスを取りあげてみることにしよう。ティトゥス＝リウィウス本人は、彼を人質にしてはなさない大学の研究者たちよりもずっと興味深い。この歴史家は、どのようにしてロムルスが大嵐のさなかに、「きわめて厚い雲に包まれ、会衆の眼から消えてしまった」かを語ってくれる。「そののち、彼は二度と地上にはあらわれなかった。」意気消沈して黙した一瞬がすぎると、「若いローマ人たちはロムルスを新しい神として迎え、叫び声をあげる。」しかし、

そのときから、王は元老たちの手で八つ裂きにされたのだと、小声でながら主張する懐疑的な人物が何人かいた。事実、謎めかしてではあるが、そういうことが言いはやされもした。英雄の威光と当時頻出したさまざまの危険な出来事とのせいで、ロムルスの死をめぐる別の解釈も民衆のあいだに広まっていた。(25)

ロムルスの死についての異説を数多く報告しているのはプルタルコスである。そのうち三つは集団による殺害の変型した話だ。ロムルスは寝床で敵に絞殺されたとも、ウルカヌスの神殿で元老院議員たちによってずたずたに切り刻まれたのだともいう。また、事件はティトゥス＝リウィウスも語っている嵐のさなかに、山羊の沼でおきたともいう。嵐のために「民衆は散り散りになって逃げた」が、元老院議員たちはたがいに身を寄せあって一団となった。ティトゥス＝リウィウスにおけるのと同じく、新しい神の信仰を確立するのは元老院議員たち、言いかえれば殺害者たちである。というのも、彼らはロムルスにたいしてたがいに身を寄せあって一団となっているからである。

多くのものはこれを納得して喜び、よい希望をもって礼拝してから立ち去ったという。しかし中には、この事件を辛辣に悪意をもって調べあげて、パトリキイを困惑させ、自分たちが王の下手人であるのに、民衆には馬鹿げたことを信じさせると非難するものもあったという。[26]

もしそうしたものがあるとすればだが、この伝説は反－伝説である。それは欺瞞をあばこうとする明白な意図、究極的にはフロイトの意図に類似した意図から発している。伝説として通用するのは、公式的な解釈である。それが流布すれば、権力は自らの権威が強固になるという利益を得る。ロムルスの死には、『バッコスの信女たち』のなかのペンテウスの死に似たところがある。すなわち、

ある人びとは、〔……〕元老院議員たちが彼に反乱をおこして殺し、その体を刻んで各片を衣服のひだに隠して運び出したのではないかと推測した。

このロムルスの最後は、ディオニュソス的な八つ裂き *diasparagmos* を思い出させる。犠牲者というのは多数の人びとの手で引き裂かれて死ぬものなのである。したがって神話と宗教とが呼応しあっていることは疑いえないのだが、殺人の熱狂にとらわれた群衆は、自発的に何度も繰返し八つ裂きを行う。宗教戦争のころの民衆暴動の話にも、プルタルコスの述べているのによく似た例が数多く見られる。暴徒たちはあい争って、犠牲者の死骸の片はしまで手に入れようとする。それは彼らにとって、正真正銘の取引きの対象となり、法外な値がつくかもしれない貴重な聖遺物なのである。無数の実例が、集合暴力とある種の聖化の過程とのあいだに密接な関連のあることを示唆している。しかもこの聖化がいちおう成立するため

には、犠牲者は必ずしもかつて権勢をふるい高名であった人物でなくてもよいのである。犠牲者の死骸から聖遺物への変貌は、現代世界の人種差別に由来するいくつかの形式の私刑についても同じように生じていることが確認されている。

要するに、犠牲者を聖化しているのは殺害者たち自身なのである。そしてまさしくこのことをこそ、ロムルスをめぐる《言いつたえ》はわれわれに告げているのだ。その告げ方はとりわけ近代的である。というのも、この言いつたえはロムルスの殺害事件のうちに、一種の政治的陰謀、すなわちけっして正気を失わず、自分たちの望むものが何であるのかを終始知っていた人びとの手でそっくり捏造された物語を見てとっているからである。このテクストには平民の側の視点が反映している。貴族階層にたいする闘争のために、ロムルスの神格化は民衆に向けられた一種の陰謀、元老院の宣伝道具にまで還元されてしまっている。聖化の作用が実際には下劣な事件を美化するという考え方はきわめて重要である。だが、熟慮を重ねた偽装という主張は、そうした主張にこそいくつかの傾向があらわれている現代人の精神にはいかに魅力的であったとしても、しかし聖なるものの生成過程において群衆と過度の集合的模倣との現象が果たす本質的な役割に気づいている観察者を完全に満足させるわけではない。

神話の形成の過程が、その全段階をつうじて自己意識を喪失することのない捏造の過程であるとして、プルタルコスやティトゥス＝リウィウスが報告している言いつたえを字面どおりに受け取ってしまうならば、われわれは近代合理主義的な宗教観の犯した過ちに再度落ちこむであろう。これらの言いつたえでもっとも興味深いのは、神話の生成と鎖から解き放たれた群衆とのあいだの関連性を示唆している点なのである。学識豊かな十九世紀の人びとも、この関連性をそれほどはっきりと示唆したことは一度としてなかった。十九世紀においては、そうした言いつたえのうちの真実でない部分が取りあげられたにすぎない。

十九世紀の科学からすれば、宗教は強者が弱者にたいして企てた陰謀にまで還元してしまえるのである。

集合暴力のあらゆる痕跡にあますことなく注目し、それらをたがいに比較してゆかねばならない。これまでの分析が切り開いてくれた視野のなかで見るならば、そうした言いつたえは伝統的な実証主義、すなわち《真》と《偽》、また歴史と神話という大雑把な二者択一の論理を越えた次元を獲得している。ここで問題になっている言いつたえは、二者択一の論理の枠組のなかのどこにもあてはめられない。これを取り扱える能力をもつ者はひとりもいない。歴史家はそれを考慮することができない。この言いつたえは歴史家自身がローマの起源について語りうるどんなことがらよりもなおいっそう疑わしいからである。ティトゥス＝リウィウス自身そのことは認めている。神話学者もまた、神話的であるよりは反神話的たらんとするものについて関心を抱くことができない。言いつたえは組織立った知の間隙に落ちこむ。集合暴力の痕跡にはいつもそうしたことがおきるのだ。文化が次第に進展するにつれて、その痕跡は必ず追いはらわれるかさもなくば消し去られてしまう。この点では、文献学と近代批評とが後期の神話的思考の作業を完成するのである。それこそひとが知と呼んでいるものなのだ。

集団による殺害を覆い隠す力は、過去におけるのと同じほど陰険かつ強力にわれわれのあいだでも作用している。このことを明らかにするために、もう一度ロムルスとレムスの神話全体を取りあげてみよう。この神話を検討すると、あえて言えば今日でもなおわれわれのあいだで完璧に作動している隠蔽の過程を捕捉することが可能になるのである。この神話を手がかりとすることによって、集合暴力の痕跡の隠蔽はわれわれ現代人の手を介して、しかも必ずわれわれの気づかぬうちに、われわれ自身がティトゥス＝リウィウスのテクストにたいして行っているようなことをつうじて遂行されているということが理解できるのである。

本書の大部分の読者は、ロムルスの死の異端的な解釈が、ここで問題にしている神話全体のなかで唯一の集団による殺害の表現であると確信しておられることだろう。もっとも、この神話にはもうひとつ暴力による死がふくまれていることを知らぬ者はいない。ただ、それはいつも殺人として呈示されてはいるものの、しかし個人による殺人だと思われている。言うまでもなくレムスの死のことである。レムスを殺したのはロムルスただひとりである。どんな教養あるひとに訊ねてみても、彼らは異口同音に、たしかにそのとおりだと答えるであろう。ロムルスは怒りのあまりに弟を殺す。なぜならば、この弟はロムルスが引きおえたばかりのローマの町の象徴的な境界線をあざ笑い、一気にとび越したからである。

このようなレムス殺害の解釈はたしかにティトゥス＝リウィウスのなかにもあらわれているけれども、それは唯一のものでも最初のものでもない。最初の解釈では殺害は集団によってなされたことになっている。後の解釈とはことなり、最初のそれはまだ集団による殺害の表象を削除していない神話の古典的な例となっている。最初の解釈は占いの言い争いと結びついている。鳥を飛ばせて占ってみても、ロムルスとレムスの敵対する双子のいずれに分があるかを決定するにはいたらない。この話はよく知られている。後のほうの神話解釈、すなわち神話に結末をつける解釈と容易につながるので、隠蔽されはしないのである。しかもこの解釈は集団による殺害を削除する解釈であるために、われわれはみなそれとは気づかずにこちらの解釈を選択してしまうのである。ティトゥス＝リウィウスは、いかにして兄弟が「自分たちの捨てられ、養育された」まさにその地に新しい町を建てる計画を思いついたかを物語ったのち、次のように付け加えている。

こうした企てにはほどなく統治への渇望という父祖伝来の情熱が混じりこんできたが、その情熱のおかげで、本来なら穏やかなものであるはずの事業からいまわしい抗争が生じた。この双子の兄弟は、年齢の差によってすらどちらかを選ぶということができなかったので、新しい町に自らの名をつけ、それを創始するとともに統治する者を占いによって指名する役目は、その土地の守護神の手に委ねられた……。

先に占いを得たのはレムスであったと言われている。六羽の禿鷹であった。彼がそのことを合図して示すと、倍の数の禿鷹がロムルスの許に姿をあらわした。ふたりともそれぞれ自分の仲間から王として宣せられた。王権を自分たちの側へ引き寄せんがために、一方は鳥が先に来たことに、他方はその数に意味があると言いはった。人びとは言い争い、取っ組みあいをはじめる。怒りが嵩じて殺しあいになった。このときレムスは乱闘のなかで打たれて死んだのであった。[27]〔傍点はジラール〕

双子の兄弟のあいだでは、すべてがつねに同等である。ふたりは競合し、競争し、敵対しあうがゆえに対立するのである。対立とは差異ではなく、差異の不在のことである。だからこそ、差異化した二項対立にもとづく構造主義には、《言語のように構造化した》精神分析と同様、敵対する双子の問題が[一七]理解しえないのだ。ティトゥス＝リウィウスは、ギリシア悲劇でエテオクレスとポリュネイケスの双子の兄弟のことが語られる場合とまったく同じこと、すなわち、双子の主題は差異が消失しているゆえに決着のつかない対立という主題と同一のものだということを理解していた。双子の主題には絶対的な区分の不在という意味がこめられている。「この双子の兄弟は、年齢の差によってすらどちらかを選ぶということができなかったので」、人びとはその選択を神々にまかせるが、神々自身も見かけだけの決定、ふたりの言い争いを助長し、いっそう激しく燃えたたせるばかりの、それ自体では決定不能の決定しかくださない。ふたりの兄弟はどちらも、たとえそれがローマの町といったまだ存在しない対象の場合でも、相手が欲望を抱くものに欲望を抱く。敵対関係はもっぱら模倣によって成り立っており、しかもそれは犠牲へといたる危機、あい争う同一の欲望に関与した者全員を画一化する危機にほかならない。ふたりの兄弟だけではなく、ひとは誰でも同一の欲望にとらわれて争いあうようになると、自分自身のうちの暴力と対をなす双子的な存在に変ってしまうのである。

先ほど引用した、ビュデ叢書版のティトゥス＝リウィウスの翻訳は、まったく不正確というわけではないが、どこか逃げ腰で不徹底なところがある。この訳文では、本質的なものが見えなくなっているのだ。レムス殺害のもつ集合的な性格は、ティトゥス＝リウィウスのラテン語ではきわめて鮮やかにあらわれているのに、フランス語版ではほとんど感じとれなくなっている。それは、*in turba* というラテン語であり、フランス語では群衆のなかで *dans la foule* という意味だが、《乱闘のさなかに dans la bagarre》と訳されているのである。

ラテン語の原文 *ibi in turba ictus Remus cecidit* を示して、先に引用した翻訳においては殺害の集合的な性格がいかに和らげられ、また矮小化されているかを指摘してくれたのはミシェル・セールである。今問題にしている文脈では、乱闘という語は乱闘に加わった者が多数であることを示唆している、と言うひともたぶんいるのである。それは正しい。しかし、*turba* というラテン語にはほとんど専門的と言ってもよい意味がある。それは混乱し *troublé*、動揺し *perturbé*、また動揺させる *perturbateur* 状態にある群衆である。ティトゥス＝リウィウスの第一巻のなかの数多くの集団による殺害の物語において、もっとも頻繁に繰り返されるのがこの語である。ティトゥス＝リウィウスの翻訳にはいつもこの語に文字通り対応する言葉が必要不可欠であり、これを欠いた翻訳は必ず、バルドル神話やクレス神話などのテクストから集団による殺害が姿を消してしまったのによく似た、鮮やかさでは劣るけれども効果の点では変ることのない何物かになってしまう。ことほどさように、この語は重要なのである。すなわち、文化が発展するそのどんな段階においても、われわれはたえず同じ型の現象、文化の基底にある殺人の隠蔽という現象に出会うということだ。その隠蔽の過程は今日にあっても、種々雑多なイデオロギー――たとえば古典的な人道主義や、また《西欧的自民族中心主義》にたいする闘いを媒介にして続行しているのである。

私は《うわごとを口走っている》のだ、と言うひとがいるにちがいない。だが、うわごとなどではまったくない証拠に、先ほどから言及してきた神話の受けとめ方、すなわちロムルスとレムスの場合のような神話には集団による殺害の表現は見あたらないとする幻想がほとんど普遍的に広まっていることを挙げておいてもよい。実際には表現はひとつ存在しており、しかも神話のなかできわめて中心的な位置を占めているのだが、一種の窒息ないし絞殺の過程をとおして、次第に消滅しつつあるのだ。この絞殺の過程は、プルタルコスが集団による殺害事件のうちのひとつとして描いている、ローマの貴族たちがロムルスそのひとに暴力を加えたことと、知的にはちょうど同じことなのであるが。ミシェル・セールも指摘しているとおり、集団による殺害は他にも少なからずあって、テクストの周縁部分を漂っている。しかし、それらはたえず遠くへ押しやられており、最後には、いや実はもはやほとんどそうなっているのだが、完全に追い出されてしまうであろう。そうした問題に一度でも言及すれば、《真の学者たち》は眉をひそめ、さらに二度も言及しようものなら、いわゆる《まじめな》研究者、今や宗教現象というものはおそらく存在しないと述べる人びとの仲間から自動的に追放される。不純な興奮と宣伝効果を執拗に求める知的な山師のようなものだと見なされてしまうだろう。せいぜいのところ、集団による殺害などという神話研究における興味本位のつくりごとを悪用する厚顔無恥の者としか考えられはしないのである。

もう一度確認しておくと、私の眼から見てティトゥス＝リウィウスが重要に思えるのは、そこに登場するロムルスの死をめぐるさまざまな集合的で秩序破壊的な解釈、またとりわけレムスの殺害について真相を語っているために隠蔽されてきた話、つまりたえず忘却され、さもなくば多少とも変造の手の加わった話から、一連の集団による殺害の表象をもつ神話群につけ加えるべき、さらにもうひとつの神話を抽き出してくることができるからなのではない。かりにどんな神話にも元来は殺害表象がそなわっていたことが証明できたとしても、そうした証明は二次的にしか重要でない。それよりもはるかに重要なのは、集団による殺害の表象が神話から消し去られてゆく過程のほうである。というのも、これは偶然として片づけられないほど、どの神話にもつねに見うけられるからである。結局のところ、神話の急所が何であるかを理解しようとはしない頑迷な現代人にたいして、間接的ではあるが重みのある反証を加えているのは神話そのものなのである。

ティトゥス＝リウィウスは、基本的な神話のドラマとでも呼べるものを厳密なやり方でもって取り出してくれる。すなわち、双子にふくまれる（無）‐意味、彼らのあいだの模倣にもとづく敵対関係、これに由来し犠牲を必要とする危機、殺害——集団的な——によるその解決、がそれである。こうしたことがらはすべて、あらゆる偉大な古代の作家や彼らにならった古典主義時代のすぐれた作家のうちにも見出される。両者のあいだの一致、たとえばティトゥス＝リウィウスとコルネイユとの、またエウリピデスとラシーヌとの一致を認識することは、古文書学校風の近視眼的な過去二、三世紀のあいだに検閲を受け削除されてきたひとつの明白な事実を認識することではあっても、諸々のすぐれたテクストを現代様式の新しい《批評のミキサー》にかけることにはならないのである。

ティトゥス＝リウィウスにおいて賞讃しかつならわねばならない、いやならう以上のことをしなければならないのは、右に述べたことがらすべてに加えて、彼がレムスの殺害をめぐるふたつの解釈、すなわち集団による殺害と個人による殺害とを、通時的な進化に必然的な順序で呈示したという点である。依然として共時論的な思考にのみしがみついている現代の諸学派とはことなり、この古代ローマの歴史家のほうは、神話が念入りに仕上げられてゆく時間というものが存在することを理解している。しかもこの時間はたえず同一の方向へ流れ、たえず同一の目標をめざしている。もっとも、無数の手助けやほぼ万場一致に近い賛意を得るにもかかわらず、そこへ到達することはけっしてないであろう。その目標とは、集団による殺害の消去である。集団による殺害が欠けたかたちの神話は、それをそなえたものと比較して、後で生じるものと考えることができる。それが先にバルデルの神話やクレスの神話をめぐって私自身明らかにしようとしてきたことである。神話の変貌は一方通行なのであり、集合暴力の痕跡を消し去るという方向で実現する。

ローマにはまさに黙示録的とも言うべき伝統がつねに存在したことを指摘しておくのは興味深い。それはこの都市国家の起源が暴力にあり、またその破滅も暴力によるであろうことを予言していた。ミルチャ・エリアーデは『信仰と宗教思想の歴史』のなかで、ロムルスとレムスの神話がローマ人の意識にどのように反響したかについて、次のように述べている。

この血ぬられた犠牲、ローマの神々に捧げられた最初の犠牲をめぐって、民衆はいつまでも恐怖にみちた思い出を抱くであろう。建国から七百年以上ののちになっても、ホラティウスは依然として、この事件を一種の原初の過ちだと見なし、その結果子孫はたがいに殺しあい、必ずや国家は破滅すると考えるであろう。その歴史のなかで危機に瀕するたびに、ローマは自らに呪いが重くのしかかっているのを感じて不安に陥る。その誕生のさい、ローマは人間たちと仲が悪かったが、神々とのあいだについても同じであった。こうした宗教的な不安がローマの運命のうえに重くのしかかるであろう。[28]

この伝統が興味深いのは、それによれば集団全体が集団の基礎となった殺害に責任を負うことになるからである。それは必然的に殺害が集団によるものであったという解釈のうえに成り立っている。はるか後代にまで及んだ集団による殺害の反響をめぐってどこか呪術的な観念を生み出すことがあるとしても、この伝統は、表現の様式とは別個のひとつの真理、すなわちあらゆる共同体は原則としてきわめて破壊的な暴力を出発点として創始され、また秩序づけられざるをえないという真理をそれなりに伝えているのである。共同体の出発点となった暴力はどこまでも破壊的なままで存続するはずであったが、そうはならなかった。ところがローマの人びとは、どのような奇跡のおかげで集団は暴力を延期しえたのか、またどのような猶予を神から与えられたために、この暴力がしばらくのあいだ建設的で人びとを和解させる力をもつにいたったのか知らなかったのである。

第8章　神話の科学

これからは、宗教の形態、思想、それに制度など全般にわたって、集団への影響という点では格別に《成功した》暴力が歪んだかたちで反映していることを認めなくてはならないであろう。とりわけ神話は、暴力の記憶として考える必要がある。暴力が共同体の創始に成功したので、これを実行した者たちもそのことを表現しないではすまされなかったのだ。暴力の記憶は世代から世代へと伝えられる途中で必然的に変化するが、しかし最初に受けた歪みの秘密を再発見することはけっしてない。それどころか見失い、いっそう深く埋もれさせてゆくばかりである。宗教と文化とは、その創始と存続のために暴力を隠蔽する。こうした制度の秘密を発見すること、それは人間の科学全体にかかわる最大の謎、すなわち宗教の起源と本質をめぐる謎にたいして、科学的と言うべき解決をもたらすことである。

その解決が科学的であると述べることによって、私は、厳密な意味での科学は人間を扱う領域においては成立しえないとする、現に広まっている独断にたいして反論を加えているのである。私の述べることは、とりわけ原則としてこの問題を判定する能力をそなえているはずの人びと、つまり人間の科学（というよりも非科学）の専門家たちの世界では、極度に懐疑的な態度にぶつかる。私にたいしてもっとも厳しくない人たちでさえ、しばしばはっきりと口にするのは、途方もない主張をしているからではなく、そんな主張をしているにもかかわらず私を寛大に扱ってやってもよい、ということだ。彼らの善意に私は元気づけられはするが、しかしまた驚きもする。私の固執する主張が無価値だとすれば、終始それに固執している書物にはいかなる価値があるのだろうか。

自分がどのような情状酌量を享受しているのか、私にはよくわかっている。もはや何ものをも信じない世界にあっては、過度の要求もさほどの反響を呼びはしない。出版される書物の数は増加するばかりであり、自分の書物に注意を惹きつけようとすれば、その発言の重要性を誇張しなければならない破目に追いこまれる不運な著者も出てくる。彼には自己宣伝が必要だ。であるから、その過激な言葉づかいは許してやらねばならない。真に錯乱しているのは彼ではなくて、文化創造の客観的な条件なのだ、というわけである。

こんなふうに私の振舞いを心優しく解釈してくれる人たちを裏切らねばならないのは残念なことだ。しかし考えれば考えるほど、現に行っている以外には語りようがないと思えてくる。だから、誤解にもとづいた——そうでなければよいのだが——共感を失う危険を冒しても、繰返し同じ問題に立ち戻らなくてはならないのである。

たえず速度をましつづける渦巻のような《方法》と《理論》、ひととき公衆の好意を受けても、すぐさま忘れ去られ、おそらく二度とは浮かび上がってこないワルツのような諸々の解釈、これらが入り交うなかにあっては、安定などというものは何ら存在せず、またいかなる真理も持ちこたえることができないかに見える。あることがらをめぐる最後の叫びは、解釈の数は無限であり、かつそれらにはすべて同等の価値があって、どれひとつとして他のものよりいっそう真実であったり、より誤っている解釈はない、ということを告げるためにある。テクストの読者の数だけの解釈が存在しているようだ。それらの解釈は、したがって、競合する他の解釈にたいして決定的な優位を示しうるものがひとつも出てこないままに、ついに獲得した自由に大喜びしながら、果てしない交代をつづけてゆくべく定められているのである。

だが、いくつもの《方法論》が儀礼的に相手のつぶしあいをしている状態を、現代の知性全体と混同してはならない。この方法論同士の劇は楽しくはあるけれども、しかし大洋の上の嵐のようなものだ。それが海面で荒れ狂っていても、深海の静けさはまったく乱されることがない。われわれは動けば動くほど、自分の動きだけが現実的であるように見えてくるが、見えないものはそのぶんますますわれわれの手から逃れてしまうのである。

偽の欺瞞暴露者たちはたがいに攻撃しあっているが、しかしそのために批判の原理が衰えるというわけではない。彼らですら全員が、たえず不誠実さをましてゆくようなかたちでではあるが、その原理につながっているのだ。近年支配的な考え方はいずれも、同じただひとつの解読方法に、西欧世界が創出したもっとも古い、真に持続しうる唯一の解読方法に由来している。この方法があらゆる異議の彼方にあるということ自体からして、その存在は神自身と同じく人間の眼に止まらない。それは、直接的な知覚と一体になっているかに思えるほど強く、われわれを支配してしまっている。今まさにその方法を用いている者たちに向かって、それへの注意を促したりしても、彼らはおどろくばかりであろう。

この方法とはわれわれが以前から獲得している認識、すなわち迫害現象の解読作業のことだと、読者にはすでに合点していただけたにちがいない。歴史の文脈のなかでは、それは平凡なもののように見える。だが、そこから取り出してみれば、かつて知られたことのない姿があらわれてくる。とはいえ、われわれの無知は、そうとも気づかずに散文で語っていたモリエールの『町人貴族』に登場するジュルダン氏の無知とまったく同じではない。この解読方法が近代ヨーロッパ世界では平凡なものであるからといって、それが人類学の枠組では例外的で唯一のものですらあるということに目をふさぐべきではない。われわれ西欧文化の外部においては、誰もそれを発見できなかったし、またそれはどこにも存在しなかった。さらに西欧内部においてすら、われわれはそれをけっして直視することなく、どこか謎めいたやり方でもって用いているのである。

現代世界ではこの解読方法は台なしにされてしまっている。相手のもつ迫害的な傾向をたがいに非難しあうのに役立つからである。党派性とイデオロギーとで汚染されているのだ。この方法の意義を明らかにするうえで、解釈が現代世界の寄生虫的な論争の影響を受けない昔のテクストを選んだのも、完全に純粋な状態でそれを再発見したかったからである。ギョーム・ド・マショーのような詩人の欺瞞をあばくことには、誰しもが賛成してくれる。そこが私の出発点であり、また、それこそ模倣関係にある双子の兄弟のように果てしない批評家たちの中傷を断ち切るためには、私はたえずこの出発点に立ち戻る。蠅のようにうるさく騒ぐだけの論争は、われわれが分析してきたテクストの解読の花崗岩のような強固さにたいして、まったく何をもなしえない。

もっとも、とりわけ現代のように混乱した時代ともなると、どんなに明白な事実でも拒絶する変り者が必ず何人かはいるものだが、しかし彼らの天邪鬼的な精神は、知的な意味ではいささかも重要ではない。もっと極端なことさえ想定しておかなくてはならない。いつの日か、私が述べているような種類の明白な事実にたいする反逆が勢いをもりかえしてきて、われわれは真理をねじまげるファシストの大軍団ないしそれに類するものに直面する、といったこともあるかもしれない。かりにそうなったとすれば、歴史的には破滅的な結果を招くであろうが、しかし知的な意味では何の影響もないであろう。この真理は妥協を受けつけない。何ものも、また誰も、この真理にたいしていささかなりとも変更を加えることができない。

もしも明日この真理を証言する者が地上からひとりもいなくなったとしても、真理は真理でありつづけることであろう。それは、現代の文化的相対主義や《自民族中心主義》への一切の批判を越えた何ものかをふくんでいるのだ。われわれ現代人はこの事実をいやおうなく認めねばならないし、また余儀なくされればわれわれの大部分はそれを認めるのである。ただ現代人はそのように強制されるのを好まない。その真理を受け容れてしまえばわれわれは望む以上に遠いところまで連れ去られるのではないかと、ぼんやりとではあるが恐れるのである。

この真理を科学的と形容してよいのだろうか。科学という語が最高に確実なことがらにたいして疑いの余地なくあてはまった時代なら、この問いに肯定的に答えるひとも多かったであろう。今日でさえ、周囲に問うてみれば、ただ科学的精神のみが魔女狩りに終止符を打ちえたと答えるひとが多いであろう。魔女狩りの基礎になっているのは呪術的な、迫害をもたらす因果律であり、したがって魔女狩りを止めるには、この因果律を信じることも同時にやめる必要がある。西欧における最初の科学革命は、魔女狩りの決定的な放棄とほとんど同じ時期に生じた。これはひとつの事実である。民族学者の言語を用いるなら、断固として自然の原因に眼を向けることが、社会的関係という面において有意味な原因、すなわちまた人間が干渉して変更させることができる原因、言いかえれば犠牲者への太古からの人間の好みに次第に、打ち勝ったのである。

科学と魔女狩りの終焉とは密接に関連しあっている。だが、そのことだけで迫害表象を解明し覆す解釈を《科学的》と呼ぶのに充分であろうか。最近われわれは科学というものについて神経質になってきている。おそらく時代の気分が影響しているのだろうが、科学哲学者は安定した確実性を少しずつ疑いはじめている。彼らは、ギョーム・ド・マショーの欺瞞をあばくことのような、危険と困難をともなわない作業を小馬鹿にするにちがいない。だから、この問題にかんしては、科学を引きあいに出すのは不適当であると認めることにしよう。

こんなありふれた問題に科学という輝かしい語を用いるのは断念しよう。まさしく今のこの点で科学という語の使用を断念すれば、かえって私の企てている作業の必然的に科学的な地位が明らかになるであろうから、そのほうが私には好もしく思える。

実際のところ重要なのは何であるか。いかなる試練にも耐えうる実効性と現にそれを適用する対象領域で何度も確認しうる有効性をそなえた、きわめて古くからの解読方法を、これまで誰もそれを適用しようなどとは考えてみもしなかったテクストにたいして適用することなのである。

私の仮説をめぐる真の議論はまだ開始されていない。これまでは私自身もそれを正しく位置づけることができないでいたのだ。適切な問いかけを行うためには、私の唱えていることの限界をまず厳密に認識する必要がある。私の問題は何らひとが想像しているほど新しいものではない。それが有効であることについて誰も異議をさしはさんでいない解釈の一形式の射角を拡大しようとしているだけなのである。真の問題は、適切な基礎にもとづいてそうした拡大ができるのかどうかということである。私の言っていることが正しくて、私はほんとうに何ごとかを発見したのか、それとも私は間違っていて、時間を無駄に費したのか、そのいずれかだ。私はこの仮説を創り出したのではなく、適用する領域を移したのであるが、すでにたしかめたように、ギョーム・ド・マショーのテクストを対象とした場合とまったく同様にそれを神話にもあてはめるには、些細な調整を加えるのみでよかった。私の言っていることは正しいかもしれないし、また間違っているかもしれないが、しかし私の仮説にふさわしい唯一の形容語が科学的という語であるためには、私の言っていることの内容が正しいものである必要はない。私が間違っておれば、仮説もやがて忘れられよう。もし正しければ、この仮説と神話との関係はすでに史的な文献とのあいだに確認できているのと同じものになることだろう。いずれも同一の仮説であり、同じ型のテクストである。もしこの仮説が否定できないものとなるなら、それは他の領域においても同じようにそうなったのと類似した理由にもとづいているであろう。われわれの解読方法が歴史上の表象について有効であることはすでに認められているが、神話についても変りないことが、同じくらいの説得力でもって人びとに受け容れられるであろう。

先にも述べたとおり、ギョーム・ド・マショーについて誰でも行っている解釈にたいして科学的という形容語を付さないのは、それが不確実であるからではなく、あまりにも確実でありすぎ、何らの危険もなく、また選択している余地がないからにすぎない。

以前からなされてきた欺瞞暴露のやり方にはまったく問題がないけれども、これを神話の領域へ移しかえるやいなや、その性格はただちに変化する。日常的に明白なはずのことがらが予想外の出来事となり、見知らぬものがあらためて姿をあらわしてくる。あい反する理論がいくつも出てきて、少なくともしばらくのあいだは、私の仮説よりも《真剣な》ものだと見なされるのである。

私の主張することが間違っていないとひとまず仮定するならば、目下私と反対の立場にある懐疑主義は、かりに十七世紀のフランスで魔女の問題をめぐって国民投票が実施されたとして、その国民投票以上の意味をもってはいない。投票が行われていても、旧来の思想が勝利したことは確実であり、魔女狩りを迫害表象として理解する考え方はごくわずかの票しか獲得しなかったであろう。だが、さらに一世紀のちに国民投票を実施すれば、逆の結果になっていたかもしれないのだ。集合暴力をめぐる仮説を神話にあてはめてみた場合にも、同じようなことがおきるであろう。魔女狩りについてと同様神話についても、これを迫害表象の観点から考察することは、次第に一般化してゆくであろう。そこから得られる結論はきわめて完壁であるから、集合暴力の仮説は歴史上の迫害についてと同じくらい自動的かつ《自然》に神話についても援用しうると言わざるをえない。オイディプス神話とギョーム・ド・マショーの詩とのふたつをつきあわせることは、今日では奇妙なことに映るかもしれない。だが両者を同じ観点から読まなければかえって奇妙に思われるようなときが、いつの日かやってくるであろう。このとき、神話的思考の文脈で把握された神話の解釈と、歴史上の文脈に移しかえたうえでの同じ神話の解釈とのあいだのずれ、われわれがたしかめえた驚くべきずれは消滅してしまっていることであろう。

そのときが来れば、神話における欺瞞の暴露をめぐって科学というものが問題になることはもはやないであろう。今ではギョーム・ド・マショーのテクストの扱いについて科学が問題にならないのとちょうど同じように。だがまさに今日、ある人びとが私の仮説を科学的と見なしてくれないのは、やがてそれが科学と見なされなくともよくなるであろう理由とは逆の理由からなのだ。将来私の仮説はあまりにも明白すぎるほどのことがらとなり、沸騰する知の最前線をはなれて、きわめて身近な問題となっているであろう。《科学》という資格が付与されるのは、それがほぼ普遍的に拒否されている今日と、普遍に承認されるであろう将来との中間の時期においてである。ヨーロッパの魔女狩りの欺瞞の暴露が科学的と受け取られたのも、同じくそうした中間時期においてのことであった。

先ほどわれわれは、あまりにも危険と不確実性を欠いた仮説を科学的と形容するのは好ましくないことを確認した。しかしまた、危険と不確実性そのもののような仮説も科学とは呼べないであろう。この栄光ある呼称に値するためには、現状における最大限の不確実性と潜在的な最大限の確実性とを結びあわさねばならないのである。

私の仮説が結びあわせているのは、まさにそうしたものである。研究者たちはただ過去の失敗例のみを信用して、このような結合は数式化や実験による検証の可能な領域以外では望むべくもないと、あまりにも早ばやと決めてしまった。けっしてそうではないという証拠に、それは今やすでに実現されかけている。私の仮説は幾世紀も以前から存在しており、そのおかげですでに一度、欺瞞の暴露は不確実性から確実性へと移っているのである。したがって、同じことがもう一度おこるかもしれないのだ。

神話の論理についても欺瞞の暴露が確実に行えるということは、われわれにはなかなか理解しにくい。なぜなら、確実なことがらは嫌悪をもよおさせるからである。確実なことがらは精神の片すみのうす暗いところへやってしまおうとする傾向がわれわれにはある。前世紀には、不確実なことがらについても同じように扱おうとする傾向があった。魔女狩りやその他迫害のもとになる迷信の欺瞞の暴露が異議の余地ないほど確実なものであることを、われわれは進んで忘れ去ろうとする。

かりに将来神話をめぐる欺瞞暴露が同じように確実なものとして受け容れられるようになったとしても、それでわれわれはいっさいを知るにいたるというにはほど遠い。だがそれでも、厳密で決定的な回答をもたらすという希望を失ってさえいなければ、研究を進めてゆくうえで必ず生じてくるはずの疑問あるいは生じてくる可能性のある疑問にたいして、厳密にまたある程度は決定的に回答することができるであろう。

このような結果に到達するというのに、それをどうして科学的と呼んではいけないのか私にはわからない。そのほかにどのような呼び方があるというのだろうか。科学という語を用いればそれが真に何を指すことになるのかを知らないで用いているとして、私は非難を受ける。反対者たちは、私が横柄であると推定し、そのことで私に怒っているのである。謙虚の何たるかを私に教えるのはきわめて容易なことだと考えているのである。こちらの考えを理解してもらおうとしても、そんな余裕は彼らにはない。

私の主張に対抗するためには、ポッパーの言う《反証》やその他オックスフォード、ウィーン、ハーヴアードなどが起源のさまざまな立派な概念が動員される。確実なことをなしとげるには、きわめて厳しい諸条件を充たさねばならないので、もっとも厳密な科学ですらおそらくはそこまでいたらないのだそうである。

われわれの行ったギョーム・ド・マショーの欺瞞の暴露が、ポッパーの言う意味で《反証可能》でないことはたしかである。それでも、欺瞞を暴露するのは断念せねばならないのだろうか。もしここでわれわれの主張が確実であることを認めてもらえぬのであれば、またもし、今日数式化が可能な領域以外では、偉大な平等主義が広まったせいで、ひとつのことがらをまったく真実でないがまったくの誤りでもないとしか判断しない解釈が支配的になってきているが、こうした解釈をどうしても選びとるというのであれば、欺瞞の暴露は必ずや断念しないわけにはいかないであろう。だがその場合には、魔女裁判を終焉させた人びとにたいしても、歴史を遡って非難を向けねばならない。彼らは魔女を狩りたてた者たちよりもさらにいっそう独断的であったし、またまったく同様に真理に到達したと考えてもいたのである。彼らの主張も却下せねばならないのだろうか。当時、一方では、魔女狩りに寄与した者、著名な大学人、またときにはジャン・ボダンのようにきわめて進歩的な知識人さえをもふくむ多数の人びとが、魔女の問題については、まったく別の見解をもっていた。それにもかかわらず魔女狩りに反対した人びとは、いかなる権利にもとづいて、ある特定の解釈——当然ながら自分たちの解釈——のみが正しいなどとあえて主張しえたのであろうか。何と耐えがたい傲慢、何とおぞましい不寛容、何とおそろしいピュリタニズム！　魔女を信じる意見も信じない意見も、自然の原因も呪術の原因も、人間が干渉して変更させることのできるものも、正当な変更をけっして受けつけないものも、すべて百花斉放のままに放っておくべきではないのだろうか。

これまで行ってきたように、対象の本質的な部分は変更しなくても、文脈を多少ずらせるだけで、現代に特有のいくつかの考え方の滑稽さ、あるいは少なくともそれを対象にあてはめることの滑稽さは容易に見えてくる。批判的思想はおそらく、極度の頽廃状態にある。それが一過性のものであることを期待しなければならないが、しかしそれでも病いの篤いことには変りない。というのも、現代思想は自らを批判精神の最高に洗練されたかたちのものだと思いこんでいるからである。もしわれわれの父祖たちが今日の大先生方と同じような考え方をしていたならば、魔女裁判に終止符を打つことはけっしてなかったであろう。したがって、まさに今このとき、ナチスによるユダヤ人虐殺という最近の歴史上でもっとも否定しがたい恐ろしい出来事を疑問視する人びとが出てきたことに驚いてはいけない。彼らが見ているのは、不毛な論争の拡大のえじきとなり、そこから出てくるいくつもの主張によって無力に陥った知識人たちの姿にほかならないからである。もっともそうした主張の自己破壊的な性格にもはやわれわれは動揺しない。いや、われわれはそれを《積極的な》発展と受けとめるのである。

第9章　福音書の受難を支配する言葉

これまで分析してきたところにしたがえば、人類の文化は集合暴力のうちにその起源があり、しかもそのことをたえず隠蔽しつづける運命にある、と結論せざるをえない。文化というものをこのように規定すれば、文化は危機を経てある段階から次の段階に移行するが、その危機に類似したものの痕跡は、神話のなかや歴史のうえで迫害の頻発した時代にも見出せるということに加えて、さらにまたある文化全体がどのような段階を経て順次発展してゆくのかも理解できるようになる。危機に遭遇し暴力の拡がる時代にはつねに、秩序破壊的な知識がはびこるおそれがあるが、しかしこうした知識自体、無秩序が頂点に達したときに、犠牲ないし犠牲に類するものをとおして実現する文化の再編過程の犠牲にほかならないのである。

文化にかんするこのような図式は、今日の社会にも妥当する。いやむしろかつてなかったほどに妥当すると言ってもよいのだが、しかし明らかなのは、それだけでは歴史、われわれの歴史なるものを充分に説明しつくせないということである。たとえこれまでの迫害表象の解読があらゆる神話の研究に拡大して受け容れられるということはないにしても、このような解読を歴史のさなかで行えるというのがすでに、文化の側の起源の隠蔽にとっては、重要な敗北、急速に潰滅状態へといたるかもしれない敗北を意味している。その理由としてはふたつのことが考えられる。すなわち、まず文化というものが私の主張するとおりのものではないか、さもなくば現代世界においては、文化の起源を隠蔽する力に対抗して、太古以来の欺瞞を明らかにする方向をめざす第二の力が作用しはじめているか、そのいずれかである。

欺瞞の解明をめざす第二の力は存在している。しかも誰しもその存在を知っているのだが、大多数の現代人はその存在を私の主張していることに結びつけようとはせずに、文化の起源を隠蔽する最高の力がそこにあると考えているのだ。それこそ現代文化の最大の誤解であるが、迫害にまつわる幻想の充分に発達したものが神話のうちにもあることを認識するようになれば、そうした誤解も必ずや姿を消すにちがいない。西欧の歴史においてもこの幻想が衰弱したかたちでながら効果を及ぼしてきたことについてはすでに解明してきたとおりである。

そうした欺瞞を解明する力のもとになっているのが、旧約と新約とからなる、キリスト教徒が聖書と呼んでいるものである。迫害表象を解読しえたのも、また現時点にあって、まだ解読できぬままに残っていることがらのすべて、すなわち総体としての宗教的なものの解読を教えてくれるのも、実は聖書なのである。聖書の説得力はあまりにも決定的であるので、その背景にある力を隠しておくわけにはいかない。福音書が欺瞞を明らかにする力をもつことはおのずと明らかになるであろう。ところがこの数世紀のあいだに、著名な思想家たちの誰もが、福音書は多数の神話のうちのひとつにすぎないと繰り返し述べてきたために、大部分の人間はそんなふうに納得してしまったのである。

たしかに、福音書はキリストの受難、すなわち世界中のあらゆる神話と共通した惨劇を中心にして展開している。すでにその証明を試みたとおり、あらゆる神話の背後には犠牲者の死がある。新たな神話が生まれるためには、言いかえれば神話を迫害者の観点から表現するためには、いかなる場合であれ、そうした惨劇が必要であった。だが同じドラマは、迫害にまつわる幻想を放棄すべく固く決意した犠牲者が、自身の観点からそれを表現するためにも必要なのである。したがってまた、あらゆる神話を解体しうる唯一のテクストを生みだすためにも、同じ惨劇が必要になってくる。

事実このような神話を解体してしまうという驚異的な仕事を達成し――それはわれわれの眼の前で達成されつつあり、見通しは明るいのだが――また神話表象の信憑性を永久に破壊してしまうためには、人類全体をつねに支配してきただけに現実性をもつ神話の力にたいして、それ以上に強力な、真の表象の力を対置しなければならないのである。だからこそ神話と同様の出来事を表現することは福音書にも必要であり、さもなくば、神話に特有の幻想すべてに逐一反論を加え、その信憑性を失わせることはできないであろう。神話の幻想とキリストの受難劇に登場する人物たちの抱いた幻想とは同じものである。(29)

福音書が迫害を拒絶していることをわれわれはよく承知している。だが、この拒絶をとおして迫害の仕組みを分解しているということ、福音書はまさに人間の宗教全体およびこれに由来する文化をこそ打ちこわそうとしているのだということには気づいていない。われわれは今日動揺をきたしている象徴力がいずれも迫害表象から生じたものであるとは認識していなかったのである。だが、もしもそうした幻想の形式が弛み、力が弱ってきているとすれば、それはまさしくその基礎となっている身代りの山羊の仕組みをはっきりと見抜くことがわれわれにとって次第に可能になってきたからなのである。ひとたびその正体を見抜かれれば、身代りの山羊の仕組みはもはや作動しはしない。それが作動するためには犠牲者が罪を犯した存在であることが必要であったが、そのようなことがらをわれわれは信じなくなりつつある。それゆえこの仕組みに由来する制度は、その養分の源を断たれてしまい、次つぎと崩壊してゆくのである。そうした事情にわれわれが気づいているかどうかは別として、福音書の存在のおかげで、迫害にもとづく制度は崩壊の途を辿る。このことの証明を以下に試みてみよう。

キリストの受難について調べていると、旧約、とりわけ詩篇からの引用がそこで果たしている役割の大きさに驚かされる。初期のキリスト教徒たちは旧約への言及を真剣に受けとめていた。また中世全般をつうじて、新約における旧約の引用という表現は、多少とも幸運なことに延長されまた拡大されて、寓意的ないし形象的と呼べる解釈が成立した。近代人はこうした表現の習慣に何か意味があるとは考えないのがふつうであるが、これは大きな誤りである。近代人は旧約からの引用を修辞的、戦略的なものに解釈しょうとする。福音書の作者たちは、神学的な観点から見て重大な革新を行っている。したがって、彼らはその革新性をできうるかぎり聖書のもつ威信のもとにおいて、世人の尊敬を集めるべく望んでいるのだ、と推測することもできる。このように考えれば、イエスのたぐい稀な宣揚にふくまれる前代未聞の要素をよりたやすく受容するために、福音書の作者たちは権威あるテクストの陰にかくれて自分たちの表現をなしたということになる。

これは認めておかねばならないが、福音書においては詩篇の断章、ときにはそれ自体ではさほどの価値があるようには見えず、またきわめて平板で、何か意義があるから引用しているとはとても思えないほどの片々たる語句でさえが、極度なまでにしばしばあらわれてきている。

たとえば、ヨハネがイエスの有罪宣告にことよせて、おごそかにも「彼らは理由なしにわたしを憎んだ」(詩篇、三五、一九)という言葉をもちだす(ヨハネ一五、二五)のを見て、どのように結論づければよいのか。そのうえにまた、この福音書作者は執拗に強調する。彼によれば、「律法に書かれていることばが成就するため」(一五、二五)に、受難を囲む敵の結束が成立した。言い回しがきまりきった形式でぎこちないので、われわれの疑いはいっそう強まる。当然ながら、詩篇と福音書作者がイエスの死を報告するその報告の仕方とのあいだにつながりのあることは疑いえない。ただ用いられる語句がきわめて平凡で、また誰でも気づくようなかたちでの引用であるだけに、なぜそんなものを強調する必要があるのかがわれわれにはわからない。

同様の印象はルカが「『彼は罪人〔もしくは侵犯者〕たちの中に数えられた』と書いてあるこのことが、わたしに必ず実現するのです」とイエスに言わせている（ルカ、二二、三七。マルコ、一五、二八）ところで生じる。今度の引用は詩篇からではなく、イザヤ書第五三章からのものだ。この種の言及はいかなる深遠な思想に対応しているのか。それがわからないわれわれには、現代世界に充ちあふれた凡庸な下心に頼って聖書を読むしかないのである。

実際のところ、今取りあげたふたつのささやかな引用は、それ自体でも、また受難の物語との関連においても、きわめて興味深いものであるのだが、だがそのことを理解するには、受難をとおして危機にさらされ、そして敗れ去るのが、人類全体におよんだ迫害表象の支配なのだということを理解しておく必要がある。あまりにもありふれたものであるために、一見したところでは重要な意味をもつとは思えないこれらの引用のうちに表明されているのは、まさしく呪術にもとづく因果論の拒否、ひいては常套的な告発の拒否にほかならない。すなわち、迫害群衆が盲目的に受容しているものすべての拒否である。テーバイの人びとはみな、オイディプスが近親姦を犯したから、ペストの流行にも責任を負うとする仮説をためらうことなく採用した。エジプト人は、不運なヨセフに執着した田舎の美女の言うでたらめを信じて、彼を獄につないだ（創世記、三九）。エジプト人はそのようなことばかりしていた。われわれは神話にかんしては依然としてこのエジプト人によく似ている。殊に、エジプトにユダヤ教の真理を求めるフロイトがそうである。今日流行している理論も、父親殺し、近親姦などに執着する点で、また常套的な告発のもつ欺瞞性に気づいていない点で、依然としてまったく異教的である。われわれは福音書よりも、いや創世記に比べてさえ、はるかに遅れたところにいるのだ。

受難の場合の群衆もまた、イエスにたいする告発を盲目的に採用してしまう。イエスは、彼らにとって、あの人間が干渉して変更を加える――この場合は架刑――ことのできる原因となる。それは、呪術的思考に慣れ親しんだ者であれば誰しもが、自分たちの狭い世界にごく些細な無秩序の兆しを発見しだい、ただちに探求を開始する原因なのである。

先のふたつの引用が強調しているのは、受難における群衆と詩篇のなかですでに発見されている迫害群衆とのあいだの連続性である。これらふたつの引用は、一切の神話にもとづく説明を断ちきっている。神話という樹木の根を真に切断してしまっている。というのも、犠牲者の有罪であることが犠牲の仕組みを作動させる主要な力であり、このことは最高に進化した神話、すなわち殺害の場面に細工しあるいはそれを隠蔽した神話においては表面上罪があらわれてはこなくともやはり認めうるからである。福音書はバルデルの神話やクレスの神話に見られた欺瞞の根を断つが、それはちょうど、腫瘍を完全に除去すれば村の祈禱師が行う《催眠術》の手業を否定できるのと同じことである。

迫害者たちは自分たちがすぐれた理由から暴力を行使しているのだとつねに信じこんでいる。だが実は、彼らは理由なしに憎んでいるのである。理由があって *ad causam* なされるはずの告発 accusation がここでは理由のないものであることが、迫害者たちにはわかっていない。だからこそ、この哀れな連中を、彼らが最高の宮殿と思って閉じこもる不可視の牢獄、暗い地下室から引き出してくるためには、まずそうした幻想に攻撃を加える必要があるのだ。

迫害表象を廃止し、破棄し、無効にするという、この福音書の驚異的な作業にとって、旧約は正統な言及を供する、尽きることない源泉となっている。新約が自らを旧約に従属するものと規定し、またそれに依拠して展開しているのは、理由のないことではないのだ。どちらもともに同一の企てに参加しているのである。最初にはじめたのは旧約であったが、これを目標にまで導き、決定的かつ究極的に完成させるのは新約である。

とりわけ悔悟詩篇にあっては、言葉が迫害者の側から犠牲者の側へ、歴史を書く者の立場から歴史を経験する者の立場へと移ってゆくのを見ることができる。犠牲者たちは迫害を受けて声を高めるだけではなく、その場でわめき叫んでもいる。敵は彼らを取り囲み、まさに打ちすえようとしているのだ。犠牲者たちはときとして、神話においてそうであったのと同じように、猟犬の群れや牡牛の一群、また《バシャンの牝牛たち》（アモス書、四、一―二）などの動物や怪物の姿をしたままである。だがそれでも、ライムント・シュヴァーガーの指摘しているとおり、聖書のテクストと神話とのあいだには分離が見られる。すなわち前者においては聖なるもののもつ両義性が次第に後退しており、その結果犠牲者は人間としての性格を回復し、彼を襲った暴力の恣意的であったことが明らかになってくるのである[30]。

詩篇のなかに登場する犠牲者はたしかにいささかも《道徳的》とは見えないし、また現代の善人たちからすればさほど《福音を伝えている》とも思えない。現代のヒューマニストの感受性はこれを見て不快感をもよおすであろう。不運な者が自分を憎む者にたいして投げ返すのは、多くの場合、その同じ憎悪である。《旧約にきわめて特徴的な》暴力と怨恨のおおっぴらな表現の評判は芳しくない。イスラエルの神の意地悪さはよく知られているが、ここではそれが殊にはっきりとあらわれていると受けとられている。とりわけニーチェ以来、われわれを毒するあらゆる感情、すなわち恥辱と怨恨とは、詩篇のなかで創出されたと考えられてきた。毒をふくむ詩篇には神話、それもギリシアやゲルマンの神話の美しい静謐さが好んで対置される。迫害者たちは自分たちの権利の正当であることを自負し、また事実、犠牲者の罪を確信しているので、動揺する理由は何もないのである。

詩篇のなかの犠牲者がひとを窮屈な思いにさせるのはたしかである。彼はオイディプスと比べても怨恨の念を強く抱いている。オイディプスには古典主義的な見事な調和へとつながる良い趣味があるのだ。彼が必要とあればどんなに巧みに、どんなに繊細に自己批判を行うかを見ればわかる。彼の自己批判は、寝椅子の上で精神分析を受ける患者やスターリン時代の老いたボルシェヴィキの告白と同じくらい熱心なものである。オイディプスが現代のこのうえもない順応主義の典型となっていることは疑いえない。しかもこの順応主義はけたたましい前衛思想とけっして別のものではない。現代の知識人は、スターリン主義が生まれるよりもずっと以前から、自分たちの仲間うちですでにスターリン主義化していたと言ってもよいほどに、隷属を喜んで受け容れていたのだ。彼らが五十年以上もかかってやっと、人類史上で最大の迫害についておずおずとながら自問しはじめたとしても、それは驚くべきことではない。われわれには神話という師がいるのであるから、沈黙したままでいるのは容易である。聖書と神話のどちらを選択するかに迷いはない。われわれはまず古典主義者であり、次いでロマン主義者となり、さらに必要とあれば未開主義者となり、熱狂的な近代主義者となるかと思うと、それに飽きれば新未開主義になる。つまり、つねにグノーシス派であって、聖書の立場にはけっして立たないのである。

呪術的な因果論と神話的な思考とは、同じひとつのものでしかない。したがって、これを否定することの重要性は、どんなに強調しても強調しすぎにはならない。しかも、福音書は、自らが何を行っているかをよく承知している。というのも、あらゆる機会をとおして、呪術的因果論を否定しているからである。それはピラトの口からでさえ語られる。イエスを訊問したのち、「私はこの人を罪に付すべき何の理由も見出さない」、とピラトは言う。このときはまだピラトは群衆に影響されていない。司法官としてのピラト、ローマ法および法的な合理性を体現する人物が、ほんのわずかのあいだにせよ事実を認めることには深い意味がある。

だが、聖書によるこのような犠牲者の復権のどこが目新しいのか、と問い返されるかもしれない。それは太古以来よくあることなのではないだろうか。たぶんそうである。しかし聖書以前には、そうした復権はつねに、ある集団が別の集団に対抗して立ち上がるさいになされるものでしかなかった。ある信念を忠実に支持する者たちが復権した犠牲者の周囲をたえず取りまき、抵抗の炎はけっして消えることがない。真理は滅び去らない。だがそれこそまさしく過ちなのであって、それがために、神話につながる迫害表象が危機にさらされることも、また脅かされることすらけっしてないのである。

たとえばソクラテスの死の場合はどうだろうか。《真の》哲学は、現実の出来事のうちへ足を踏み入れはしない。身代りの山羊の感染の圏外にいるのだ。世界にはつねに真理が存在している。ところがキリストの死にさいしては、もはや真理は存在しない。もっとも親しくキリストに接したはずの弟子たちでさえ、群衆に対抗して発すべき言葉も、示すべき身振りももちあわせてはいない。彼らは文字どおり群衆に吸収されてしまっている。使徒のうちの第一人者たるペテロが公衆の面前で師を否定したことは、ペテロ自身の語る言葉により知られている。この裏切りには何ら逸話的なところはなく、またペテロの心理とも何ら関係がない。弟子たち自身でさえ身代りの山羊の効果には抵抗しがたいという事実からして、人間を支配する迫害表象の全能であることは明らかである。いつも意見を同じくしていたわけでもないのにかかわらず、キリストの断罪については完全に一致した諸勢力、それらのうちには使徒の集団もまたふくめて考えなければ、そこでおきたことをよく理解することができないであろう。これらの諸勢力はいずれも、ある男が死刑に処せられることに意義を付与しえたのである。それがどのような勢力であるかは容易に列挙できる。どの時代にあっても変りはない。魔女狩りにおいても、あるいは現代世界の全体主義への大がかりな退歩のうちにも、同じものを見出すことができるのだ。まず宗教上の指導者、ついで政治上の指導者、そして何よりも群衆である。これらの人びとはすべて、最初は分散しているのだが、次第に一団となり行動に参加するようになる。こうした諸勢力の迫害への介入は、もっとも弱小な勢力の参加からもっとも強力なものの参加へと、実際上の重要度に応じたかたちで進行する点にも注目しておきたい。聖職者たちの陰謀は、象徴的にはともあれ現実上はほとんど重要でない。ヘロデの果たした役割はもっと小さい。受難の物語のなかでヘロデに言及しているのはルカただひとりだけであるが、それは、イエスにたいする死刑宣告に影響しうる勢力をひとつたりとも言い落とさぬようにとルカが配慮したからであるにちがいない。

ピラトは真の権力保持者である。だがまだそのうえに群衆がいる。群衆はひとたび動員されれば、絶対的な勝利を占め、さまざまな社会制度の先頭に立ち、それらに群衆自体と融合することを強いる。これこそまさしく、神話を生みだすもととなった集団による殺人の全員一致的な性格である。この群衆は溶融集団（一八）、文字どおり溶解し、犠牲者すなわち身代りの山羊の殺害によってしか再編成されえない共同体なのだ。確固たる迫害表象が生じるために好都合なものはすべてそろっている。もっとも、福音書はそんなことを伝えようとしているのではない。

福音書は、群衆の判断に抵抗する意志がピラトにはあったとしている。彼には共感を抱かせるようにして、これとは対照的にユダヤの官憲への反感を強めるためであろうか。そんなふうに主張し、新約聖書のすべてをきわめて下劣な配慮でもって説明したがる輩は、当然ながら群れをなすほど数多くいる。彼らこそ今日の群衆であり、おそらくは永遠の群衆である。しかも彼らはいつも誤っているのである。

ピラトは結局のところ迫害者の群れに合流してしまう。ピラトの《心理》を分析することもまた問題ではなくなる。問題になるのは、群衆の全能を強調すること、至上の権威が抵抗の意志をいちおうはもっていながらも、群衆に屈服してゆかざるをえないその様子を示すことなのである。

とはいえ、ピラトは事件にたいして真の関心を抱いてはいない。彼にはイエスの重要さがいささかも理解できていない。ピラトにとってイエスはとるに足りない人物であり、したがってこのまったく政治的でない男が、ただイエスを救うという目的のみで、暴動を惹きおこすやもしれぬことをあえてするはずがない。要するに、最高権力の群衆への従属、また身代りの山羊の仕掛けが作動する極限的な熱狂状態に達した群衆の支配的な役割を明確に例証するには、ピラトの決断はあまりにも安易すぎるのである。

私の考えでは、マタイ伝がこの場面でピラトの妻という人物を登場させている（マタイ、二七、一九）のは、決断を実際ほどには安易でないものに、したがってより多くのことを示唆するものに仕立てあげるためである。この女性は夢のお告げによってイエスの一件に何らかの関心をもっていたので、夫に働きかけて群衆に抵抗させようとする。ふたつの影響力のあいだ、すなわち一方では無実の男を救おうとする妻、他方ではローマ人ですらない、まったく匿名で没個性的な群衆という、模倣にもとづく引力のふたつの極のあいだで引き裂かれるピラトの姿を、マタイは描こうとしている。ピラトにとって妻ほど彼の近くにあり、彼自身の生活に密接にかかわりうる人物は誰もいない。この女性ほどピラトに影響をおよぼし、しかも宗教的な畏敬の念を巧みにかき立てる者はいないのである。だがそれでも、勝利するのは群衆の側である。群衆の勝利は、犠牲の仕組みを解明するうえで何よりも重要かつ深い意味をもっている。福音書は別の集団による殺人の場面、すなわちバプテスマのヨハネの斬首においても、やはり類似した群衆の勝利を語っているが、これについては後で見ることにしよう。

この群衆がただ下層階級の代表者たちのみで構成されていると考えるならば、それは大きなまちがいである。群衆は《民衆》だけからなるのではなく、エリート層をもふくんでいる。しかしだからといって、福音書の態度が社会的に見て横柄であるなどと非難してはならない。ここであらためて旧約からの引用という問題を思い出せば、それだけで群衆を構成しているのが何であるのかは理解できるようになる。旧約からの引用を考察することこそ、福音書の意図のもっとも明確な説明を得る手がかりなのである。

使徒行伝は福音書とほとんど同じ性格をもつと言ってよいが、その使徒行伝の第四章で、ペテロは仲間を集め、彼らとともにキリストの磔刑について思いをこらす。ペテロは、この世の諸勢力が救世主にたいして例外なく敵愾心を抱くことを述べた詩篇を、かなり長々と引用している。

「なぜ異邦人たちは騒ぎ立ち、
もろもろの民はむなしいことを計るのか。
地の王たちは立ちあがり、
指導者たちは、主とキリストに反抗して、
一つに組んだ。」

事実、ヘロデとポンテオ・ピラトは、異邦人やイスラエルの民といっしょに、あなたが油を注がれた、あなたの聖なるしもべイエスに逆らってこの都に集まり、あなたの御手とみこころによって、あらかじめお定めになったことを行いました。（使徒行伝、四、二五―二八）

ここでもまた、詩篇の引用にいかなる意味があるのか、現代の読者は疑問を抱く。そして意味がわからないために、つまらぬ下心から出たものではないかと考えたくなる。すなわち、これはただイエスの惨めな死を気高いものに変え、ガリラヤの卑小な伝道者のどちらかといえばとるに足りない苦悩に、雄大な拡がりを与えることだけを目的としているのではないか、というわけである。ほんのわずか以前には、われわれは福音書が迫害群衆を侮蔑していると非難していたのに、今度は福音書の主人公を高くもちあげようとして、同じ群衆をあまりにも宣揚しすぎているのではないかと疑う。

何を信じるべきであるのか。右のような思弁は打ち棄てねばならない。福音書にたいする懐疑を徹底させても、けっして興味ある結果は得られない。それよりむしろ、これまでの探求を導いてきた疑問に立ち戻るべきである。このテクストにおいては迫害表象およびその基礎となる全員一致の暴力はどのように扱われているのか。そうしたものはすべて、その力が最大に達したまさにその瞬間、つまり迫害表象の基礎となりうる諸勢力が一致を見た瞬間に、はっきりと覆されるのである。迫害表象が実際に否定される、というだけではなしに、あらゆる迫害にもとづいた神話を否定し、かつこのことを読者に告げようとする意志が、ここには存在している。以上の点を認識するだけでも、詩篇からの引用の妥当であることは一目瞭然となる。

詩篇はそうしたあらゆる勢力の一覧表をつくってわれわれに伝えようとしているのである。ここで本質的なのは、一方にある民衆の熱狂、異邦人らの騒ぎと、他方では王、指導者、官憲とが結びあっているという点だ。キリストの受難の物語を別にすれば、この結合はどこにあっても抵抗しがたい力をもっている。この両勢力の連合の実現したのが比較的小さな規模、つまりローマ帝国の端の一地方においてであったからといって、受難が重要であることには何ら変りがない。受難は迫害表象の挫折、またその挫折を代表例とするような力にほかならないからである。

この勢力の連合は、力を直接的に行使するかぎりでは無敵であるが、しかし詩篇でも語られているとおり、事物の見方を強制しようとして失敗するから、やはり《むなしい》ものではある。それはイエスを簡単に死へと至らしめるが、受難の意義をも左右しているわけではない。聖金曜日には意気消沈したイエスの使徒たちも、聖霊降臨の日になれば堅固な意志を取りもどし、イエスの死の思い出は、諸勢力の望んだのとはまったく別の意義をもって永続してゆくのである。もっとももこの意義のもつ驚異的な新しさは、そのすべてがただちに承認されるというわけではないが、しかし福音書に影響された民衆のうちに次第に滲透し、自分たちの周囲の迫害表象を見抜きかつ拒否することを人びとにたいして少しずつ教えるのである。

諸勢力はイエスを殺すことで一種の罠におちいったとすら言える。すでに旧約のなかで、先ほど取りあげた引用文やその他多くのところですでに暴露された彼らの秘密は、ついにあますところなく受難の物語のうちに刻みこまれることになるからである。身代りの山羊の仕組みは、望みうるうちで最高にはっきりとその姿をあらわし、きわめて激しい公の議論の対象となり、誰しもが知っていることがら、広く受け容れられた知識となる。人間は緩慢に、きわめて緩慢にながら——というのもわれわれはさほどのみこみがよくないので——この知識によって迫害表象の解明を学ぶにいたるのである。

この知識は、最終的には人間の解放を目的としているが、とりあえずはまず、われわれ自身の歴史における神話に近い部分を暴露するための普遍的な解読の手がかりとなってくれる。さらにまた、これが地球上のあらゆる神話を解体するのに役立つときのくるのも遠くはないであろう。われわれは神話の欺瞞を盲目的に擁護してきたが、それは欺瞞を積極的に信じようとしてのことではなく、聖書の啓示することから逃れんがためであった。われわれは永いあいだ聖書の啓示と神話とを混同していたのだが、前者は後者の残骸のなかからまったく新たに浮かびあがってこようとしている。もろもろの民族のむなしい企てはかつてなかったほど今日的な問題となっているが、しかし、救世主からすればその裏をかくことはいともたやすいことなのである。それらの企ては今日われわれを惑わす。だがその分だけ明日になれば滑稽なものに見えてくるであろう。

したがって本質的なこと――神学も人間諸科学もそのことを何ら感じとってはいないのだが――は、迫害表象が敗北するということなのである。敗北の意義をできるかぎり大きくするためには、真理の顕現にとってもっとも困難な、またもっとも不都合な状況、そして新たな神話を産出しやすい状況のもとで敗北させる必要がある。だからこそ福音書のテクストにおいては、義人にたいする死刑の宣告には理由がないこと、また迫害者たち、すなわち告発するべきすぐれた理由がある――告発 accusation とは語源的には、理由があって *ad causam* なされるものなのである――と信じる、あるいは信じたふりをして、このような信念を広めようとする者たち全員が完全に結束していることが必ず同時に強調されているのである。

キリストの受難に関与した人びとにたいする福音書の非難の仕方は、その強調点がまちまちである、と現代の註釈者たちは言うが、しかしそんなことに思いわずらうのは時間の無駄であり、受難の物語にこめられた真の意図を根本から誤解することである。ここでは、福音書は神と同じように、特別誰の味方になっているわけでもない。なぜならば、福音書の真の関心は、迫害者の完全な結束ということにのみ向けられているからである。福音書は無垢な人類を犠牲にしてまで、反ユダヤ主義、選良主義、反進歩主義など、その他もろもろの罪を犯しているとされる。だがこれを証明しようとする策略はいずれも、そこに読みとりうる率直な気持を別にして、何ら意味をもってはいない。こうした策略をめぐらす者たちはいつも、福音書のテクストを決定的に処分してしまえると考えている。しかし自分たちこそこのテクストを通じて解釈されているのだとは考えていないのである。もろもろの民の企てるむなしいことはいくつもあるが、そのうちでもこれほど滑稽なものはあるまい。

福音書の語るところを理解しないですます方法はいくらでもある。精神分析家や精神医学者が受難を取りあげた場合、彼らは迫害者たちのつくる全員一致の集団のうちに、《初期キリスト教に特有のパラノイア》の反映とか、《迫害妄想》の痕跡とかを発見して満足する。この問題について彼らは確信を抱いている。というのもその背後でマルクス、ニーチェ、フロイトなど、福音書は打倒すべきだというただ一点では例外的に意見を同じくする思想家たちに支えられているからである。

だがこの精神分析家たちも、魔女裁判については同様の説明をけっして思いつきはしない。今度は犠牲者にたいしてではなく、迫害者たちに立ち向かうために、彼らは腕をみがき武器をとぎすます。標的を変更したことはよしとしよう。迫害が実在したことを多少とも知りさえすれば、心理 - 精神分析の枠組を現実の犠牲者や現実の集合暴力に適用するのがおぞましくまた滑稽であることは充分に理解できる。なるほど迫害妄想は存在していて、医者の待合室へ行けばいくらでも見ることができる。しかし迫害も同じように存在しているのだ。とりわけ現代の西欧の特権階級のあいだでよくあることだが、迫害者たちの全員一致した結束というのがパラノイアによる幻覚にすぎない可能性もある。とはいえ、この現象はときとして実際に生じもするのである。幻覚の解読については非常にすぐれた才能を有する精神分析家たちは、自分たちの原理の適用にいささかのためらいも示しはしない——これはよく知られたことである。西欧の歴史の外側には幻覚しか存在しない、という先入観を彼らはつねにもっているのだ。したがって彼らにとっては、いかなる犠牲者も実在のものではない。

世界中いたるところで同じ迫害の常套形式が反復されているのだが、誰もそのことに気づいてはいない。いかなる解釈を採用するかを決定するのは、またもや歴史か宗教かのどちらに分類されるかという外装の問題であり、考察されるテクストの本質ではないのである。ここでわれわれは目には見えないが西欧文化を横断する一本の線にあらためて出会う。われわれはこの線より内側では暴力の実在する可能性を認めるのだが、その外側では認めないのである。そして後者に生じる空白を、非現実の方向に作用する言語学で味をつけた偽ニーチェ主義の夢想でもって補っている。このことは次第に明らかになりつつある。現代思想はさまざまにその装いを変えてゆくけれども、それらはいずれもドイツ観念論のあとをついで、神話の欺瞞の暴露を妨げることを目的とした屁理屈のたぐい、聖書による啓示の進展を遅らせるための新たな仕掛け以外の何ものでもないのである。

＊＊＊

福音書が、私の主張してるように、身代りの山羊の仕組みという言葉は用いないまでも、その陰険な効果から身を守るために、またそれが存在するところであればどこでも、とりわけわれわれ自身のうちにおいてそれを見抜くために心得ておかねばならないことは少しももらすことなく、この仕組みを解明しているとすれば、これまで本書で身代りの山羊の仕組みについて抽き出してきた性格のすべて、殊にその意識されない本性が福音書をとおして発見できるにちがいない。

この意識されない部分とは、犠牲者が有罪であると真剣に考えている迫害者たちの信念にほかならないのだが、それがあるからこそ、彼らは迫害表象のうちに閉じこめられたきりになっているのである。これは一種の牢獄であり、しかしその壁が彼らには見えていない。自由ととりちがえられている分だけいっそう全面的な隷属、洞察力と思いこまれた盲目である。

福音書に無意識という観念があるだろうか。そうした言葉は登場してこないが、現代人の知性は福音書の文章を読んで、敬虔と不敬虔とに二分する昔ながらの思考法にしばられたりまひさせられたりしていなければ、無意識の観念の存在をただちに認識しうるであろう。迫害者の無意識を明らかにする文章は、ルカによる福音書のなかの受難の物語のまさに核心部分に出てきている。すなわち、「父よ。彼らをお赦しください。彼らは何をしているのか自分でわからないのです」（ルカ、二三、三四）という有名なくだりである。

キリスト教徒はここでイエスの善意を強調する。それでも文章の本来の内容の影がうすくならないのであればよいのだ。ところが多くの場合、この本来の内容はほとんど取りあげられることがない。明らかに、重要でないと考えられているのである。結局のところ福音書のこの部分は、あたかもイエスが許すべからざる死刑執行人どもを許したいと願っていて、どちらかといえば無駄な言いわけ、しかも受難の現実にはさほど合致しない言いわけを彼らのためにこしらえてやったかのように説明されてしまう。

この文章の真意をつかみきれず、右のように説明する人びとには、それにたいして多少ともうわべだけでしか称讃の念を抱くことができない。そして彼らの気の抜けたような信心のおかげで、その偽善の味がテクストにもうつってしまう。これこそ福音書にたいしてなされたもっとも恐るべきことがらであり、現代の肥大化したえせ信心が福音書を包みこむのに利用する、何とも言えない親切ごかしの偽善なのだ！実のところ、福音書はけっして不細工な言いわけなど求めてはいない。福音書はいつも、何かを語るためにしか口を開かない。感傷的なおしゃべりは福音書のなすべきことではないのである。

この文章の真の意義を回復させようと思えば、それが犠牲の仕組みの解明において果たすほとんど専門的とも言える役割を認識しなければならない。この文章のなかでは、身代りの山羊をつくったおかげでひとつにまとまりえた人間たちについての正確な事実が告げられているのだ。すなわち、「彼らは何をしているのか自分でわからない」、ということである。だからこそ、彼らを許してやらねばならないのだ。こうした決心は迫害妄想から出てきたものではない。また現実の暴力の恐怖をまぎらそうと思ったからでもない。福音書のこの箇所に出会って、われわれは人類史上で最初の無意識というものについての定義を得るのである。これ以外の無意識の定義はすべてここから派生したものであり、しかもこれのもつ力を弱めることのほか何もしてはいない。つまり、実際上、フロイトのように迫害という側面を軽視するか、さもなくばユングのように完全に除去してしまうか、そのいずれかなのである。

使徒行伝は、エルサレムの群衆、すなわち受難のもととなった当の群衆に向けて語りかけるペテロの口をとおして、無意識にかんする同様の見方を述べている。「ですから、兄弟たち。私は知っています。あなたがたは、自分たちの指導者たちと同様に、無知のためにあのような行いをしたのです」(使徒行伝、三、一七)。このくだりがいちじるしく重要であるのは、それが群衆と指導者といういずれもひとしく無意識的である諸勢力のふたつのカテゴリーにたいして、またしてもわれわれの注意を惹きつけているところにある。ここでは受難をその邪悪な側面においていて独自の出来事であるとする、誤ってキリスト教に帰せられている考え方が暗黙裡に否定されている。実は、受難はその啓示的な側面においてのみ独自の性格をもちうるのである。前者のほうの考え方によるならば、暴力を呪物化し、神話的な異教の一変種に陥ってしまうことになる。

第10章　ただひとりの男が死に……

われわれにはもはや最後の作業しか残されていない。すなわち、犠牲の本質的な特徴、犠牲者は他の人びとの身代りになっているのだという事実にもとづいて、犠牲の作り出される過程を直接的に定式化する作業である。この点について福音書のうちでもっとも明白な言葉は、ヨハネの福音書に出てくる、イエスの殺害を決定するにいたる討論の席で大祭司カヤパの口から語られる言葉である。そこではこれまで犠牲について列挙してきたことのすべてが、きわめてはっきりと表明されている。

そこで、祭司長とパリサイ人たちは議会を召集して言った。「われわれは何をしているのか。あの人が多くのしるしを行っているというのに。もしあの人をこのままに放っておくなら、すべての人があの人を信じるようになる。そうなると、ローマ人がやって来て、われわれの土地も国民も奪い取ることになる。」しかし彼らのうちのひとりで、その年の大祭司であったカヤパが、彼らに言った。「あなたがたは全然何もわかっていない。ただひとりの男が民の代りに死んで、国民全体が滅びないほうが、あなたがたにとって得策だということも、考えに入れていない。」ところで、このことは彼が自分から言ったのではなくて、その年の大祭司であったので、イエスが国民のために死のうとしておられること、またただ国民のためだけでなく、散らされている神の子たちをひとつに集めるためにも死のうとしておられることを預言したのである。そこで彼らは、その日からイエスを殺すための計画を立て

た。(ヨハネ、一一、四七―五三)

議会で論議されているのは、イエスの評判が惹きおこした、あまりにも大きな危機である。だが、この危機はもっと広汎な危機が一時的にあらわれたものにすぎない。もっと広汎な危機とは、その後半世紀もたたぬうちに国家の完全な衰亡にまでたどりつく、ユダヤ教徒の社会全体の危機のことである。討論がなされたという事実がすでに、社会の意志決定能力の欠如を示唆している。討論は危機に決着をつけるために開かれたわけだが、結論が出ないという点に危機がうつし出されている。議論が空回りばかりしているので、カヤパはややいらだち気味に、また多少唐突に、「あなたがたは全然何もわかっていない」と言って議論をさえぎるのである。カヤパの言うことを聞いて、指導者たちはみな、《そうだ、そのとおりだ。ただひとりの男が死んで、国民が滅びないようになるほうがよい。どうしてそれを考えつかなかったのか》とたがいに言いあう。おそらく彼らもそのことを少しは考えていたのだろうが、指導者のうちでもっとも強い決意をもち、またもっとも強い決定権をもつ、もっとも大胆な人物にのみ、そうした考えを表明することができたのであった。

カヤパの述べるのは理性そのものである。それは政治的理性であり、身代りの山羊の理性でもある。暴力はできるかぎり抑制する。しかし、終局的に必要とあれば、より大きな暴力を回避するために、暴力に訴える……。カヤパはもっとも高級な政治の様式を体現してはいても、もっとも低次なそれを体現してはいない。政治において彼ほど巧みにことを運んだ者は誰もいないのである。

とはいえ、暴力にはあらゆる種類の危険がともなう。それらを引き受けることによって、カヤパは指導者たる姿をあらわす。他の者たちは彼に頼る。彼らはカヤパを手本とし、彼の穏やかな確信を模倣するのだ。彼らはカヤパの言葉を聞きいれ、疑うことをやめてしまう。もし国民全体の衰亡が確実であるのならば、当然のこととして、ただひとりの人間が、それもおとなしくしているのを拒み危険をいっそう大きくしている男が、他の人間全員のかわりに死んでゆくほうがよい。

カヤパの言葉は身代りの山羊の効果がどんなものであるかを明らかにし、またある程度それをかき立てている。彼の言葉は聞く者を安心せしめるのみならず、熱狂させ、今日なら軍人や《活動家》を動員せねばならないという言い方をするのと同じ意味で《動員》するのである。どういうことかと言うと、ジャン＝ポール・サルトルがたえず夢想していた、あの溶融集団の生成が、ここで問題になってくるのである。もちろんサルトルは、こうした集団は犠牲者しか生み出さないなどと言ってはいないのであるけれども。

そのような効果を生じさせるためには、カヤパの言葉は表面的に、また必ず神話的に理解されていなければならない。先に規定した政治的理性とは依然として神話的な性質のものである。なぜならば、政治的理性は政治解釈――すなわち現代世界をもカヤパの議会をも支配している解釈――の水準では、犠牲の仕組みのうちに隠蔽されたままになっているものを基礎にして成り立っているからである。すでに明らかにしたとおり、歴史のうえでの、また近代世界における衰退という意味では、身代りの山羊の効果は明らかに衰えてきている。だからこそ、政治的理性はつねに犠牲者の側からの反論を浴び、またカヤパと同じ状況におかれたなら、場合によってはそうとは気づかずにそれに頼るであろう者たちからでさえ、迫害的であるとして告発されるのである。この政治的理性を《産出する》仕組みは極度に疲弊してきているので、政治的理性は超越的な性格をいっさい失い、社会的な効用の点で正当化されうるものになってしまっている。政治の神話からは犠牲の産出される過程の真実の側面がかなり明らかになってくる。このため今日では、政治的な解釈――それをはじめたのは私であると言われることもよくあるのだけれども――を一般化すれば犠牲の仕組みを完全に解明し、またこれを正当化できるという幻想が多数の人びとのあいだに広まっている。

カヤパの言葉を真に啓示的なものとするためには、これを政治的な意味ではなく福音書的な意味で、すなわち私がこれまで明らかにしようとしてきた、また以後も明らかにしうるであろういっさいのことがらの文脈のうちにおいて理解しなければならない。そうすれば、受難の物語と四つの福音書、さらには聖書全体をつうじて解明されるはずの犠牲の仕組みが、カヤパの言葉のなかで衝撃的な定義を与えられているのを認めることができる。これまでわれわれの前に姿をあらわしてきていた身代りの山羊の効果と、ユダヤ教の供犠の起源における身代りの山羊の効果とが合致するのである。カヤパは誰にもまして神に犠牲を捧げる司祭であり、生ける者たちを救うために生贄を殺害する人物である。ヨハネはこのことに読者の注意を喚起させておいて、文化におけるあらゆる真の決定は供犠としての性格をもつこと（繰り返すことになるが、ラテン語の決定する *decidere* という動詞には生贄ののどを切るという意味がある）、したがってまた、秘密を暴露されていない身代りの山羊の効果、つまり聖なるものにかかわる型の迫害表象にまで遡ることを強調するのである。

大司祭の決意のなかで表明されているのは、供犠とその起源とについての決定的な認識である。この認識はそれを語る者もまた聞く者も気づかないうちに表明されている。カヤパや彼の聴衆たちは、自分たちが何をしているのか知らないばかりか、何を言っているのかも知っていないのである。それゆえ彼らを許してやらねばならない。一般的に見て今日の政治的現実は彼らの時代のそれと比べていっそう下劣であるのだから、なおのこと彼らは許してやらねばならない。われわれの時代においては、言葉がただいちだんと偽善的になってきているのである。現代人はカヤパの言葉の意味をまだ完全には理解していないまでも、しかし彼自身よりはよく理解しているので、彼のような話し方をしないのだ。言いかえれば、この点こそ福音書による犠牲の解明がわれわれのあいだに滲透してきていることの証拠なのであるが。とはいえ、新約聖書の研究や宗教史、民族学、政治学の現況を調べてみると、研究者たちはそうしたことをめったに考えてもいないようである。《専門家たち》はわれわれの主張を何ら認めようとはしない。彼らを別にすれば、くだんの知識は世界中でもっとも広くゆきわたっているのだが、右に列挙した諸学問はこれをまったく知りたがらない。どの学問も真の直観を育てるというよりは、むしろ抑えつけ無力にするために存在しているかに見える。歴史上で大きな変動のおきる前というのはいつでもそんなものである。身代りの山羊にかんする知識が広く受け容れられなくとも、大変動の生じることにかわりはない。いや広く受け容れられないことこそ、変動が近づいてきていることのもうひとつの徴候にほかならないのである。

福音書の文脈のなかでヨハネの文章の真意を理解し、かつそれのもたらす啓示の恩恵をこうむるためには、この文脈から離れてはならない。ヨハネの言葉を右のように理解したとしても、犠牲の仕組みを何らかのかたちで正当化することにはならない。それどころかこのように理解すれば、犠牲への誘惑やこれを核とする迫害表象、さらにまた迫害の発生にとって都合のよい、欲望の模倣への誘惑などにたいして、より強い抵抗力が生まれてくるのである。その効果は、最初にカヤパの言葉を聞いた者たちに及んだ効果とは正反対のものである。現代世界にあっては、そのふたつの効果のどちらも存在しているのが見うけられる。このことは、福音書による啓示がよきにつけ悪しきにつけ、われわれの歴史のすみずみにまで作用していることのしるしのひとつなのである。

*
**

福音書による犠牲の仕組みの解明の、人類学的観点から見た本質は、この解明によっていっさいの迫害表象が危機におちいる、ということにある。迫害について語るというだけなら、受難には何ら特別な要素はない。この世界のすべての勢力が連合するというのは、何ら特別なことではない。同じ連合はどんな神話の起源にも見あたる。驚くべきは、福音書があらゆる神話のテクスト、あらゆる政治的テクスト、さらにはあらゆる哲学のテクストと同じく、諸勢力の連合における完全に一致した結束を強調しながらも、福音書の場合この強調が諸勢力の結束に屈服し、またその判断に追従することではなく、結束を完全な過ち、このうえない非-真理として告発することのためになされている、という点である。

福音書による犠牲の仕組みの解明が他の何にもまして根源的な思想をもちうるのは、まさにここにおいてである。このことを理解するためには、西欧近代社会の政治思想について、福音書と対照させながら手短かにふれておかねばならない。

この世界の諸勢力は、一方では官憲、他方では群衆という、ふたつの集団にはっきりと分けることができる。ふつうは前者が後者を凌駕しているが、危機のさいには関係が逆になる。群衆は勝利するのみならず、一種のるつぼと化し、動揺が少ないかに見えた官憲でさえそのなかに融合してしまう。こうした融合の過程は、身代りの山羊、言いかえれば聖なるものの媒介をつうじて、権力が再編成されることを保証する。欲望の模倣にかんする理論は、政治学やその他人間諸科学によっては見通すことのできない、この融合の過程に光をあててくれるのである。

群衆の威力はきわめて大きく、それゆえ共同体全体をまとめなくとも、驚くべき結果をあげることができる。官憲は群衆に屈服し、ピラトがイエスを、ヘロデがバプテスマのヨハネをゆずりわたしたように、群衆が気まぐれに要求する犠牲者をゆずりわたしてしまう。こうして官憲は群衆を肥大させ、また自ら群衆に吸収されてゆくままになる。受難の意味を理解すること、それはカヤパとピラトとのあいだやユダとペテロとのあいだばかりでなく、《奴を十字架にかけろ！》と叫ぶ、あるいは叫ばせている者全員のあいだの差異が、受難によって一時的に消え去る、というのを理解することなのである。

《保守主義》であれ《革命主義》であれ、近代の政治思想は、諸勢力のうちの群衆か既成の権力か、そのどちらかのカテゴリーのみを批判する。それゆえ近代政治思想は他者に依存せざるをえない。どちらを批判するかの選択でもって、《保守主義》か《革命主義》かがきまるのである。

ルソーの『社会契約論』はいつまでもひとの心を惹きつけるが、それはこの書物がいくつかの真理をふくんでいるからなのではなくして、そのなかでふたつのカテゴリーの勢力を両極とした一種のめくるめくような振子運動が生じているからである。どんな党派であれ《合理主義者》はふたつのカテゴリーの勢力のうちどちらかひとつを断固として選択し、これに依拠するのだが、ルソーはそうはしないで、両立しがたいものを両立させようとする。そのため彼の作品はややもすれば、作品のなかで表明されている大原則とは矛盾した、実際の革命の渦に似たものとなるのである。

保守主義者たちは、あらゆる既成の権力、すなわち宗教的、文化的、政治的また法的な伝統の連続を体現したあらゆる制度を強固なものにしようと骨を折る。既成の権力についてあまりにも寛大すぎるという非難を受けねばならないのが彼らの弱点である。そのかわり彼らは群衆に由来する暴力の脅威にたいしてきわめて敏感である。革命派の場合はまったく逆だ。彼らは制度にたいしては一貫して批判的であるが、群衆の暴力ははずかしげもなく聖化してしまう。革命派の立場からフランス革命やロシア革命を研究する歴史家たちは、革命時になされた犯罪をすべて神話化している。群衆をめぐるどんな真面目な研究も《反動》扱いである。こうした領域での問題解明は彼らの関心を惹かないのだ。犠牲の仕組みが《世界を変える》には、影の部分を必要とするのは事実である。とはいえ偉大な革命的作家はやはり、たとえば王の死について述べるサン＝ジュストのように、現実の暴力が果たしている象徴的な役割をはっきりと認めているのである。

革命家たちが公然と暴力に訴えるので、犠牲に望まれる効果はもはやあらわれてこない。神秘に風穴があいたのである。暴力による文化の創始はもはや有効ではなくなった。これを維持してゆくには恐怖政治によるほかない。このことは北米の民主主義に直面しながら生じたフランス革命の場合に、すでに多少ともあてはまるし、またマルクス主義革命の場合にはなおいっそうあてはまる。

近代の政治思想は倫理なしでは成り立たないのだが、しかし政治にかかわりつづけるかぎり、それ自体倫理的になることはできない。そこで倫理に関与するもうひとつ別の要素が必要となってくる。もうひとつの要素とは何か。その答えを真につきつめてゆくならば、必ずやカヤパの言い放ったような定式にまでたどりつくことであろう。すなわち、《奴ないし奴らが滅び、共同体は滅ばないというほうがよい。》

ただ政治のうえでの反対派のみならず、他の領域でこれに匹敵する批判のすべてもまた、福音書による犠牲の仕組みの解明を部分的にかつ偏って利用することによって成立している。現代世界にはキリスト教で言う異端、すなわち分裂と分割しか存在していない。これこそ異端という語本来の意味である。欲望の模倣に由来する競争関係において、犠牲の解明を武器として用い、また相手方の分裂をもたらす力となすためには、まずこの解明を分裂させておかなければならない。それは無傷であるかぎり平和をもたらす力でありつづけるのであって、断片化された場合にのみ戦いの武器になるのである。犠牲の解明はひとたび切り刻まれると、それなしで用いたどんな武器にもまさる武器を、あい争う分身たちに提供することとなる。だからこそ犠牲者の死骸を切り裂いた周囲では果てしのない争いがおきるのであり、また、当然のことながら今日にあっても、犠牲の解明を悪用することで不吉な結果が生じた場合、その責任は犠牲の解明自体にあるとされる。マタイ伝のうちの黙示録めいたある章には、そうした細分化の過程全体をただそれだけで理解できるような、驚くべき文句がふくまれている。すなわち、「死体のあるところには、禿鷹が集まります。」（マタイ、二四、二八）

福音書は歴史上の迫害者たち、そしてましてや神話のなかの迫害者たちがわれわれの眼から隠蔽しているのは何であるのかを、言いかえれば彼らの犠牲者が、ギョーム・ド・マショーの語るユダヤ人について今日《彼らは身代りの山羊だ》と言える意味で、身代りの山羊であるということを、たえずわれわれに示しつづけてくれている。

なるほど身代りの山羊という表現は福音書では用いられていないが、これにかわるもっとすぐれた別の表現がある。神の仔羊という表現がそれだ。この表現も身代りの山羊というのと同様に、ひとりの犠牲者が他のすべての犠牲者を代表するということを述べている。しかし、ここでは山羊という言葉にふくまれる胸の悪くなるような、また臭味のある内容が、仔羊という語のまったく肯定的な内容でもって置換されるために、犠牲者の無実や彼のこうむった断罪の不正さ、彼にたいする憎悪の根拠のなさなどが、よりはっきりと伝わることになる。

今やすべてが完璧に明白である。（一九）イエスはつねに、旧約聖書中のすべての身代りの山羊、すなわちアベル、ヨセフ、モーセ、主のしもべなど、自己の所属した共同体の手で殺害されあるいは迫害されたすべての預言者たちと並べられるし、また自らも並ぼうとしている。他から名ざされるのであれ、自分で名のり出るのであれ、無実でありながら無視された犠牲者という役割を担っているのであるから、イエスは身代りの山羊と呼ばれてよい。彼は家を建てる者たちに見捨てられたが、礎の石となるであろう石だ（マタイ、

二一、四二他。また、詩篇、一一八、二二）。彼はまた、躓きの石であり、これにはどんな賢者でも躓く。というのも、イエスの本質は人びとには理解しにくく、旧来の神々と混同されやすいからである。私の考えでは、イエスに与えられる王の称号もふくめて、聖なる王国の犠牲者という彼の性格を示していないものはない。とはいえ、はっきりとした犠牲者のしるしを強いてさがすとしても、ヨナのしるし（マタイ、一二、三九―四〇）くらいで我慢しなければならないであろう。

ヨナのしるしとはいかなるものであるか。マタイのテクスト中の鯨への言及は問題点をさほど明らかにはしてくれない。あらゆる聖書註釈者たちにならい、マタイの言及よりは同じ場面でのルカの沈黙のほうを好ましいとしなければならない。だが、この点についてわれわれは、おそらくはイエス自身答えを出さなかった問いにたいして、マタイよりもうまい答えを試みることができる。ヨナ書の最初の数行を読めば、答えはすぐに出てくる。嵐のさなか、ヨナは船の難破をさけるための犠牲者に選ばれ、水夫たちは彼を海中へ放りこむ。つまり、ヨナのしるしとは、またしても集合暴力の犠牲者をさすもののことなのである。

＊＊＊

《身代りの山羊》にかかわるテクストには二種類あることになる。片方は犠牲者が身代りの山羊であるとは語らず、したがってわれわれがかかわりにこのことを言わねばならない。たとえばギョーム・ド・マショーや神話のテクストである。もう片方は自ら、犠牲者が身代りの山羊であることを伝えてくれる。福音書がそうだ。イエスは身代りの山羊であると私は言ったが、これは私の功績ではなく、また何ら自分の慧眼を示したことにはならない。なぜなら福音書のテクストがすでにこのことを述べているからである。しかもそれをできるかぎり明白に述べようとして、神の仔羊、家造りらに捨てられた石、他の者全員のかわりに苦悩する者などという表現でもって犠牲者のことを呼んだり、またとりわけ、迫害者の観点にもとづく歪みを歪みとして、言いかえれば信じるべきではないこととして示したりしているのだ。

これにたいして、私はギョーム・ド・マショーを解釈する。そしてそのテクストを読み終えた時点で《ユダヤ人たちは身代りの山羊だ》と大声で言おうとすれば、自分の慧眼を証明しなければならない。テクストにはあらわれていない、しかも作者の意図に反したことを断言するのである。作者は迫害者の視角を歪みとしてではなく、信じるべきこと、真理そのものとして呈示しているからである。

テクストがわれわれに代って引き出してくれる、身代りの山羊は、テクストのなかの、またテクストにとっての身代りの山羊である。われわれが自分たちの力で引き出さなければならないのは、テクストの身代りの山羊なのだ。テクストの身代りの山羊はテクスト中のいっさいの主題を統制しており、それがテクストのうちに主題として登場することはありえない。登場しても身代りの山羊として語られはしない。それがテクストを構造化しているのであるから、そのテクストのなかで主題となるはずがないのである。それは主題ではなく、構造化を進める仕掛けなのだ。

私はできるかぎり単純明快な議論を行うと約束したのであるのに、主題と構造との対照などと言うと、抽象的で専門家向きの隠語のようだと思うひとがいるかもしれない。だがこれはどうしても必要である。もっとも、この対照を明らかにするには、それをわれわれの問題にあてはめてみればこと足りるのだが。

ギョームのテクストを前にして《ユダヤ人たちは身代りの山羊だ》と大声で言うことは、このテクストの正しい解釈を要約することである。作者が無批判のままに放置しておいた迫害表象の存在を見抜き、これに代えて、ユダヤ人たちと受難の物語のイエスとを同じものと考える解釈を採用することになる。彼に罪はなく、彼らは理由のない憎悪の犠牲者なのである。群衆全体は、またときには権力の側の者たちも、一致してこれとは逆のことを言うが、彼らが全員一致していても、われわれは心を動かされはしない。迫害者たちは何をしているのか自分でもわかっていないからである。

この種のテクスト解読を行う場合、われわれはみな、そうとは気づかずに、構造主義しかも最良の構造主義を実践している。構造主義的な批評はふつう考えられている以上に古くから存在していて、私はその反論が不可能でかつ反論を受けたことのない例を、できるかぎり時代を遡ったところに求めてみたわけである。ギョーム・ド・マショーについては、身代りの山羊という言葉を口にするだけで充分である。なぜなら、この表現を用いれば、作者の欺瞞的な観点の枠内で呈示されたいっさいの主題およびあらゆる迫害の常套形式の源にあるはずの、隠れた構造化の原則が明らかになるからである。作者は自分の語っているユダヤ人たちが身代りの山羊であるとは認識できないでいるのだが、われわれは福音書がイエスにかんして見抜いたのと同じように、そのことを見抜いてしまうのである。

ギョーム・ド・マショーのテクストと福音書とが、いずれも何らかのかたちで身代りの山羊にかかわっているからといって、両者を同一視するのはおろかなことだ。同じ事件を扱いながらも記述の仕方があまりにもことなっているのであるから、ふたつのテクストを混同することはおぞましくまた馬鹿げている。前者は身代りの山羊の仕組みを反映し、犠牲者が有罪であると断言する。仕組みが作動しているために、このテクストは迫害表象を無批判に受容し、それに捧げられたかたちになる。それゆえわれわれは自分たちの手でその批判をなさなければならない。後者のほうは犠牲者の無実を言明しているのであるから、われわれよりも先に同じ批判を行っているわけである。

今しがた想定したふたつのテクストを混同することの滑稽さとおぞましさをよく覚えておかねばならない。またこれと同じように、もしギョームの反ユダヤ主義と近代の歴史家の行う同じギョームにたいする告発とが、いずれも方向ははっきりとはしないが身代りの山羊に密接にかかわっているからといって、両者を区別しないとすれば、それは犯罪的であると言ってよかろう。そのような混同は、まさしく醜悪ないし知的倒錯のきわみであろう。

したがって、あるテクストをめぐって身代りの山羊の存在を論じる場合には、その前にテクストの身代りの山羊（隠れた構造化の原理）か、それともテクストのなかの身代りの山羊（はっきりと目に見える主題）か、そのいずれが問題になっているのかをよく考えておく必要がある。ただ前者の場合のみ、そのテクストを迫害文献として、全面的に迫害表象の支配下にあるものとして定義しなければならない。このテクストはそのなかで語られてはいない身代りの山羊の効果によって支配されている。逆に後者の場合は、身代りの山羊の効果について述べており、その支配を受けてはいない。こちらは迫害文献でないというのみならず、迫害についての真理を解明してもいるのである。

反ユダヤ主義とこれを告発する歴史家たちとの場合には、今しがた明らかになった、二種のテクストのあいだのきわめて単純な区別、ほとんど単純すぎると言ってよいほどの区別はよく理解できる。ここでわれわれの関心を惹くのは次のようなことがら、すなわち、この区別を神話と福音書という別の例にあてはめようとしたとたんに、誰もそれを理解せず、誰もそれを認めなくなってしまう、ということである。

われわれが誰でもギョーム・ド・マショーを読むときに用いているような方法で、神話を読むことができるなどと、意地の悪い批判者たちは認めてくれない。彼らは自分でも神話に類似したテクストを読むときには用いているのに、同じ解読手段を神話に適用することについては考えてもみないのである。彼らは強力な照明具を手にしていながら、本書の扱っているテクストのうちに、けっして見つかりはしないだろうし、また見つかるはずもないもの、つまり身代りの山羊の主題とかモティーフとかを空しく探し求める。

私が構造化の原理を問題にしているとも知らずに、主題とかモティーフとかを云々するのも、もちろんのことながら彼ら批判者たちである。

存在しもしないものを見たり、神話にはふくまれない何ものかを神話に付けたしている、として彼らは私を非難する。私が問題にするあの有名な身代りの山羊なるものをはっきり指示している語や行や節を見せろと、テクストを振りかざして要求するのである。私は彼らの要求を満足できないので、彼らは私を《決定的に論駁した》と考えてしまう。

身代りの山羊について神話は口をつぐんでいる。これは大変な発見のように思われる。自分たちは私の議論を読んでその発見をしたのだから、最初に発見したのは私にちがいない、と意地の悪い批判者たちは推測する。彼らはそのことを否定しがたい真理であるかのように私に強く教えこもうとする。彼らはみな、体系精神という《きわめてフランス的な》あるいは《きわめてアメリカ的な》――形容詞は場合によりさまざまだが――病いの典型的な症例を私のうちに見てとる。彼らによれば、私のような人間は自分の理論を補強するものにしか注意を向けない。そうでないものは容赦なく切りすててしまう。私はいっさいを唯一の主題に還元する。私は新たな還元主義を発明した。以前にも出てきた数多の同類と同じく、私も所与の主題から特定のものをひとつ選び、その主題以外は無視して、それを過度に大きくふくれあがらせている、というわけである。

身代りの山羊があたかもそのとおりの名前をもって神話のなかに登場することがあるかのように、右の批判者たちは論じている。私の見るところ、彼らは私が完全に不満を抱いてしまわぬよう譲歩するつもりであり、身代りの山羊という新参の主題を迎え入れるためには、他の主題やモティーフを奥へつめさせて、場所を少しあけてやってもよいと考えている。彼らは気前よすぎるのだ。私が関心を抱くかぎりでの身代りの山羊は、神話のなかでいかなる場所をも占めていない。かりに身代りの山羊の占める場所がひとつでもあれば、必然的に私はまちがっていたことになり、《私の理論》は崩壊するだろう。身代りの山羊は私がそこから抽き出そうとしていたもの、すなわちあらゆる主題を外側から支配する構造化の原理となることができないであろう。

ギョーム・ド・マショーのテクストには身代りの山羊への言及がないからといって、このテクストは身代りの山羊と何の関係もないと断言するのはおかしい。身代りの山羊について語ることが少なければ少ないほど、またテクストを支配する原理を見抜くことがむずかしければむずかしいほど、そのぶんテクストは身代りの山羊の効力の支配下におかれているのである。この場合、しかもこの場合にのみだが、テクストは全体が犠牲の幻想や犠牲者の虚偽の有罪性、また呪術的な因果論との関連で記述されるのである。迫害的な性格をもつがゆえに身代りの山羊の存在をかぎとれるテクストのなかに、身代りの山羊という表現、もしくはそれに相当するものがはっきりとあらわれてくることを要求するほど、われわれはおろかではない。

迫害表象を解読するにあたって、迫害者たちが親切にも自分たちは身代りの山羊の消費者であると言ってくれるのを待っていたら、待ちぼうけをくらわされるであろう。われわれにとって幸運なことに、彼らは迫害をなしたということとの間接的な、すぐにわかるとはいえ、解釈なしではすませられないしるしを残しておいてくれた。どうして神話についてもそのように考えてはいけないのだろうか。神話にも同じような迫害の常套形式が登場したり、またあからさまに隠蔽されたりしているのに、どうしてそれが迫害の構造化の、すなわち身代りの山羊の効果の間接的なしるしであるとは言えないのだろうか。

神話をめぐるのと同じ誤解は福音書についても生じる。私の袖をひいて次のように言い、私はまちがっているとそっと教えてくれる人もいる。《あなたは福音書が身代りの山羊や犠牲の構造とかかわりがないと考えていますが、そんなことはありませんよ。神の仔羊という表現やカヤパの言葉をごらんなさい。あなたの考えとは逆に、福音書ではイエスは身代りの山羊だとされています。あなたは気づいていませんが、このことは疑いありません。》

こうした意見は同じ誤解のもうひとつの面に発している。批評家のうちのいく人かの述べるところを信じるとすれば、私は要するに、研究の対象としているすべてのテクストにふくまれるすべての明白な題材を転倒させて、身代りの山羊があらわれないどんなテクストにもそれをあてはめ、あらわれているすべてのテクストからは削除している、ということになる。《私の理論》から要請されるものをまったく倒立させた像にもとづけば、私が支離滅裂のただなかを漂っていることはやすやすと証明できるのだ。犠牲が成立しないと私の主張している箇所にそれが登場してくることがいつも求められ、あきらかに成立していると主張する箇所からは、いつも犠牲を取りあげられてしまう。そして、私は現代批評の基本原理を無視しているという結論がしばしば出てくる。もしも実際に私がひとから思われているようであれば、私は構造化の原理と構造化された主題とが相互に両立不可能であることを知らなかったことになる。これこそもっとも驚くべきことだと私には思える。それとも何ら驚くべきことではなく、すばらしい論理なのであろうか。

『暴力と聖なるもの』および『世の初めから隠されていること』においては、混乱を避けたかったので、構造化の原理が問題となっている場合は、必ず身代りの山羊 *bouc émissaire* ではなく身代りの犠牲 *victime émissaire* という表現を用いておいた。あらゆる迫害表象の背後にはおそらく犠牲者が実在しているということを示唆するうえで、そのほうが有利だと思えたからである。だがそんな用心もまだ充分ではなかった。

私の主張を理解するのに必要なすべての知識をそなえた読者——このことは歴史上の迫害にたいする彼らの反応の仕方からも明らかである——が、いったいどうしてそれほど粗雑に《私の理論》を誤解しうるのだろうか。

われわれ近代人は、構造化作用としての身代りの山羊の用法をもっぱら身近かな世界にのみ適用する。時代を遡るとしてもせいぜい中世までである。領域が歴史的文献から神話や宗教的な文献へと移ったとたんに、われわれはそのごくありふれた用法を文字どおり忘れ去り、ある種の儀礼的な身代りの山羊でもって置きかえてしまう。それも聖書における意味でのものならば、まだわれわれをどこかへ導いてくれる可能性があるのだが、何の関心ももてない袋小路へと迷いこませる、フレイザーやその弟子たちの言う意味での身代りの山羊なのである。

なるほど儀礼はこれをとり行う者にとってさえ、いや彼らにとってはとりわけ、神秘的な行為である。だが、熟慮のうえでの意図的な行為であることにはかわりない。文化が儀礼を無意識にとり行うことはありえない。儀礼は、文化という広汎なテクストにふくまれる主題ないしモティーフにほかならない。

フレイザーは身代りの山羊という表現を儀礼にかかわる意味でのみ理解し、またそれを普遍化したために、民族学にたいして著しい損害をもたらした。この表現にこめられたもっとも興味深い意味を隠蔽してしまったのである。その意味とは、繰り返すことになるが、いかなる儀礼も、いかなる文化の主題やモティーフをもさすものではない。近代の初頭から判明してきた、迫害表象と迫害行動との仕組み、すなわち身代りの山羊の仕組みという意味である。

フレイザーは、身代りの山羊の儀礼について自分流の概念をでっちあげて、残念ながら主題と構造とを単純に対立させてしまった。なぜならば彼もまた、あらゆる儀礼の起源が身代りの山羊の仕組みにあることを把握していなかったからである。もっとも、これは当時の科学全体の傾向でもあったのだが。世間に広まっている身代りの山羊という表現、すなわちギョーム・ド・マショーのテクストを読んだとき口にしたくなるような表現のほうが、フレイザーのこしらえようとしていた、もっぱら主題本位で、また必然的に折衷的な、百科事典にでも出てくるようないかなる主題、いかなるモティーフよりもはるかに豊かで、興味深く、しかもより大きな可能性をもっているということ、それがフレイザーにはわかっていなかった。彼はただちに聖書のレヴィ記を取りあげて、ヘブライ人の儀礼をあるカテゴリーに属する一連の儀礼全体――実はそんなものは存在しないのだが――の代表格にしてしまった。ある個人や少数者集団について、それが多数の側の《身代りの山羊》となっているという言い方をする場合に、つねに暗黙のうちには述べられている現象と、宗教的なもの一般とのあいだには関係がないのかどうか、などとはけっして問うてみもしなかったのである。まさしくこうした現象のうちにこそ何か本質的なものがあり、身代りの山羊をめぐって考察するのであれば、どんな場合にもそうしたことがらに配慮する必要があるということがフレイザーにはわかっていなかった。この現象がわれわれ自身の世界にまで延びてきているとは知らなかったのである。彼にとってそれは無信仰と実証主義とでもって充分に厄介払いできる粗雑な迷信でしかなかった。キリスト教もそうした迷信の残余、さもなくば究極的な勝利であると、彼は考えていたのだ。

今日においてもなお、考察の対象を歴史的なことがらから神話へと変更したとたんに、われわれは不可避的に構造化作用としての身代りの山羊を忘れてしまい、フレイザーやその弟子たちが仕立てあげた陰気で平板な主題やモティーフをもてあそぶことになる。だがそうした身代りの山羊の概念の曲解は、かりに彼らが行わなかったにせよ、他の誰かがかわりに行っていたであろう。それに彼らが曲解しはじめたときには、ことはすでに八分近く出来上がっていたのである。ここで問題となっている過ちは容易に修正しうるなどと考えて、最初の過ちを増幅するべきではない。本質的な何ものかを失うかどうかの瀬戸際のときなのである。神話と宗教とが問題になったとたんに、身代りの山羊という表現を構造化の作用をもつものとして用いることにたいして嫌悪の念が表明されるが、私の仕事の惹きおこした誤解の執拗さから判断するに、この嫌悪は民族学の枠を大きくはみ出したものである。それは普遍的な性格をもち、先に述べたことのある文化のなかの精神分裂症と同じものでしかない。一方では歴史上のことがらに、また他方では神話や宗教にたいして、同一の解読の基準をあてはめることをわれわれは拒んでいるのだ。

それこそ示唆的なことながら、ケンブリッジの民族学者たちは身代りの山羊の儀礼を世界中いたるところに求めてまわったが、この儀礼は、彼らの考えによると、オイディプスの神話に対応するはずであった。彼らはオイディプスの神話と《身代りの山羊》とのあいだに密接なつながりのあることを予感していた。それは正しかったのだが、しかしいかなるつながりを論じているのかが理解できていなかった。当時の実証主義はいかなるところにも主題とモティーフ以外のものを見ることを彼らに禁じていたからである。構造化の原理によって構造化されたテクストにその原理の姿が見えていないなどという発想は、彼らには形而上学的で理解しえないものと思えたであろう。もっとも大部分の研究者にとっても事情はあいかわらず同じであり、現時点においてでさえ、ギョーム・ド・マショーに言及して、テクストには見出しえない身代りの山羊という、誰もがためらうことなく賛成する解釈をほどこしているけれども、しかし私の主張がはたして理解されるにいたるかどうかは定かではないのである。

フレイザー以後、学殖豊かな解釈学者たち、とりわけマリ・デルクールや、また最近ではジャン゠ピエール・ヴェルナンが、神話は身代りの山羊と《何らかのつながり》をもっているとふたたび感じるようになってきた。迫害の常套形式は神話のうちのいたるところではっきりと確認することができ、またそれゆえ神話はいかなる魔女裁判に比しても粗雑なものになっている。この神話における迫害の常套形式の存在を見ないですますには、たしかに並ならぬ盲目と聾である——大学の研究者のあいだにはよくあることだが——ことが必要である。だがこの容易に解きうる謎を解いた者は今まで誰ひとりとしていなかった。構造化の作用としての身代りの山羊の用法、迫害現象の解明のための普遍的な鍵に注意しなかったからである。神話、とりわけオイディプスの神話が論議の対象となるやいなや、身代りの山羊という発想はなすところもなく主題やモティーフのあいだに紛れこんでしまう。もちろんオイディプスの神話は精神分析、悲劇、美学、そして人文科学などの観点から強く聖化されているだけにいっそうその謎が明らかになってくるはずなのだが。迫害の欺瞞を暴露する自然発生的な構造主義は姿を消し、もはや誰にもそれをふたたび見つけ出すことができなくなる。

ジャン゠ピエール・ヴェルナンもまた、《構造主義》であるにもかかわらず、主題中心的な考え方におちいっており、神話を主題とモティーフとで覆われた平らな表面としか考えていない。そのうちのひとつの主題が身代りの山羊であり、彼はそれをギリシア語でパルマコス *pharmakos* と呼んでいるが、これは仲間の研究者たちに自民族中心主義だと非難されるのを避けてのことであろう。(31) パルマコスがギリシア文化における一主題もしくは一モティーフであることはたしかだが、しかし伝統的な文献学者は、そんな主題はオイディプスの神話のどこにもあらわれてこないと、必ずや指摘するであろう。かりに悲劇のなかに多少登場しているとしても、その登場の仕方は曖昧である。というのも、ジャン゠ピエール・ヴェルナン自身と同じく、ソポクレスも《何ごとかを疑っている》からである。私の考えではソポクレスの疑惑はもっと遠くにまで達しているが、だがそれは悲劇の枠組のなかでは直接に表現することができない。悲劇においては、作者は物語をいささかなりとも変更して語ることを禁じられるからである。かくのたまうのはアリストテレスである（*Aristoteles dixit*）。『オイディプス王』が迫害の常套形式について典型的な記述を行っているのは、おそらくソポクレスのせいである。彼は神話を訴訟に変えてしまう。模倣にもとづく競争関係の展開過程のなかから常套的な告発を出現させ、あるときには自分の家臣全員のためにただひとり苦悩する王という姿を、またあるときには唯一の責任ある者として、ライオス王殺害の犯人集団ののかわりにされたオイディプス自身という姿をそれぞれ暗示するような指標を作品のなかにちりばめている。事実作者は、ライオスが多数の殺害者の手にかかって倒れたのだということを、異常なほどに強く暗示している。彼はオイディプスが複数の殺害者という点に自らが無罪となる望みをかけている様を描いておきながらも、しかしそのすぐ後で、奇妙なことに、自分で取りあげた疑問に答えるのを放棄してしまう[32]。しかり、ソポクレスは何ごとかに気づいてはいるのだが、構造化作用をもつ身代りの山羊の秘密の解明については、福音書作者はむろんのこと、旧約の預言者たちほどの域にさえけっして達していない。ギリシア文化が禁じているのである。神話の物語は彼の手のうちで破裂し、その秘密があらわになるにはいたらない。罠はオイディプスの頭上で閉じてしまう。そして、ジャン＝ピエール・ヴェルナンをもふくめて、現代の神話解釈者たちはみな、依然この罠にかかったままなのである。ヴェルナンは、身代りの山羊を他のいくつもの主題に付け加えるべきもうひとつの主題としか考えてはいなくて、真の問題、すなわち全体としての神話的表象の問題や迫害の体制にかかわる問題を何ら問おうとはしない。この迫害の体制はなるほど悲劇によって動揺させられはするけれども、福音書におけるように真底からくつがえされ、欺瞞であると宣告されるまでにはいたらないのである。

ここでまったく理解されていないのは、オイディプスが一方で近親姦と父親殺しの罪を犯した息子でありながら、同時にまた他方でパルマコスであるというのは不可能だという点である。パルマコスという言葉を用いる場合、事実われわれはそれを無実の犠牲者の意味で理解しているのであり、この理解の仕方はある意味でたしかにユダヤ教とキリスト教からの影響を受けてはいるが、それでもなおわれわれは自民族中心主義におちいっているわけではない。なぜかと言うと、パルマコスないしは身代りの山羊の無実について、ユダヤ教徒やキリスト教信者と意見を同じくすることは、ひとつの真理に到達することであり、逆にこの真理から離れれば、何度も繰り返すが、ギョーム・ド・マショーの欺瞞の暴露や呪術的思考の否定を放棄することに必ずつながるからである。

オイディプスが身代りの山羊であれば、彼は父親殺しと近親姦の罪を犯してはいない。あるいは罪を犯しているのであれば、少なくともギリシア人にとっては、ジャン゠ピエール・ヴェルナンがしおらしくもパルマコスと呼ぶ無実な身代りの山羊ではない。

もし悲劇のなかにこのいずれの方向をも目指す要素がふくまれているとすれば、それは悲劇がその意図に反して引き裂かれており、神話に加担することも、また旧約の預言や詩篇、新約の福音書のように神話を退けることもできない、ということである。

もっとも、これは悲劇を強力に引き裂く内的な矛盾であり、またそれこそ悲劇の美をなすものであり、罪ある息子と無実の身代りの山羊との不可能な共存などという、口先だけの人文主義が述べる偽りの美的調和は、悲劇の本質とは無関係である。

ジャン゠ピエール・ヴェルナンは身代りの山羊よりもパルマコスについて好んで語るのだが、これは研究者仲間のうちでも神話から生じる犠牲のにおいをまったく感じとれない者たちの非難をかわそうと考えてのことである。だがなぜそれほどまでに鈍い嗅覚しかもたない連中に気に入ってもらおうなどとするのか。ジャン゠ピエール・ヴェルナン自身はきわめて鋭い感覚の持主であるのだから、そんなことに成功しはしないし、また、私自身が彼からうさん臭く思われているのと同じ程度には、彼も連中からうさん臭く思われないわけにはいかないのである。

ギョーム・ド・マショーの場合には、誰も身代りの山羊をパルマコスで代置しようなどと考えつかないであろう。たとえギョーム・ド・マショーがギリシア語で作品を書いていたとしても――もっともペストと言うかわりに疫病 *epydimie* の語を用いるなど、彼は今日のあらゆる著名な学者と同じく、多少のギリシア語を使用してはいるのだが――われわれは無実の犠牲者にたいする彼の視点がパルマコスの効果によって歪められている、という言い方をしようとは考えない。われわれはいつも身代りの山羊と言うであろう。したがって、オイディプスの神話では何が問題になっており、この神話はいかなる発生論的‐構造論的な仕組みにつながっているのかを理解しえたあかつきには、われわれは「オイディプスは身代りの山羊である」という表現を受け容れなければならなくなるであろう、と私は思う。こうした表現とジャン＝ピエール・ヴェルナンの言うパルマコスとのあいだの距離は大きくはないのだが、強い偏見が障碍となるので、片方からもう片方へと跳び移れないひとも多数いるのである。

身代りの山羊について語る私が神話からはずれているとすれば、パルマコスについて語るジャン＝ピエール・ヴェルナンも私と同じ程度に神話からはずれている。しかし彼とはことなり、私にはいささかもためらうつもりがない。私は神話をはずれてもそのことを正当化しうるし、実のところ実証的な文献学者たちは私を笑わせる。私の神話からのはずれようは、彼らがわれわれみなと同じようにギョーム・ド・マショーを読んださいに、そのテクストからはずれるのと何ら変りがないからである。

学識豊かな実証主義者たちが、オイディプスの神話の場合には、テクストの字面に忠実になることを理由にして全面的に禁止することを、ギョーム・ド・マショーの場合には許可しているのはなぜなのか。彼らには答えられないが、私は彼らのかわりにはっきりと答えてやることができる。彼らはギョーム・ド・マショーについては真に理解しているが、オイディプスの神話については理解できていないのである。彼らは自分たちのもっとも執着するものについて理解していない。なぜなら、それは彼らの西欧的人文主義にとって、聖書および福音書にたいして自己を正当化するうえで必要な偉大なテクストであり、それゆえ彼らはこれを呪物視しているからである。現代の戦闘的な反自民族中心主義者たちもまた事情は変らないのであり、同じ幻想の一変種にほかならない。彼らもまた、ギョーム・ド・マショーに身代りの山羊の考え方をあてはめて理解することを自民族中心主義的だと断罪してもよいはずなのである。

読者をうんざりさせるおそれがあるにもかかわらず、私がいつもギョームに立ちかえるのは、彼の作品自体の意味のゆえではなく、われわれの解釈が根本的に作品の構造を把握しており、したがってはっきりとこのテクストから距離をとることができるからである。われわれの解釈はテクストのなかではけっして問題にされないひとつの原理に立脚している。だがそれでもやはり、この解釈はまさに揺るぎないものであり、そこに手を加える余地はない。私はこれまで扱ってきたいくつかのテクストについてもこの解釈と同じことしかしていないのだが、ここからもわかるとおり、この解釈は私にとってすばらしい検証の機会を提供してくれるのだ。神話や宗教の領域のみならず、解釈なるものにかかわるあらゆる領域において、今日増殖してきているいかなる偽りの観念をも一掃しうる、もっとも手っとりばやく、もっともわかりやすく、またもっとも確実な手段となるのである。この解釈をとおしてわれわれは、現代のニヒリズムの《過激な》主張の背後に隠れた頽廃を知ることができる。真理はいかなるところにも、とりわけわれわれの解釈の対象となるテクストのうちのいかなるところにも存在しない、とする有害な思想がいたるところで勝利を収めている。こうした思想にたいしては、ギョーム・ド・マショーや魔女裁判から誰もがためらうことなく抽き出しうる真理を振りかざしてみる必要がある。現代のニヒリストたちはこの真理をも放棄するのか、またいかなる《言説》も、それが迫害者の手になるものか、それとも迫害を告発しているのかにはかかわりなく、彼らに同じもののように見えるのかどうか、彼らに訊ねなければならない。

第11章　バプテスマの聖ヨハネの斬首

これまで私自身の著作についての解釈の誤りを議論の対象として取りあげ、これについて長ながと述べてきたけれども、それはただの論争精神からのものではない。この誤りが、聖書と一切の宗教的なものとの関係の解釈の、少なくとも三百年間にわたる過ちを悪化させ反復することとしかしていないからなのである。しかもこの過ちは、キリスト教徒もその敵もどちらもが共通して犯している過ちなのだ。両者は双方とも現在のところ申し分のない敵対する兄弟であり、また今後もそうでありつづけるつもりをしており、本質的なところではつねに厳密な対称をなす振舞い方をする。彼らが抗争に執着するのも、実は抗争することでしか自分たちを維持できないからにほかならない。それゆえ、この問題にふれると、世界中から非難されることになりかねない。

独自性ということについて同じ考え方をしている点で、反キリスト教徒とキリスト教徒とはたがいによく似ている。よく知られていることだが、ロマン主義者の登場以来、独自であるとは隣人と同じことを言わないということである。新しい学派に属したり新しい流行を追うといった意味での新しいことをたえず行うということである。第三の可能性を想像する能力に欠けているがために、もはやラベルをとりかえることもできず、《現代的》と《新しい》との二つの語をいつまでも交替させている今日の世界にあって、官僚やイデオローグたちの言う革新を実践することである。

こうした独自性の考え方が福音書をめぐる論争を支配している。この考え方にしたがうとすれば、福音書とこれにもとづくキリスト教とが真に独自のものであるためには、その他のあらゆる宗教とはことなることを語らねばならないであろう。ところで福音書はまったく同じことを語っているのである。それは、何世紀も前から民族学者や宗教史家の証明してくれているとおりであり、この点にこそ彼らの科学全体の出発点となる深遠な霊感があったのだ。

福音書が何と原始的であるか、よく見てごらん、と現代の最高の学者たちは、あらゆる言い方でもって繰返し言っている。もっとも野蛮な神話にでも出てくるような、あの公衆の面前での集団による処刑や身代りの山羊の事件をごらんなさい。何と奇妙な話だろう！　というわけである。いわゆる《民族学的》な神話を論じる場合には、暴力のことなど何ら問題にはならない。もろもろの神話や宗教を原始的とか、またとりわけ多少とも野蛮であるとか形容することは許されていないのである。そうした《自民族中心的な問題設定》にはいかなる正当性もないとされる。ところが福音書が議論の場にあがってくると、右のような用語に頼ってもよいことになり、また称讃すべきことにさえなってくる。

こうした事物の見方を抵抗なしに受け容れ、民族学者たちの言うことに拍手喝采しよう。彼らは正しいのであり、福音書は神話が語るのと同一の出来事について語っている。つまりあらゆる神話の核心に位置する、共同体の基礎となった殺人について語っているのだ。そのうえ彼らはこの点でも正しいのであるが、福音書にもっともよく似ているのは、まさしくもっとも原始的な神話なのである。というのも、一般的に見て、この殺人についてはっきりと語っているのはそれら原始的な神話のみだからである。より進化した神話においては、集団による殺人は変形されているか、さもなくば巧妙に消し去られてしまっているのである。

神話が語るのと同じ出来事について語っているからには、福音書が神話的でないはずはない、と民族学者たちは考える。彼らはただひとつのことがらを忘れているにすぎない。同じ殺害ではあっても、それを同じ様式で語らずにすますこともできるのである。殺人に加担した者の立場から語ることもできれば、まただどこにでもいる犠牲者ではなく、福音書のキリストという比類ない犠牲者の立場で語ることもできる。この犠牲者は、あらゆる感傷的な憐憫やいかがわしい同情の届かぬところにいる点で比類ない存在であると言える。彼はいかなる点でも迫害者の観点には陥らないことで比類ない犠牲者である。すなわち、自らの死刑を執行する者たちと率直に和解することで迫害者の観点を肯定的に受け容れることもなければ、また最初の迫害表象の裏返しの再生産、つまり模倣による反復でしかない復讐という見方を採用することによって、否定的に受け容れることもないのである。

暴力の表象の体系、福音書以外に登場するあらゆる暴力の表象の体系をどこまでも明らかにしてゆくためには、肯定的であれ否定的であれ、暴力とのいかなる共犯関係もあってはならない。

ここにこそ真の独自性がある。それは起源への回帰ではあるが、起源を解明することで起源を破棄する回帰である。革新を求める主張の偽りの独自性を特徴づけているのは、起源のたえざる反復ということがらであるが、しかしこれは起源の隠蔽と偽装とによって成り立っているのだ。

キリスト教徒たちは福音書のもつ正真正銘の独自性を理解しなかった。彼らは敵対者たちの考え方に同意するのである。神話とはまったく別のことを語るのでなければ、福音書は独自性をもちえない、と彼らは考える。それゆえあきらめて福音書の非独自性を認めてしまう。彼らは曖昧な折衷主義を支持しており、その個人的な信条はヴォルテールの信条にくらべてもはるかに後退している。さもなくば、民族学者と同じ思考の体系の枠のうちにとどまって、民族学者が明らかにしているのとまったく逆のことを明らかにしようと、むなしい追求をつづけるかである。彼らは受難があらゆる点で根本的に新しいものをもたらすことを証し立てるために、むなしい努力を行うのだ。

彼らは、イエスの裁判、群衆の介入、そして架刑のうちに、現世でおこったこととしては比類のない出来事を見つけ出そうとする。福音書が述べているのはこれと逆で、イエスは過去、現在、未来にわたるあらゆる犠牲者と同じ位置にいる。だが神学者たちにとっては、このことは多少とも形而上的で神秘めいた比喩でしかない。彼らは福音書をそれが書かれたとおりには受け取っていないのであり、受難を物神崇拝する傾向にある。したがって、自分ではそうと気づいていないものの、彼らは敵すなわちいっさいの神話的思考の利になることを行っている。つまり、福音書のテクストが脱聖化した暴力をあらためて再聖化するのである。

そのようなことがなされてはならない証拠に、同じ福音書のテクストのなかには、集団の手になる殺人の例がもうひとつ登場してくる。それは事実の細部についてはことなっているものの、そこで作動している仕組みや参加者のあいだの関係といった点では、まったく受難と同一なのである。

もうひとつの例とはバプテスマの聖ヨハネの殺害のことである。マルコの福音書で語られるこの物語を分析することにしよう。このテクストは、かぎられた次元においてではあるけれども、模倣にもとづく欲望、ついで模倣にもとづく敵対関係、さらにはそうした状況全体より帰結する身代りの山羊の効果などを、見事に浮彫りにして示してくれている。このテクストを受難のたんなる反映ないし模造と見なすことはできない。二つの物語はあまりにも大きく違いすぎており、したがって、両者が同じひとつの源より発しているとか、たがいに影響しあったのだなどと結論づけるのは無理である。両者のあいだの類似性は、語られた出来事の構造の同一性、またふたつの出来事を構成する個人間・集団間の諸関係をめぐる同じひとつの概念、すなわち模倣の概念の、そのつどにおける巧みな操作、といったことで説明するほうがよい。

バプテスマのヨハネの殺害は、先に行った受難の分析にとって、一種の陰画となってくれるであろう。これを眺めるならば、集団による殺人およびそれがキリスト教以外の宗教の生成において果たした役割について、福音書がいかに首尾一貫した思想をもっていたか確認することができるだろう。

ヘロデは実の弟の妻であるヘロデヤとの再婚を望んでいた。預言者のヨハネはこの婚姻を断罪した。そこでヘロデはヨハネを獄につないだが、それは彼の大胆な振舞いを罰するためであるとともに、彼を保護するためでもあった。いやこちらの目的のほうが大きかったようにも思える。というのもヘロデヤは執拗にヨハネの首を要求したからである。ヘロデは渡したがらなかった。だが夫人は、ヘロデと客たちの列席する宴会で自分の娘に踊りを踊らせることで、意図を実現させるのに成功する。娘は母親にそそのかされ、客たちの支持をうけて、バプテスマのヨハネの首を要求したので、ヘロデもこれを拒みきれなかった（マルコ、六、一四―二八）。最初から見てゆくことにしよう。

このヘロデが、自分の兄弟ピリポの妻ヘロデヤをめとったが、そのことで、人をやってヨハネを捕え、牢につないだのであった。これは、ヨハネがヘロデに、「あなたが兄弟の妻を自分のものとしていることは不法です。」と言い張ったからである。

預言者が強調しているのは、この結婚の厳密な合法性についてではない。「あなたが兄弟の妻を自分のものとしていることは不法です」という語句のなかの所有する *exein* という動詞には、合法的であるかどうかの意味はふくまれていない。フロイト的構造主義は福音書には適さない型の解釈を助長する。こせこせした合法主義を非難するというのを口実にして、かってそんなものが支配したこともない領域に、それをもちこむのはやめておこう。福音書のテクストの文字と精神とはそうしたものの逆のところにあるからである。

では現実には何が問題なのか。敵対しあう兄弟である。兄弟は接近しているがゆえに競争関係に陥る運命にある。彼らは同じ遺産、同じ王冠、同じ配偶者をめぐって争いあう。神話においてと同様に、すべては敵対しあう兄弟の物語からはじまる。彼らはたがいに似ているから同じ欲望を抱くのだろうか。それとも同じ欲望を抱くからたがいに似てくるのだろうか。欲望が対になって発生するのを規定しているのが神話のなかの血縁関係なのだろうか。それとも兄弟的と定義される相似性を規定するのが対になったかたちでの欲望の発生なのだろうか。

今取りあげているテクストにおいては、これらの命題はすべて同時に真であると思われる。ヘロデとその弟とは、マルコが関心を寄せている欲望を象徴しているとともに、この欲望の効果の現実の(二〇)歴史上の一例である。ヘロデには実際に弟がひとりいて、実際に弟の妻のヘロデヤを奪った。歴史家ヨセフスのおかげで、われわれは弟にとってかわって得た快楽がヘロデに苦い幻滅をもたらしたことを知っている。福音書のテクストはこのことに触れていないが、ヘロデの不運は、模倣から生じた紛糾に似合っており、したがってまた預言者が婚姻を禁じた精神に完全に合致している。ヘロデは最初の妻を離縁しなければならず、棄てられた妻の父親は、婿の無節操を罰しようと心に決め、彼に手痛い敗北を味わわせたのだった。

ヘロデヤを所有すること、彼女をわがものにすることは、ヘロデにとって、形式的な規則から見てではなく、その占有が弟のものを奪い弟を犠牲にしてしか成立しなかったがゆえに悪事なのである。預言者は、模倣による欲望の不吉な効果に用心するようにと、王にむかって説ききかせる。だが福音書作者は、兄弟のあいだで仲裁が可能であるなどとは幻想を抱いていない。ここでの模倣による欲望への用心を説く箇所は、きわめて短いけれども啓示的な、ルカによる福音書からの次のような一節と並べて読まなければならない。

群衆の中の一人が、「先生。私と遺産を分けるように私の兄弟に話してください。」と言った。すると彼に言われた。「いったいだれが、わたしをあなたがたの裁判官や調停者に任命したのですか。」（ルカ、一二、一三—一四）

分割しえない遺産をめぐって、兄弟たちが分裂している。イエスは自分には仲裁する力がないと言う。「だれがわたしをあなたがたの裁判官や調停者に任命したのですか」という言い方は、出エジプト記の冒頭にある一節を思い出させてくれる。モーセは最初エジプト人とヘブライ人の争いに介入する。ヘブライ人を虐待したエジプト人を殺すのである。次に二度目には二人のヘブライ人のあいだの争いに介入するのだが、当事者のひとりはモーセに問いかえす。「だれがあなたを私たちのつかさやさばきつかさにしたのか。あなたはエジプト人を殺したように、私も殺そうと言うのか」（出エジプト記、二、一四）。モーセの言葉ではなく、ヘブライ人がモーセの権威に異議をとなえるために言っていることを、イエスが自分で判断して取りあげているのはきわめて印象深い。モーセの場合と同様に自分の場合にも、このような問いには答えがかえってはこないことを、イエスは暗に示唆しているのである。誰もイエスを兄弟の裁判官や遺産の分配人に立ててはいないし、またけっして立てることはないであろう。

モーセがそうであったのと同じく、これを引きついでイエスが神より託された使命を担っているという考えに、イエスは反論しているのだと言えようか。断じてそうではない。イエスは自分の使命とモーセのそれとがきわめてことなるものであることを示唆しているのである。民族の解放者や立法者の時代はすぎ去った。限定的な暴力を用いて、敵対する兄弟たちの暴力に終止符を打ち、ふたりを引きわけることはもはや不可能である。モーセに前日の殺人を思い出させるヘブライ人の反論は、以後普遍的に有効なものとなる。もはや合法的な暴力と非合法的な暴力とは区別しえないのだ。もはや敵対しあう兄弟たち以外何もなく、したがって彼らが模倣による欲望を断念するのを期待しつつ、この欲望に用心するよう説くことしかできないのである。これがヨハネのなしたことであり、彼の警告は、イエスの活動歴のなかで言うと、神の王国についての説教を思いおこさせる。

預言者のヨハネを別にすれば、このテクストには敵対しあう兄弟と模倣しあう双子のような存在しか登場していないことは歴然としている。つまり母と娘、ヘロデと弟、ヘロデとヘロデヤである。最後の二人の名前は音声のうえでも双子のような存在であることを示唆しており、テクストの冒頭でたえず交互に反復されている。他方、踊り子の名前は出てこないが、これはおそらく、彼女の名前と反響しあうものが何もなく、模倣にまつわる効果を何らもたらさないからである。

ヘロデがヘロデヤを手に入れようとして争った弟、というより異母弟をマルコは誤ってピリポと呼んでいるが、そうではなく、彼自身もヘロデという兄と同じ名前であった。二人のヘロデがヘロデヤを奪いあっていたことになる。マルコがこのことを知っていたならば、必ずその同名であったことを利用したであろう。歴史の現実は書かれたものよりもさらに見事なのである。

ヨハネの警告はテクストの端の部分に出てくるとはいえ、物語の全体を支配するような関係、またその頂点において預言者の殺害にゆきつくような関係をさし示している。欲望は増殖し激化するが、それはヘロデが預言者の警告を意に介さず、周囲の者も全員がヘロデにならうからである。あらゆる出来事、テクストのあらゆる細部をつうじて、欲望があいついで発生する契機が明らかになっている。その各契機は、先行した契機の挫折を養分にして拡大する一方の錯乱した論理により産出される。

ヘロデが何よりもまず弟に打ち勝つのを望んでいるということを証明するのは、ヘロデヤはひとたび彼のものになってしまうや、夫への直接の影響力をまったく失うという事実である。夫を動かしてちっぽけでとるに足りない預言者を死なせるということですら、彼女にはできないのだ。ヘロデヤは敵対しあう兄弟間の欲望の対象となることで、ヘロデにたいする支配力を確保しえたのであったが、失った支配力を回復するという目的を達成するためには、自分の娘を利用して先の場合に類似した三者関係の図式をもう一度作らなければならない。模倣による欲望はあるところで消滅しても、必ずやまたもっと先のほうで、もっと有害なかたちをとって出現するものなのである。

ヘロデヤは自分がヨハネの言葉によって否定されおとしめられたと感じている。人間存在としてではなく、模倣による欲望の対象として否定されているのである。しかし彼女は自分自身あまりにも模倣の病いにむしばまれているために、二つの区別がつけられない。預言者をヘロデヤの復讐から逃れさせようとするヘロデは、欲望の法則にかなった振舞いをしており、預言者の言ったことの正しさを証明するので、打ち棄てられた女性の憎悪はますます激しいものとなる。彼女の欲望は、ヨハネに否定されたと感じるがゆえに、彼のほうへ向かい、破壊の欲望に変り、そしてすぐさま暴力へと移行するのだ。

私は自分の兄弟の欲望を模倣し、彼の欲望するものを欲望する。そしてわれわれは両者に共通した欲望の充足をたがいに妨げあう。双方の抵抗が大きくなればなるほど、欲望はいっそう強まり、ますます手本は障碍となるとともに、障碍が手本になり、ついには欲望はもはやその充足を妨げるものにしか向かわなくなる。自ら呼びおこした障碍にのみ熱中するのだ。バプテスマのヨハネは、そうした障碍、しかもいかなる腐敗への誘惑にも屈さず動じない障碍である。このことこそがヘロデの心を、またそれ以上にヘロデヤの心を惹きつけるのである。ヘロデヤはいつもヘロデの欲望の最終的な姿である。

模倣の病いがひどくなればなるほど、惹きつけまた同時にはねかえす力はいっそう強まり、この模倣の病いは憎悪というかたちをとって、個人から個人へと急速に転移してゆく。そうした法則を見事に証明しているのが次のくだりである。

ヘロデヤの娘がはいって来て、踊りを踊ったので、ヘロデも列席の人々も喜んだ。そこで王は、この少女に、「何でもほしい物を言いなさい。与えよう。」と言った。また、「おまえの望む物なら、私の国の半分でも、与えよう。」と言って、誓った。そこで少女は出て行って、「何を願いましょうか。」とその母親に言った。すると母親は、「バプテスマのヨハネの首。」と言った。そこで少女はすぐに、大急ぎで王の前に行き、こう言って頼んだ。「今すぐに、バプテスマのヨハネの首を盆に載せていただきとうございます。」

ヘロデの申し出によって何か奇妙な事態がはじまる。いやむしろ何もはじまらないところが奇妙である。若い女性が欲しがると思われる高価な物あるいは途方もない物を列挙しないで、サロメは沈黙している。マルコもマタイも踊り子の名を挙げてはいない。われわれが彼女をサロメと呼んでいるのは、歴史家のヨセフスがそのような名前でヘロデヤの娘のことを語っているからである。

サロメははっきり表明できる欲望をもってはいない。人間には自己本来の欲望というものがないのである。子どもは何を欲望すればよいのかがわからないので、誰かに教えてもらう必要がある。ヘロデはすべてを、いかなるものでも与えるというのであるから、サロメに何も示唆していないことになる。まさしくそれゆえにこそ、サロメはその場を立ち去って、何を欲しいと言えばよいのか母親に訊ねにゆくのである。だが母親が娘に伝えるのはほんとうに欲望なのだろうか。サロメはただ受動的な媒介者、お母さんの恐ろしい伝言をおとなしく取りつぐ素直な少女にすぎないのだろうか。彼女ははるかにそれ以上の存在である。その証拠に彼女の母親が口を開くやすぐさま彼女は迅速に行動に移っている。確信のなさは消え去り、彼女は極端から極端へと変化する。たとえばラグランジュ神父(二)のような注意深い観察者たちは、たしかに彼女の振舞いの変化を指摘しているけれども、しかしそれが何を意味しているのかは理解できなかった。

> そこで少女はすぐに、大急ぎで王の前に行き、こう言って頼んだ。「今すぐに、バプテスマのヨハネの首を盆に載せていただきとうございます。」

すぐに、大急ぎで、今すぐに……。細部についてこれほどにも綿密なテクストが、性急さと極度の興奮をあらわす記号を多用しているのは必ずや意図あってのことだ。踊りが終り自分が中座したために、酔いからさめた王が約束をひるがえすかもしれないと考えて、サロメは不安になっている。しかも不安になっているのは彼女のうちの欲望である。母親の欲望が彼女の欲望になったのである。サロメの欲望が完全に他者の欲望の引きうつしであるからといって、その欲望の激しさが弱まっているわけではない。まったくその逆であって、模倣された欲望のほうがもとの欲望よりもいっそう狂わしいものになっているのである。

ヘロデヤの娘は子どもである。ギリシア語の原文は彼女のことを *kore* 乙女という語ではなく、*korasion* という指小語でさし示しているが、これは少女を意味している。エルサレム版聖書では正しく fillette 小娘と訳されている。サロメを誘惑にたけた女性とする考え方は忘れてしまわなければならない。福音書の卓越した性格は、フロベールの描いた遊女（二三）、七重の薄衣の舞い、東洋趣味のがらくたなどとは何ら関係ないのだ。幼いにもかかわらず、というよりもまだ子どもであるがゆえに、サロメはほとんど瞬時のうちに、無垢の状態から模倣による暴力の頂点へと移行する。この一連の場面ほど鮮やかなものは想像しえない。まず王の法外な申し出にたいする返答としての娘の沈黙、次に母親への質問、さらに母親の返答、母親の欲望、そして最後に娘によるその欲望の採用、とつづき、これが娘の欲望となる。子どもは欲望の対象となるはずの何ものかの欠如をではなく、欲望そのものの欠如を補ってくれと要求しているのである。ここでは欲望の純粋な本質としての模倣という性格が解明されているのだが、しかしこの解明はあまりにも突飛なものであり、また欲望をめぐる精神分析理論や模倣についての哲学的概念とかかわるところがないために、理解されずまたつねに不可解なままなのである。

たしかにこの解明にはどこか図式的なところがある。それはある種の心理学的レアリスムを犠牲にして成立している。個人から個人へ欲望がどれほど急激に伝達されようとも、この伝達が娘の質問にたいする母親の短い返答をつうじてのみなされるとは考えにくい。こうした図式的な性格にはどんな註釈者も面くらってしまう。マタイがそうした図式的な説明を好まなかった最初のひとである。ヘロデの申し出とサロメの返答とのあいだの母と娘の会話を、マタイは削除している。彼にはこの部分がぎこちなく見えたか、すぐれているとは考えられなかったか、あるいはあまりにも省略の多い表現のゆえにテクストに残しておくのは無理と判断したかである。マタイはただ娘が母親に「そそのかされ」たと述べるのみであり、これはマルコの語った出来事を正確に解釈してはいるけれども、サロメが模倣の力によって一挙に第二のヘロデヤへと変身するという驚くべき光景を見失ってしまうことになる。

母親の欲望を《捕捉》してしまえば、そのあと娘は母親と区別することができなくなる。二人の女はあいついで、ヘロデにたいして同じ役割を演じるのである。われわれは欲望というものをどこまでも崇拝しているから、それが画一化するなどということが理解できない。われわれの先入見からすれば、そのようなことはとんでもないことなのである。近代の作家でこの物語を翻案した人びとは、ヘロデヤのみを称揚するかサロメのみを称揚するかに分かれ、あるときにはサロメ、あるときにはヘロデヤのどちらかを――実はどちらでもかまわないわけだが――もっとも激しい、したがって彼らの考えでは、もっとも独特で、もっとも自発的で、もっとも解放され、かつもっとも解放的な力を秘めた欲望の持主として描く。他方マルコの福音書はそうした属性を力強くまた簡潔に否定しているのであり、その否定の仕方は、われわれがこれまでに編み出してきた分析用具、すなわち精神分析や社会学、民族学、宗教史学などのもつ卑俗なものである。――この語は文字どおり理解していただかねばならない――性格とはまったく無縁である。

こんなふうにヘロデヤの側とサロメの側に分かれてはいながらも、欲望の崇拝にとり憑かれた近代の作家たちは、その欲望崇拝からすれば否定しなければならないはずの真実を暗黙のうちに再確認しているわけである。すなわち、欲望は他者の欲望の模倣という傾向をつねに強めてゆくが、この傾向が激しくなるにつれて、欲望にとり憑かれた者たちは、個性化するどころか、ますます相互に交換や置きかえが可能な存在に変る、という真実である。

次にサロメの舞踊について論じなければならないのだが、その前にくだんのテクストでははっきりと言及されてはいないものの、テクストに深く滲透しているひとつの概念を想起しておく必要がある。その概念とは、スキャンダルすなわち躓きの石のことである。びっこをひくことを意味する *skadzein* という語から派生した *skandalon* は、惹きつけるためにはねかえし、はねつけるために惹きつける障碍物のことをさしている。いったんこの石でよろめけば、何度でもそこへ立ち戻ってよろめかずにはおれない。というのも、まず最初の災難、ついでその後の何度もの災難のおかげで、この石はいっそう魅惑をますばかりであるからだ（33）。

私の見るところでは、躓きということが欲望の模倣の過程の本質を規定している。この語の近代的な意味は、福音書で用いられている意味のごくわずかな部分にしか相当しない。欲望は他者の欲望と同じものに向かうことによって成立するのだが、この手本となった他者は競争相手でありまた障碍でもあることを、欲望は完全に承知している。かりに欲望が賢明であるならば、他者との競争を断念するはずであるけれども、しかしまた賢明であればそれは欲望とは言えないであろう。その進行の途上には障碍しかないのであり、欲望はそうした障碍を自分の欲望対象についての幻想のうちに取りこみ、また正面に据えつける。もはや欲望は障碍なしには成立しえず、貪欲に障碍を育てあげる。こうして欲望は障碍にたいする憎悪にあふれた情熱と化し、みすみす躓いてしまうのだ。ヘロデからヘロデヤ、さらにサロメへの転移が明らかにしているのは、この欲望の進展の過程である。

バプテスマのヨハネが真実を語っているという事実だけからしても、彼はヘロデヤにとって躓きの石である。欲望には自らについての真実がもっとも手ごわい敵になる。まさしくそれゆえにこそ、この真実は欲望にとっての躓きの石でありうるのだ。真実そのものが躓きの因となる。これはまさに、最悪の醜聞《スキャンダル》である。ヘロデとヘロデヤとは真実を虜にしており、これをある種の賭け金となして、自分たちの欲望の舞踊に巻きこむ。私に躓かない人は幸いです、とイエスは言っている（マタイ、一一、六）。

躓きの石は、それからどんなに完全に自由である者をも、それとはどんなに無縁であるはずの者をも、いつも最後には包囲し吸収してしまう。預言者の言葉というのはその一例であり、もう一例は幼年期である。本書のようにサロメを躓きの犠牲となった子どもと解釈すれば、躓きと幼年期とについての次のイエスの言葉を彼女にあてはめて考えることもできるのである。

また、だれでも、このような子どものひとりを、〔……〕受け入れる者はわたしを受け入れるのです。しかし、わたしを信じるこの小さい者たちのひとりにでもつまずきを与えるような者は、大きい石臼を首にかけられて、湖の深みでおぼれ死んだほうがましです。(マタイ、一八、五―六)

子どもは必ずもっとも身近かにいる大人を手本にする。もしもすでに躓いたことのある者たち、あまりにも欲望にむしばまれていてそのためかたくなに自己を閉ざさないわけにはいかない者たちにしか出会わないとすれば、その子どもは彼らの閉じた精神を手本として、そうした精神の模倣による複製、よりいっそう醜悪なかたちで強調された戯画となるであろう。

ヘロデを籠絡して義人の殺害に同意させるために、ヘロデヤは自分自身の子どもを利用する。彼女がサロメを躓かせないはずはない。躓きから自身を守ろうとして、子どもは母親の残忍な欲望を自分のものに変え、そのただなかへと落ちこんでゆく。

先のマタイ伝からの引用に、首に大きなおもしをつけて云々とあったのは、躓きのひとつの形象化である。その他の形象と同様に、この形象も自己破壊の自然な仕組みを示唆しているが、ここに超自然の力は介入していない。人間は躓きの悪循環のうちにとどまって、自分にふさわしい運命を作りあげる。欲望はおのおのの人間が自分の首にくくりつける紐の結び目である。躓いた者がこの結び目を解こうとして引けば、それはかえって締まる。ロバのまわす碾臼はこの過程を物理的に体現したものであるが、こちらは欲望の過程そのものほどには恐ろしくない。縊死も同じ意味をもつもうひとつのものである。ユダはこの縊死を自身に科すことで、自分の苦しみを引きのばす罰、彼を餌食にする躓き、彼をくらいつくす模倣による嫉妬を、自身に加えることになる。

人間は各自が自分の地獄を作っている。彼らはたがいに支えあいながら、その地獄へと降りてゆく。破滅とは結局のところ、悪しき欲望や悪しき手段を、公正に――というのも相互的であるのだから――交換しあうことである。唯一の無実の犠牲者は子どもたちであり、彼らは外部から、すなわち自分から前もって参加するのではなしに、躓きを経験する。幸いなことに、どんな人間も最初は子どもであった。

躓きと舞踊とはたがいに対立しあっている。躓きとは、われわれが踊るのを妨げるもののすべてのことである。逆に踊りを楽しむとは、踊り子とともに踊ること、われわれをマラルメ(二三)の氷やサルトルの言うねばねばしたもの(二四)のなかに捕えてはなさない、躓きから脱れ去ることである。

もし舞踊というものが近代的な意味での純然たる見世物、われわれの夢見ている自由の単純な形象でしかないのであれば、その効果もまた、近代人の審美主義のもっとも空虚な意味での想像的なもの、あるいは象徴的なもの以外の何ものでもないであろう。だが舞踊にはそれとは別の力もこめられているのだ。

舞踊は欲望を除去するのではなく激化させる。私が踊るのを妨げるのは本質的に物理的な力ではない。われわれが地面に針づけになっているのは、われわれの欲望の交錯、そのすさまじい混合のせいであり、しかもそうした不幸はいつも欲望以外のもののせいで生じるかのように見える。われわれの誰しもが、何らかのかたちでバプテスマのヨハネにとり憑かれたヘロデヤなのである。欲望の結ばれかたはどれも特殊であるにせよ、また各個人にそれぞれ手本＝障碍が存在しているにせよ、仕組みはつねに同じなのであり、また同じであるがゆえに、欲望の持主は容易に入れかえることが可能である。舞踊は模倣の過程を促進する。宴席に並んだ客はみな舞踊のなかへ惹きこまれ、あらゆる欲望はただひとつのもの、皿に載せた首、サロメの皿に載せたバプテスマのヨハネの首へと収斂してゆく。

バプテスマのヨハネはまずヘロデヤの躓きの石となり、次にサロメのそれになり、そしてサロメは自身の芸の力でもって、躓きの石を観客全員に移す。彼女はあらゆる欲望をひとつの束にまとめ、ヘロデヤが彼女のかわりに選んだ犠牲者に向けて導くのだ。この欲望の束の結び目は何にもましてもつれており、それが舞踊の終ったときに解けるためには、またしても模倣に由来する理由からしてこの結び目を一時的に体現していると見える犠牲者が死ななければならない。その理由は、どんなに遠くまで遡って究明してみたところで、ほとんどつねにとるに足りないものであるのだが、おそらくこの場合とイエス自身の死の場合とだけは別であって、そこでは欲望についての正直な警告が発されたがゆえに、犠牲の致命的な仕組みが作動するのである。

サロメの踊りがヘロデのみならず、列席者全員を喜ばせたということ。これは彼らがみなサロメの欲望と一体化したということだ。彼らにとってバプテスマのヨハネの首は、ただサロメのみが要求しているものではなく、また躓きについての哲学的な概念でもない——もっともそんなものは存在しもしないけれども。各自自身の躓きの石、欲望と憎悪との対象である。斬首に賛成する集合的な声を、上品な同意とか真の影響力に欠けた礼儀上の振舞いと解釈してはいけない。列席者たちはみな同じようにサロメに魅惑されているのであり、そこで、今すぐに大急ぎで、バプテスマのヨハネの首を必要とするようになる。サロメの情念が彼らの情念に変ったのである。あいかわらず、模倣の病いなのだ。シャーマンは病人にたいして、その身体にもぐりこんだ有害物を抜き出してやるといった印象をもたらすが、舞踊の力はそうしたシャーマンの力によく似ている。客たちは何ものかにとり憑かれ、鎖でしばられたようになっているが、舞踊はそうした状態から彼らを解き放つ。踊り子は鎖にしばられて動けない者たちを踊らせることができる。彼女は踊ることによって、彼らにとり憑いた悪霊を彼らに引きわたす。彼らを疲弊させ苦しめるものいっさいと、バプテスマのヨハネの首とを交換するべく彼らをうながす。彼らのうちにいた悪霊を眼に見えるようにするばかりではなく、彼らの夢想していた悪霊への復讐を彼らにかわって実行するのである。すべての列席者はサロメの激しい欲望と一体化することによって、自分たちの欲望も充たせたと感じている。欲望の手本＝障碍をめぐる熱狂という点では、誰しも同じものを経験するのであり、彼らがみな承知のうえで対象をとり違えるのは、さし出された対象が彼らの暴力への渇望を育てるからである。預言者の首が象徴的な性格を帯びているのは、ヘーゲルの否定性とか哲学者たちの言う非人格的な死とかによるのではなく、模倣に由来する集団的な殺人への誘惑のゆえなのである。

サロメは氷のうえで踊っている途中に死んだとする民間伝説が残っている。彼女は足をすべらせ、倒れるときに氷の角に首を打ちつけ、その首が切れてしまったのだという。(34)

福音書のテクストでは、サロメは見事に身体の均衡を保ち、それでもって望んだ首を手に入れるのだが、こちらでは彼女は最後には失敗し、その代償に自分の首をなくしてしまうのである。この報いは誰の手もとおさずに生じてきたかのようだ。復讐者のいない復讐である。だが氷には他者の姿、観衆たちが見える。氷は彼らを映し出す鏡であり、また何よりもまず、最初はきわめて印象的なサロメの動きにとって都合のよい、すばらしくよく滑る舞台でもあった。観衆たちは踊り子を賞讃し、いっそう大胆に重力の法則に挑むよう彼女をそそのかすのだが、彼らは一瞬のうちに致命的な罠に変り、演技者が二度とは起きあがることのできない転倒の目撃者であると同時にその原因となるかもしれないのである。

踊り子がもはや観衆の欲望を制御できなくなると、観衆は即座に彼女を見捨てる。そして犠牲の生贄の役目を務めるのは彼女以外にはいなくなる。儀礼を司る者は野獣の調教師と同じであって、怪物どもを鎖から解き放つのだが、たえず新しい勇敢な業を繰り返して、怪物たちよりも優位に立っていなければ、逆にむさぼりくわれてしまうのである。

この伝説は復讐という側面をふくみ、その点で何ら福音書と共通の性格がないが、ヨハネの殺害と舞踊と躓き——すなわち均衡の喪失、また以前には成功した舞踊の逆——とが民衆の意識のなかでつながっていることを明らかにしている。要するに、模倣の観点からテクストを読むこと、そして、私の批判者たちを喜ばせるためにあえて言えば、この読み方の簡略主義、体系主義、教条主義が間違っていないということを立証してくれるのである。この伝説は模倣の観点からの読み方がもちうるあらゆる力を、驚くべきほどに圧縮して新たに作動させるのである。ただしそれは、福音書のテクストがつねにはっきりと表明していた他者、分身、躓きの石となる競争相手といった概念を、氷や鏡などのきわめてありふれた神話的《象徴》でもって置き換えるのであるから、マルコが脱神話化したものを再神話化しないわけにはいかないのであるが。

躓きの石とは、欲望の主体が捉えたいと望むが捉えられないもの、どうしても手に入れたいのだが、どうしても手に入れられないもののことである。首は他のものに比べて軽く、扱いやすく、またもち運びしやすいから、ひとたび身体から切り離され、そのうえ盆に載ったならば、このうえない躓きの表象となることは確実である。ヨハネの首の下に鋼鉄の刃がはいっているこの盆は、サロメの冷酷さをきわ立たせている。盆に載ることで首は舞踊の小道具と化す。だがこの盆が祓い遠ざけ、また物質化しようとしているのは、何よりもまず欲望の究極の悪夢なのである。

ここには、文化の秩序にしたがって儀礼のなかで用いられる敵の首にたいして、未開人たちがいだく強迫観念に似た何ものかがあるのを認めることができる。この敵とは、殺害者側の部族と永続的な模倣による競争関係にある隣の部族の成員である。未開人たちはこの首に防腐や縮小の処置をほどこすこともしばしばあり、こうすることで首をある種の飾り物に変える。それはサロメのぞっとするような欲望に似た、洗練された行為である。

サロメは優れた芸術家であったと言い伝えられている。あることが言い伝えられるのはいつも必ず理由があってのことだ。ではこの場合の理由は何であろうか。舞踊はけっして記述されることがない。サロメの表明する欲望はヘロデヤのそれの写しであって、何ら独自のものではない。言葉でさえヘロデヤの言葉である。ただひとつのことがらを追加しただけである。すなわち盆に載せるというのを思いついたのだ。「バプテスマのヨハネの首を盆に載せていただきとうございます」と彼女は言う。ヘロデヤは首のことは話したが、盆には言いおよんでいなかった。この盆がサロメの発想した唯一の新しい要素、唯一の材料である。サロメが有名になった原因をテクストのうえで求めねばならないのであれば、この点にこそ求めねばならない。彼女の名声をあとづけるものはそれ以外に何もない。

いっさいがこの盆にかかっていることは疑いえない。マルコの描いた場面をもっとも印象づけているのもこの盆である。どんなことを忘れても、盆だけは記憶に残るのだ。忘れてはいけないが、いやむしろできうるなら忘れたほうがよいのかもしれないが、すでに偉大な近代であったとも言えるヘロデヤやサロメの時代を支配していた自由主義的ヒューマニズムは、事実、この種の盆に代表されるような表徴こそが文化であると考えていたのだ。そこにはまさしく、ひとが眉をひそめるような、ぎょっとするような、あまりにも粗野なのでかえって洗練されているかに見える発想、要するに頽廃した芸術家の発想がある。

だが、それは新奇さという近代的な意味で真に独自な発想であろうか。少し考えてみるだけで、外見上の独自性は消えてなくなり、またしても模倣、真似が明らかになってくる。

ヘロデヤが「バプテスマのヨハネの首」と答えるとき、斬首のことを考えているわけではない。ギリシア語でもフランス語でも同じだが、誰かの首を要求するというのは、その人物の死を要求するという、ただそれだけのことである。部分でもって全体を代表させているのだ。どんなかたちで処刑すればよいのかについては、ヘロデヤは一言もはっきりと答えていない。テクストにはヘロデヤの欲望への言及はすでに出てくるけれども、その言及の仕方は中立的なものであって、敵の首への固執をいささかも示唆してはいない。「ヘロデヤはヨハネを恨み、彼を殺したいと思っていた。」

「バプテスマのヨハネの首」と叫んだとき、ヘロデヤがどんな種類の死を預言者に与えたいのか示唆しているつもりであったとしても、だからと言って彼女が自分の両手で首をつかみたいと望んでいたとか、物的な対象を欲望していたとかは結論できない。ギロティンによる死刑を採用している国においてさえ、誰かの首を要求するということには修辞的な意味あいがふくまれているのだが、ヘロデヤの娘はこれに気がつかなかった。サロメは母親の言ったことを文字どおりに受け取った。わざとそうしたのではない。誰でも知っていることだが、言葉と物とが区別できるには大人になっていなくてはならない。この首は彼女の生涯で最高の時をあらわしている。

バプテスマのヨハネの殺害について心のなかで思い描くことと、彼の首を腕のなかでかかえることとは同じではない。首を片づけるもっともよい方法は何かとサロメは考える。切り離したばかりの首はどこかに置かなければならないが、もっとも都合がよいのはそれを盆のうえに置くことだ。この発想は平板そのもので、有能な主婦が反射的に思いつくことと変りがない。サロメはあまりにも言葉にとらわれすぎているために、その内容を正しく抽き出すことができない。言葉を過度に文字どおり理解することの罪は、意味を取りちがえてしまうことである。というのも、それは解釈していると知らずに解釈することであるから。模写の不正確さと正確さにたいする近視眼的な配慮とは同じものである。結局のところ、サロメの果たす役割のうちでもっとも創造性をもつと見えるところは、逆にもっとも機械的で、また手本にたいする欲望の従属において作用する催眠にもっとも近い部分なのである。

いかなる美の観念もこうした性格をもっている。すなわち密接に、あるいは強迫的に模倣と結びついている。これは伝統的に周知のことがらであり、ミメーシス *mimesis* という用語でもって以外に芸術が論じられたことはかつてない。芸術がまさにわれわれの世界より後退して以来、われわれは怪しげな情熱をこめてそのことを否定するようになった。模倣に水をさすこと、これは、言うまでもなく、模倣を除去することではない。滑稽な形式の流行やイデオロギー、現代の偽りの革新へと模倣を向かわせることである。しかし独自性への意志は無意味なしかめ面にしか到達しない。ミメーシスの観念を放棄してはいけないのである。この観念を芸術のみならず欲望の次元にまで拡張して理解しなければならない。あるいは逆に、欲望を模倣の次元にまで拡張して理解しなければならない、と言ってもよいであろう。哲学はミメーシスと欲望とを切り離すことによって、そのどちらをも損なってしまった。近代文化はたとえば美学に属するものとそうでないもの、また神話に属するものと歴史に属するものといった、偽りの分断によって成立しているのだが、この分断を固定しているのがミメーシスと欲望との損傷なのであり、われわれは依然としてこうした思考にとらわれたままになっている。

踊りそのものについては、テクストはまったく何も述べていない。ただ「踊りを踊った……」と言うのみである。このテクストは、しかし、つねに西欧の芸術を魅惑しつづけてきたのであり、そうであるからには何ごとかを述べているはずである。サロメはすでにロマネスク様式の柱頭の下でも踊っており、それ以来、近代世界が自身の躓きの深みにはまりこんでゆくにつれて、ますます悪魔的でひとを躓かせるような踊りを踊りつづけているのである。

近代のテクストでは《描写》に費されるべき部分が、ここでは踊りの前後のいきさつでもって占められている。すべては模倣の仕組みというただひとつのことがらに必然的にかかわる諸契機に帰結する。したがってミメーシスがテクストの紙幅を占めているわけだが、しかしこのミメーシスは物体を写しとる写実主義という意味でのものではなく、模倣よりはじまる競争に支配された人間関係という意味でのミメーシスである。しかもこうした人間関係の渦巻は加速をつけてゆくにつれて、犠牲の仕組みを産出し、そしてそのおかげで終焉にいたるのだ。

舞踊についてはあらゆる模倣による効果が妥当である。それらはすでに舞踊の効果でもあるのだが、しかし何ら無償のものではなく、また《美学的な理由》でここに描かれているのでもない。マルコの関心を惹くのは登場人物たちのあいだの関係である。踊り子と踊りとは相互に相手をかたちづくりあっている。模倣よりはじまった競争関係の地獄のような進展、あらゆる人物の相似化、犠牲者の殺害という結末へ向かっての危機的状況の進行、これらはサロメのサラバンド舞踊とひとつになって結びついている。まさしくそうでなくてはならない。というのも、芸術とはこの危機の再現、しかも多少とも結末部分を覆いかくしたかたちでの再現にほかならないからである。一切はつねに、対称をなす者同士の対決からはじまり、この対決は最後に犠牲者をとりまく輪舞のうちで解決にいたる。

このマルコの文章には、全体としてどこか踊っているようなところがある。模倣の効果を厳密に、できうるかぎり単純に描きだすためには、ある人物から別の人物へと往きつ還りつを繰り返して、要するに、おのおのの踊り手が順に舞台の前面にあらわれてはまた集団に吸いこまれて、最後の不吉な大団円で各自の役を演じるような、そうした一種のバレーを構成する必要があるのだ。

だが、ここでは何よりもまず計算高い頭のよさが作用している、とひとは言うであろう。ヘロデは譲ろうとしないが、ヘロデヤはあたかも巣のなかの雌蜘蛛のように好機を待ちうける。


ところが、良い機会が訪れた。ヘロデがその誕生日に、重臣や、千人隊長や、ガリラヤのおもだった人などを招いて、祝宴を設けたとき……


良い機会とはヘロデの誕生日であって、儀礼にかかわる性格を帯びている。それは毎年めぐってくる祝祭であり、これを機会にしてお祭りさわぎ、つまりこれまた儀礼的な活動がくりひろげられる。すなわち共同体の人びとが宴のまわりに集合するのだ。宴の終りに催される舞踊それ自体にも儀礼としての性格がある。ヘロデヤがヨハネに仇するために利用する手続きは、いずれも本質的に儀礼につながっている。

受難の物語における祭司たちの陰謀と同様に、ヘロデヤの陰謀もまた二次的な役割しか果たしていない。それは状況をやや加速させているにすぎない。なぜなら、儀礼それ自体と同様に、陰謀も欲望とミメーシスの方向に進行するからである。状況をあまりにも差異にこだわりすぎた、また依然として低次元にとどまるかたちで把握するならば、ヘロデヤがあらゆる欲望を操作していると想像してしまうであろう。ヘロデヤ自身もそんなふうに把握しているのである。だがより高い次元で、すなわち模倣という観点に立ち、したがって差異にはさほどこだわらない状況把握を行うならば、ヘロデヤ自身も自らの欲望に操作されていることがわかるのである。

テクストで言及されている活動はすべて、儀礼のなかにあらわれるものであり、またふつうはそれらの頂点に生贄の行為がある。ヨハネの殺害がその場と瞬間にあたる。このテクストを構成するあらゆる要素は、したがって厳密に儀礼を鍵概念として読解できるのだが、しかしそんなふうに読解することに、何かを説明しうるだけの意味が少しもあるわけではない。かつてある種の民族学が、儀礼にかかわる側面に注目することによって、今われわれが扱っているのと同じような文献を解明しうると考えたことがあったけれども、謎をいっそう深めるだけで終ってしまった。というのも、儀礼およびその存在理由についてまったく無知であったからである。人間諸科学にあってはしばしば、きわめて不明瞭な素材が、その不明瞭さのゆえにこそ、何かを説明しうる意味をもってしまうことがある。研究者が何の手がかりも見出せない対象は瑕のないひと塊りのもののような様相を示す。こうした対象は、そのどの部分にも疑いをさしはさむことができず、曖昧さのゆえにこそ、明晰な観念と取りちがえられてしまうのだ。

私はすべてのことがらを欲望によって解釈しているのだが、これはテクストの儀礼的および制度的な側面を切り捨てることになるどころか、儀礼的要素を了解可能にする唯一の図式をしかるべく位置づけることなのである。テクストにふくまれる儀礼的要素と、犠牲の仕組みによって自動的に解決される模倣に由来した危機の究極段階とは、ただ類似しているのみならず、完全に一致しており、両者を簡単に区別してしまうことはできない。このふたつのものはつねに一致しうる。なぜならば、すでに述べたように、儀礼とは原初における模倣に由来した危機をもう一度模倣して反復しているものにすぎないからである。儀礼の世界もまた、欲望と同様に何ら独自のものをふくんでいないので——もちろん、その隠れた起源を別にしてであるけれども——このテクスト中に展開する欲望の物語にぴったりと組みこまれてしまう。儀礼の世界そのものが、全体としてミメーシス、模倣、危機の周密な反復なのである。儀礼は何らそれ自体の力による解決をもたらしはしない。自動的に生じた解決を模写しているにすぎない。本来の儀礼と模倣より発した危機の自生的で自然な展開とのあいだには、したがって構造のうえでの差異は存在しないのである。儀礼の活動はさまざまな欲望が模倣されて生じてくるのを抑制したり中断させたりするどころか、これを助長し、犠牲者と定められた対象に向けて導いてゆく。模倣からはじまった現実の不和に脅かされていると感じるたびに、信者たちはすすんで儀礼に参加する。彼らは自分たちの葛藤を模倣し、生贄による解決、つまり犠牲を用いることで和解をもたらすであろう解決に都合のよいありとあらゆる処方を試みるのである。

というわけで、われわれの読み方の正しかったことが立証できる。儀礼は、そしてまたそこから発生する芸術は、模倣を本性としており、何かを模倣することで作動している。それらにとって真に固有の特徴といったものは存在しない。とすると、儀礼や芸術は自生的な危機やヘロデヤの弄する複雑な策略などとまったく同じだということになるのだろうか。私はあらゆることがらを混同しているのだろうか。けっしてそうではない。犠牲者を敵にすることで集団の全員一致の結束が実現した点に、真の儀礼と真の無秩序とのあいだの相違がある。しかもこの結束は神話をとおして再生されて聖化された犠牲者の許で永続するのである。

儀礼とは、宗教と社会との協働精神のなかで、すなわち永続的に生贄を捧げてでも、というよりむしろ社会の利益となることを考えて、犠牲の仕組みをあらためて活性化する目的でもって、模倣によりはじまった危機をもう一度模倣し反復したものなのである。それゆえにこそ、儀礼の進化の過程を通時的に眺めてみた場合、そこでは祝祭や宴という側面がいっそう重要になってくる一方で、犠牲者の殺害に先行しかつこれを条件づけている無秩序は次第に姿を消してゆくのである。

だが儀礼の制度は、どんなに効果が弱まり、またどんなに和らげられたものであっても、依然として犠牲者の殺害につながりやすいところがある。食い物と飲み物をたらふくつめこんだ群衆は何か異常なものを渇望するが、その異常なものとは、性か暴力、できればこのふたつがどちらも出てくる見世物以外にはありえない。ヘロデヤは儀礼の威力を目ざめさせ、それを殺人という自分の目的のために用いるのに充分な知識を儀礼についてもちあわせている。彼女は儀礼の機能を逆転させ堕落させている。共同体の和解よりも犠牲者の死のほうが、彼女にとっては重要であるからだ。本来の儀礼の機能を象徴するものはまだこのテクストのなかに残ってはいるけれども、しかしそれはもっぱら痕跡としてとどまっているばかりである。

ヘロデヤは儀礼の力を総動員し、よくよく承知のうえでそれを彼女の憎悪する犠牲者に向けて導く。彼女は儀礼を堕落させることによって、ミメーシスを最初の有害であった状態に戻し、供犠を始源の殺人へと引き戻すのだ。いかなる犠牲にもとづいた宗教の創始についても、その核心にある躓きが、彼女をとおして明らかになる。つまりヘロデヤは、受難の物語におけるカヤパのそれに類似した役割を演じているのである。

ヘロデヤは彼女そのものとしては重要な存在ではない。彼女は福音書が犠牲の仕組みを暴露するさいのそのひとつの道具にすぎない。彼女の儀礼の利用の仕方は堕落したものであるが、それゆえに儀礼の秘密を明らかにもしてくれる。ここからもわかるように、犠牲の仕組みの暴露は《逆説的》な性質をもっている。すでに見てきたとおり、ヘロデヤがヨハネに敵対するのは、預言者が彼女とヘロデの結婚に反対した――「あなたが兄弟の妻を自分のものとしていることは不法です」――からである。しかし儀礼における神秘化とは、原則として、身代りの山羊を媒介とした、模倣による欲望の隠蔽以外の何ものでもない。犠牲の仕組みを暴露しようとする力の影響をうけて、宗教や文化の隠れ家から追い立てられ、儀礼的とは言えない起源、すなわちむき出しの殺人へと立ち戻らざるをえない儀礼の生きた寓意として、ヘロデヤやカヤパを規定することができるだろう。

私はマルコの文章について、それがつねに真実を述べているかのように論じている。たしかにそれは真実を述べている。そのいくつかの側面は、しかし、伝説であるような印象を読む者に与える。不幸な結末の怪奇的なおとぎ話をなんとなく想起させる。それは、サロメと母親との関係、恐怖と子どもじみた服従との混在、さらにまた踊り子にほうびを与える目的でなされた申し出の極端で法外な性格、といったあたりに感じることができる。ヘロデには分けてやるべき王国などなかった。実を言うと彼は国王ではなく四分領の太守であり、彼の権力はローマ帝国の好意に全面的に依存した、きわめて限られたものであったのだ。

聖書の註釈者は文献のうえでの典拠をさがし求める。エステル記では、アハシュエロス王がヘロデのそれに似た申し出を女主人公にたいしてしている（エステル記、五、六）。この文献はマルコやマタイに影響をおよぼしたかもしれない。それはありうることだが、しかし伝説になった物語においては、法外な申し出というのはきわめてありふれた主題であるから、マルコやマタイは特定の文献を考えなくともこの主題を思いつきえた。典拠をさがすよりは、この主題が何を意味しているかを問うてみることのほうが面白いであろう。

主人公が試練に打ち勝ち、何か勇敢な行為をなしとげることによって、はじめは認められなかった能力を鮮やかに証明する、といったことが民話にはよく出てくる。試練を計画した王は主人公の発する魅力に永いあいだ抵抗してきただけに、そのぶんいっそう彼の成功に眩惑される。そこで王は主人公に法外な申し出を行う。王国あるいは——同じ価値があるわけだが——自分のひとり娘を与えようと言うのだ。この申し出が受け容れられれば、何も所有していない者がすべてを所有する者に変じ、すべての所有者が何も所有しない者に転じる。王の存在が彼の所有物、彼の王国と切り離しえないとすれば、贈与者が被贈与者に譲りわたすのは文字どおり彼の存在である。

贈与者は所有物をさし出すことで、被贈与者をもうひとりの自己に変えようと望む。自分の現在の姿をつくっている一切のものを与え、自分には何ひとつ残さない。かりにヘロデの場合のように、さし出すのが王国の半分だけであっても、基本的には申し出の意味は変らない。ヘロデの半分を所有するようなサロメとは、もう片方の半分つまりヘロデ自身と同じもの、同じ存在であるだろう。ふたりにとって相互に交換可能な相手は、自分以外のもうひとりしかいないということになるだろう。

　地位や財産があるにもかかわらず、贈与者のほうが低い立場にいる。われわれの所有物を奪ってくれと踊り子に申し出ることは、われわれを踊り子の所有物にしてくれと頼むことである。法外な申し出は魅惑された観客からの反応である。それはもっとも激しい欲望、所有されたいという欲望である。欲望の主体は、その欲望が激しすぎるために自分の軌道から飛び出してしまい、自分を眩惑する太陽の軌道にはいりこみ、文字どおりその《衛星》になろうとするのだ。

　ここでは憑依＝所有 possession というのを、いくつかの宗教で行われている入神状態をさす専門用語の意味で理解する必要がある。欲望がきわめて激しくあらわれ、そのため疎外について考察するうえでそれまでは有効であった観点が妥当しなくなってしまうほどのことがあると、ジャン＝ミシェル・ウグルリアンとともに認めなければならない。疎外という概念は、依然として覚醒状態にある自我、外部の世界を経験しても完全には消耗しきっていない、またこのこと自体からして、経験を疎外、隷属、従属として感じとっている一種の主体の存在を前提にしている。憑かれ＝所有された《ポセデ》者の場合、模倣の手本である他者が全体的に侵入してきているので、何ものも、また誰もこれに抵抗しえず、観点は逆転する。疎外状態にあると言えるような自我はもはや存在していない。存在するのは他者のみであり、他者は自己があるべき位

置にまるでわが家にでもいるかのようにおさまってている。そこに住みついてしまっているのだ。(35)

申し出をするさいの言語は、誓約のさいの言語であると同時に、呪術の祈りの言語でもある。性急すぎるほどの模倣の病いの言語である。サロメはヘロデにとっての神となり、ヘロデはこの神の加護を求めて、たえず同じ言葉を反復し、同じ言い方でもって申し出を行うのだ。すなわち、「『何でもほしい物を言いなさい。与えよう。』と言った。また、『おまえの望むものなら、私の国の半分でも、与えよう。』と言って、誓った。」

申し出をする者はいつも、ことさら執着し自分のために取っておきたい対象、というよりは存在をもっている。残念ながら、申し出を口にするときには、彼はこの存在に言及しない。ひょっとすると、欲望がきわめて激しくて言及するのを本当に忘れてしまったのかもしれないし、また自分の財産のうちのほんの一部を申し出からはずすことで、申し出の気前のよさを減じるのをおそれているのかもしれない。この対象に言及すればそれへの欲望をかきたてることになるのをおそれているのかもしれない。だがいずれにせよ、憑依＝所有の魔物が打ち勝ち、申し出は何らの制限もともなわないものとなる。一見したところ、そのようなことはほとんど重要でないかに見える。これと莫大な富とをはかりにのせて較べてみれば、こちらの存在は明らかに軽く、財産全体よりもそれを好んで選択するなどということはありえない。

ところがまさしくそうしたことがつねにおきるのである。誰も言及しなかったのだから誰の興味も惹かないはずのこの存在が、必ず要求の対象となる。運命や宿命、語り手の悪意、フロイト的な無意識のせいでそうなる、と言うべきか。もちろんちがう。単純かつ完璧に説明できるのだが、当然誰も受け容れたがらないだろう。すなわち欲望の模倣という説明である。あるものの価値を決めるのはそれの現実の価格ではなく、すでにそのうえに固着した人間たちの欲望であり、そうした欲望のゆえに、この対象のみがまだ何にも固着していない欲望にとって魅力あるものになるのである。欲望はその存在を示すために言葉を発する必要がない。模倣による欲望は自分が何を対象にしているかをひとの眼から隠す。というのも自分自身にたいしても隠しているのであるから。しかしその欲望同士のあいだでは隠すことができない。それだからこそ、欲望のゲームでは、これに参加した人びとが盲目であれ洞察力であれ、いずれにせよ極端な性格をもっていて、真実らしさの規則が侵犯されているように見えるのである。

ヘロデは、ヨハネを投獄することで彼への関心を隠蔽できたと信じている。だがヘロデヤには全部わかっているのだ。王は預言者を牢獄の奥に隠しおおせたと思っているが、しかし預言者はそこにいるときほど大きな反響を呼び、注目を集めたことは、これまでなかったのである。伝統的な劇的事件をつくりだすことにかけては、模倣による欲望は必然的に誰よりも精通しており、それゆえ、日常生活のなかでの自己の位置に気づくか、あるいは逆に完全にそこに埋没してしまうか、そのいずれかさえできれば、真の悲劇と日常生活とは見まがうばかりに似てくるのである。

法外な申し出にたいしてはつねに、外見上つつましいが実はそれを充たすには世界の王国すべてよりも高くつく要求が出てくる。要求の価値をこの世の事物の尺度でもってはかることはできない。肝心なのは、ここでは犠牲 *sacrifice* が問題になっているというのを理解することである。大事な存在を放棄しなければならない者にとって、この要求はもっともつらい犠牲を意味する。犠牲者を要求しているのは、一種の偶像、サロメという名の娘、ほぼ神に等しいとも言える怪物的な存在である。ここでは放棄される存在の自由、財産、生命がかかっている。またとりわけ関係した者全員の品位がかかっている。ヘロデの品位はもうすでに危くなっていたのだが、集団による殺人というライオンの洞穴にはいって、預言者とともに潰えさる。だからこそ、このマルコの文章は、法外な申し出と犠牲の要求とのさまざまな型をふくむ偉大な伝説のすべて、たとえばファウストやドン・ジュアンの物語と同様に、犠牲に反対する立場から書かれているとみてよいのである。

近代世界でも稀にながら存在する《神話》は、要するに真の神話ではない。真の神話ならばごくわずかの気のとがめもなしに、犠牲者の殺害による問題解決にくみすることに終始し、また迫害者の世界観を反映するところであるが、近代の神話はそうはしないで、このような犠牲を拒み、そのおぞましさをつねに告発しているからである。福音書からの影響を受けているのである。

こうした伝説の本質をなしているのはいつも、現代の強固な自由主義精神の持主たちがそこから一掃したいと願っているもの、彼らの些細な虚栄心を乱すものである。犠牲をめぐって問題を設定すると、彼らは苛立つ。すぐさま根絶せねばならない信仰心の残余、凡庸なこりかたまった信心がそこにあると見て、それが自分たちのすばらしい勇気の邪魔になるのを望まないのである。この人びとはメフィストフェレスが要求した不滅の魂を嘲笑し、『ドン・ジュアン』に出てくる騎士の像や石像の饗宴を軽蔑する。この躓きの石が自分たちの連帯を高めてくれる唯一の残された共同の食事であることがわかっていないのである。現代社会が最後の宗教的紐帯を見出したのは、事実、知識人たちが根気よく育てあげた躓きの石の周辺においてなのであった。だが現代精神はこの躓きの石をありふれたものに変え、最後の塩からその味を奪ってしまうのだ。

犠牲をめぐる問題設定の最後の痕跡――これがすべてを支配しているのであるから、努力して明らかにするだけの値打ちのある唯一のものである――を消し去ることで、近代の作家たちはファウストやドン・ジュアンを女と富の架空の消費者に変えてしまう。注目すべきことに、やはりこの作家たちはいわゆる消費社会を際限なく非難しつづけるのであるが、おそらくそれは消費社会が単なる架空の存在ではなく、人びとが求める種類の生活の糧を現実に供給する点で、彼らよりも優れた力をもっているからである。

ここで重要なのは、集合的な模倣の病い、バプテスマのヨハネの殺害、および舞踊が惹きおこした入神状態のあいだの明白な関係である。この入神状態とはテクストの快楽、ヘロデや客たちの快感にほかならない。「ヘロデヤの娘が……踊りを踊ったのでヘロデも列席の人びとも喜んだ。」この快感はフロイトの言う快感原則よりも強い意味で理解しなければならない。真に魅せられた状態である。とり憑かれた者が模倣による同一化に没入すると、彼の魔神である模倣の手本にして競争相手が彼を捉え、こうした場合にしばしば言われる言い方をするなら、彼に《打ちまたがる》。魔神は彼とともに踊り出すのだ。

主体は模倣にひたりきって、自己自身および目標についての意識を喪失する。模倣の手本と競争しあうことなく、無害なあやつり人形と化してしまう。あらゆる対立が破棄され、欲望の矛盾も解決するのである。

では、先ほどまで欲望の通路をふさぎ欲望を地面に針づけにしていた障碍はどこへいったのか。怪物はどこかに隠れているはずだ。快感の経験を完全なものとするためには、この障碍を見つけ出して消去する必要がある。どんな場合でもこうした瞬間には、犠牲殺害への欲求が存在して充たされることを求めており、また消費の対象となるべき身代りの山羊、斬首されるべき犠牲者が存在する。模倣の病いが最高度に激化したこの水準にあっては、犠牲の要求が必ず支配しているのだ。まさしくそれゆえにこそ、真に深遠な文献では、いつも犠牲の殺害まで語られることになるのである。

いったんこの水準にまで達した模倣の病いは、それ以下の水準でならば並びあえるかに思える領域のすべて、すなわち性をも、野心をも、社会学や精神分析、儀礼そのものをも吸収してしまう。と言っても、欲望の模倣ということを前面に出せばこうした諸領域を避けるとかましてや《縮小する》ことができる、というわけではない。それら諸領域はいずれも暗黙のうちには模倣という観点からの分析にふくまれているのであり、したがって、先ほど儀礼について明らかにしたように、いつでも顕在化させることができる。

贈物を申し出た者にたいする要求は、いつも彼にとって意外なものである。彼は意表をつかれ苦悩するが、しかし抵抗することができない。踊り子がヨハネの首を要求していると知って、「王は非常に心を痛めたが、自分の誓いもあり、列席の人々の手前もあって、少女の願いを退けることを好まなかった」とマルコは記している。ヘロデはヨハネを救いたいと思っている。彼の欲望は模倣の過程の初期の局面にあることを思い出そう。サロメがヨハネの生命を奪おうとしているのにたいして、ヘロデは彼を保護しようと望んでいる。欲望が進行し、より多数の個人、たとえば列席した人びとの群れに感染してゆくにつれて、その欲望はいっそう血に飢えたものとなる。そうしたもっとも低級な欲望こそが勝利するのである。ヘロデは招待客の数と勢力とにおじけづき、彼らに抵抗するだけの勇気をもたない。言いかえれば、ヘロデは模倣をつうじて支配されているのだ。招待客にはヘロデの世界のエリート層全体がふくまれている。マルコは少し前のところで彼らを階層ごとに列挙していた。すなわち、「重臣や、千人隊長や、ガリラヤのおもだった人など」である。マルコは、彼らの模倣による影響がどんなにすごい力を潜在的に秘めているのかを示そうと努めているのだ。これと同じように、前章で扱った受難の物語においてもメシアに敵対して連合を組むこの世の勢力のすべてが列挙されていた。群衆と諸勢力とは合体し、ひとつのものになる。ヘロデが決心するのに必要な模倣のエネルギーはこの群衆が補給しているのである。マルコの文章をつき動かしているのも、この、どこにあっても明らかに模倣にもとづいているとわかる、群衆のエネルギーである。

マルコはそうしたことがらを詳細に述べているが、それはただ物語る楽しみのためのみではない。預言者の首を斬るという決定がなされる過程を解明するためなのである。招待客たちは全員が同一の反応を示す。彼らは、模倣に由来する危機が究極の段階に達した場合に、状況への決定的な介入が唯一可能な群衆の典型を示している。血に飢えた群衆が全員一致して結束すれば、決定するのはいつもこの群衆なのである。すさまじい圧力に押えつけられたヘロデには、少し後の時期のピラトと同じく、こうした群衆の決定を自らの意思にかかわらず認可するほかはほとんど何もなしえない。群衆の圧力に譲歩することで、ヘロデ自身も群衆のうちに紛れてしまう。彼は群衆を構成する諸個人の最後のひとりにすぎないのである。

ここでもまた、主要な登場人物の心理を追求すべきではない。殊に邪悪な陰謀家とかあるいは殊に弱腰な統治者にとらえられたために、イエスやヨハネは死んだのである、と考えるべきではない。解明しまた告発する必要があるのは、身代りの山羊をつくり出す誘惑に直面したさいの人類全体の弱さなのである。

自分たちの欲望の真の姿を理解したがらない人びとに向かって、それをはっきりと告げるがゆえに、預言者は死ぬのだ。誰もそんなものを理解したがらないのである。だが、彼が口にしたこの真実は、彼を殺害するための充分な根拠ではない。犠牲者の選択のうえで好都合なもうひとつのしるし、しかももっとも皮肉なものでしかない。彼が口にした真実は、模倣による選択が何よりもまず偶然に左右されているという性格と矛盾してはいない。この性格は犠牲者の選択がサロメの舞踊のあとから遅れてなされる点からもはっきりしているが。

犠牲者の選択が永く延期されたおかげで、マルコは欲望の展開過程のすべて、すなわち模倣によってはじまるところも、犠牲者の殺害で、つまりこれまた模倣によって終るところも明らかにすることができた。サロメの「何を願いましょうか」という問いからは、このときにヘロデヤであれあるいは他の誰であれ、犠牲者に誰を指名してもよかったのだということがわかる。犠牲者の指名がなされるのが最後の瞬間においてであったとしても、やはりまずサロメが、次に列席者全員がこの指名を熱狂的に採択するのである。こうした段階になると、どんなに断固とした暴君であっても、もはや有効な抵抗をなしえない。福音書の作者たちが関心を抱いているのは、欲望の模倣が不可避的に集団の成員を結束させる過程である。人間社会の真の支配者は、身代りの山羊によって全員一致の結束をもたらす模倣の病いのうちにこそ求めなければならない。

ただひとりの首を斬るだけでも、それで大規模な騒擾を惹きおこすのに充分であることもあるし、またそれを沈静させるのに充分であることもある。どうしてそうなるのだろうか。欲望がヨハネの首に収斂するのは模倣による幻想にすぎないが、狂躁がいたるところに拡がってもはや現実の対象をもちえず、また模倣が拡散して——ということは模倣の極度の激化を前提としているわけだが——現実の対象の完全な消失を裏付けるようになってくると、この幻想は全員一致したものであるという性格のゆえに、狂躁は現実に沈静するのである。ある一定の限度を越えると、憎悪には理由がなくなる。憎悪はもはや理由を、いや口実をすら必要としなくなる。そこにはもはやたがいに交錯し支えあう欲望しか存在していない。ヘロデが預言者を獄につないだのと同じように、誰もがその欲望の対象を無傷な、生きた状態において独占したいと望んでいるかぎり、そうした欲望は分裂し対立しあう。だがそうであるとしても、分裂して破壊的になった同じ欲望は、逆に和解することもありうるのである。それこそ人間の欲望の恐るべき逆説である。人間は欲望対象の保護についてはけっして意見が一致しないが、その破壊についてはつねに一致する。協調は犠牲者をとおしてでしか成立しないのだ。

そこで王は、すぐに護衛兵をやって、ヨハネの首を持って来るように命令した。護衛兵は行って、牢の中でヨハネの首をはね、その首を盆に載せて持って来て、少女に渡した。少女は、それを母親に渡した。

人間にとって、自分たちの欲望を非難する者は生きた躓きの石であり、自分たちが幸福になるのを妨げている唯一のものだ、と彼らはひそかに考えている。今日のわれわれもまたこれと別のことを考えているわけではない。生きた預言者はあらゆる関係を混乱させるけれども、ひとたび死ねば、動かぬ従順な物体となり、サロメの盆にのせられ順に回されて、諸関係を容易にする。招待客たちは、ヘロデの宴会で出た食事や飲物と同じように、ヨハネの首をたがいにすすめあう。それは、人びとがしてはならないことをするのを妨げる、驚くべき見世物であると同時に、するのがふさわしいことをするようにしむけるもの、すなわち犠牲者の殺害によってあらゆる交流を可能にするきっかけともなっているのだ。このテクストのうちにたやすく読みとることができるのは、あらゆる宗教の創始にかかわる真実、つまり神話と儀礼と禁忌とにかかわる真実である。だがこのテクストが解明するような事態がテクストのなかでおこるわけではない。テクストは人びと全員をひとつにまとめあげる欲望の模倣を何ら神的なものとは見ていないからである。ここでは犠牲者は尊重されてはいるものの、神格化されてはいないのだ。

ヨハネの殺害のような場合でもっとも興味深いのは、文化の、いやそれ以上に宗教の創始にかんしてこうした殺害がもつ力能である。今度は、マルコのテクストがそうした力の存在をはっきりと示してくれていることを証明してみよう。それこそテクストのうちでもっとも驚異的なところである。私が念頭においているのは、物語の終りではなしに前にある一節である。この物語は一種のフラッシュ・バックのようになっているのだ。ヘロデはイエスの名声が次第に大きくなってゆくのに強く印象づけられる。

イエスの名が知れ渡ったので、ヘロデ王の耳にもはいった。人々は、「バプテスマのヨハネが死人の中からよみがえったのだ。だから、あんな力が、彼のうちに働いているのだ。」と言っていた。別の人々は、「彼はエリヤだ。」と言い、さらに別の人々は、「昔の預言者の中のひとりのような預言者だ。」と言っていた。しかし、ヘロデはうわさを聞いて、「私が首をはねたあのヨハネが生き返ったのだ。」と言っていた。（マルコ、六、一四—一六）

あらゆる臆説がとびかうなかで、ヘロデは最初の説、つまりイエスをよみがえったヨハネとする説を採るが、その理由はテクストのなかで示唆されている。ヨハネが暴力によって殺されたさいに自分もある役割を演じたがゆえに、バプテスマのヨハネがよみがえったとヘロデは考えるのである。自分たちをひとつにまとめてくれた犠牲者がほんとうに死んだのだと、迫害者たちは信じることができない。犠牲者の復活と聖化とは何よりもまず迫害にともなう現象であり、自分たちが参加した暴力についての迫害者たち自身の観点をあらわしているのである。

マルコとマタイの福音書はバプテスマのヨハネの復活をまじめに受けとってはいないし、また読者にそれをまじめに受けとってもらおうと望んでもいない。しかし両福音書は、福音の根幹をなすことがら、すなわちイエスの復活と彼の神聖性の宣言とに外見上奇妙に似た過程をどこまでも解明しようとする。福音書はこの類似性をよく認識しているが、だからと言って何ら不安を抱いているわけではなく、またいかなる疑念にもとらわれてはいない。近代の信者たちはバプテスマのヨハネのにせの復活についてあまりあれこれと言わないが、それは彼らの眼から見てヨハネの復活とイエスの復活が充分には区別しがたいからである。ヨハネの復活を信じる理由がないのであれば、イエスのそれを信じる理由もまた存在しない、と彼らは考えるのだ。

福音書にとっては、相違は明らかである。ヨハネの場合のような型の復活は、自分たちの迫害行為のために正常な認識能力をなくしてしまった迫害者が絶対に必要としているものだ。これとは逆に、われわれをそうした幻想や迷信のすべてから解放することによってのみ、キリストは復活するのである。キリストの復活は、集団による殺害を基礎とするすべての宗教の廃墟においてのみ真の勝利を収めるのである。ヨハネのみせかけの復活には今しがた考えてきたような意味がこめられているのは確実である。というのも、それはいかなる疑問の余地もない文脈において、さらにもう一度取りあげられているからである。

イエスは弟子たちに尋ねて言われた。「人びと〔ルカによれば群衆〕は人の子をだれだと言っていますか。」彼らは言った。「バプテスマのヨハネだと言う人もあり、エリヤだと言う人もあります。またほかの人たちはエレミヤだとか、また預言者のひとりだとも言っています。」イエスは彼らに言われた。「あなたがたは、わたしをだれだと言いますか。」シモン・ペテロが答えて言った。「あなたは、生ける神の御子キリストです。」するとイエスは、彼に答えて言われた。「ヨナの子シモン、あなたは幸いです。このことをあなたに明らかに示したのは肉と血ではなく、天にいますわたしの父です。ではわたしもあなたに言います。あなたはペテロです。わたしはこの岩の上にわたしの教会を建てます。ハデスの門もそれには打ち勝てません。」(マタイ、一六、一三—一八)

この信仰の表明がなされたときには、バプテスマのヨハネはすでに死んでいる。イエスのうちに見出せると群衆が思っている人物はみなすでに死んでいるのである。つまり、そうした人物がみなイエスという人間のうちに復活したと群衆は考えているわけだ。これは、したがってヘロデの信仰に似た信仰、復活についての空想的な信仰である。ルカは別のところで、このことをマタイよりもさらにはっきりとさせている。すなわち、イエスは昔の預言者のひとりが復活したのだとされている、とルカは記しているのである（ルカ、九、一九）。

「ハデスの門」すなわちギリシア人の死者の国への言及は意義深いものであるように思われる。これはただ悪が善を圧倒しないということのみを意味しているのではない。そこには死者たちと死との宗教にほかならない、暴力にもとづく宗教への暗示を見てとることができる。ここでは、「ディオニュソスはハデスと同じだ」という、ヘラクレイトスの言が思い浮かんでくる。

子どもはふたつの宗教の相違を感じとる。子どもにとって暴力は恐ろしいが、イエスは恐ろしくないからである。ところが知恵があり世にたけた者たちには相違がまったくわからない。彼らは賢し気にいくつかの主題を比較し、そして同じ主題がいたるところで見つかるので、かりに彼らが構造主義者だと自認していたとしても、真の構造上の相違が彼らにはわからない。身代りの山羊を殺した後でそれを崇拝しようとしている者たちにとっての隠蔽された身代りの山羊――バプテスマのヨハネの場合――と、その意味が明らかになっている、また自身で明らかにしてもいる身代りの山羊――イエスの受難の場合――との相違が彼らにはわからないのである。

ペテロもまた、相違がわかっていながら、しかも人間誰しもが行う模倣にもとづく行動を幾度も繰り返してしまうであろう。先の一節でイエスが示した尋常ならぬ厳粛さからは、ペテロの気づいた相違があらゆる人間の気づくものではないということがうかがわれる。福音書は、要するに、イエスの復活についての信仰の逆説を強調しているのだ。イエスは、信仰そのものをとおして相違に気づいているというのではない者からすれば、外見上は相似した現象について極度に懐疑的な文脈のなかで復活するのである。

第12章　ペテロの否認

受難が弟子たちにもたらす効果を語るために、イエスは預言者ゼカリヤの言葉を引用する。「わたしが羊飼いを打つ。すると羊は散り散りになる」（ゼカリヤ書、一三、七。マルコ、一四、二七）。イエスの逮捕の後すぐに、弟子たちは散り散りになって逃げてしまう。逃げ出さなかったのはペテロただひとりである。彼はイエスを引き立ててゆく行列を遠くから追跡し、イエスが大祭司の館で乱暴な訊問を受けているあいだに、その中庭にまではいりこむ。ペテロが中庭にもぐりこめたのは、そこをよく知っている、ペテロといっしょにいた《もうひとりの弟子》の口ききのおかげである（ヨハネ、一八、一五―一六）。この《もうひとりの弟子》の名は書かれていないが、おそらく使徒のヨハネ自身であろう。

マルコによると、ペテロは遠くからイエスのあとをつけ、「大祭司の庭の中にまではいって行った。そして、役人たちといっしょにすわって、火にあたっていた」（マルコ、一四、五四）。エルサレムの三月の夜であれば、たき火をするのはあたりまえである。「寒かったので、しもべたちや役人たちは、炭火をおこし、そこに立って暖まっていた。ペテロも彼らといっしょに、立って暖まっていた」（ヨハネ、一八、一八）。

ペテロはすでに、他の人びとと同じ理由から、他の人びとのすることをしている。彼はすでに他者を模倣しているわけだが、一見したところ、それは何ら注目すべきことではないようだ。あたりは寒く、その場にいる者はみな、たき火を囲んで押しあいをしている。ペテロもそのひとりである。これ以上につけ足すことはまず何もない。具体的な細部は、しかし、テクストで描かれていないだけに、いっそう深い意味をふくんでいる。四人の福音書作者のうち三人がこのたき火に言及している。それには理由があるはずだ。もっとも原始的だといつも言われている、マルコのテクストのなかにこそ、その理由を見出そうとしなければならない。

ペテロが下の中庭にいると、大祭司の女中のひとりがやって来る。火にあたっていたペテロに気がつき、彼をじっと見つめて、次のように言った。

「あなたも、あのナザレ人、あのイエスといっしょにいましたね。」しかし、ペテロはそれを打ち消して、「何を言っているのか、わからない。見当もつかない。」と言って、出口のほうへと出て行った。すると女中は、ペテロを見て、そばに立っていた人たちに、また、「この人はあの仲間です。」と言いだした。しかし、ペテロは再び打ち消した。しばらくすると、そばに立っていたその人たちが、またペテロに言った。「確かに、あなたはあの仲間だ。ガリラヤ人なのだから。」しかし、彼はのろいをかけて誓い始め、「私は、あなたがたの話しているその人を知りません。」と言った。するとすぐに、鶏が、二度目に鳴いた。そこでペテロは、「鶏が二度鳴く前に、あなたは、わたしを知らないと三度言います。」というイエスのおことばを思い出した。それに思い当ったとき、彼は泣き出した。
（マルコ、一四、六六―七二）

ペテロは図々しく嘘をついているのだ、とわれわれはまず考える。ペテロの否認は結局そうした嘘にすぎないのかもしれない。しかし単なる嘘というものはめったにないのであり、よく考えれば、彼の嘘はさほど明快ではなくなる。実際のところ、ペテロは何を要求されているのか。イエスとともにある者であることを白状しろと要求されているのだ。つい先ほどイエスが捕えられて以来、イエスの周囲にはもはや弟子も人びとの集まりも存在していない。以後ペテロも、他の誰も、真にイエスとともにはいない。実存主義者たちが、ともにあることのうちに人間存在の重要な存在様態を見たことは、よく知られている。マルティン・ハイデッガーはこれを共同存在 *Mitsein* と名づけたが、フランス語では文字どおりともにあること *être avec* と翻訳される。

将来イエスとともにあることの可能性は、彼の逮捕によって、まったく潰え去ったかに見え、またペテロは、自分の過去の記憶までなくしてしまったかのようである。彼はちょっと夢うつつのような状態で、自分がどこにいるのか、よくわからぬ男のように、「何を言っているのか、わからない。見当もつかない」と答える。わからないというのは多分本当であろう。彼はきわめて窮迫し、また自己喪失した状態にあり、基本的な反射反応しかしない植物と同じ存在になってしまっているのだ。あたりは寒く、彼はたき火のほうを向く。ひじを突きあってたき火に近づき、他者とともに手をたき火にさしのばすこと、それはあたかもすでに彼らのうちのひとりになり、彼らとともにあるかのように振舞うことである。どんなに単純な身ぶりにもそれ自体の論理があり、しかもその論理は、つねに生物学的であるとともに社会学的なものでもあって、意識のはるか下方に位置しているだけに、なおさらわれわれはそれに従わざるをえない。

ペテロはただ他者とともにたき火にあたることを望んでいるだけなのだが、自己の世界が崩壊したために共同存在を失っているので、たき火にあたることが、その火のなかで輝いている存在をひそかに切望することになってしまう。そしてこの存在こそ、彼を見つめるすべての眼、ともにたき火にさしのべられているすべての手が、沈黙のうちにさし示しているものなのである。

夜のたき火には、暖かさや明るさを提供するという以上の意味がある。たき火が燃えはじめるやすぐさま、ひとはそのまわりに輪をつくってくつろぐ。人間も物も本来のかたちを取りもどす。ほんのわずか前まで、そこにはただのひとの群れ、各人が独りきりで自分自身とともにいる一種の群衆しか存在していなかったのに、今ではひとつの共同体が形成されつつある。人びとの手や顔は炎のほうを向き、また逆に炎によって照らし出される。それはまるで人びとが神に向けた祈りにたいする、神からのやさしい返答のようだ。彼らはみなが火を見つめるのであるから、もはやたがいの顔を見ないですますわけにはゆかない。彼らには眼と言葉を交わすことができる。共感し交流しあう空間が成立するのである。

このたき火のおかげで、新たな共同存在の可能性がぼんやりと出現してくる。ともにあることが、ペテロにとってあらためて、しかし前とは別のところで、別の仲間とともにかたちづくられようとしている。

マルコやルカ、ヨハネは、このたき火にもう一度言及するが、それはマルコとルカでは、女中が最初に口出ししたときである。女中が次のように口出ししたのは、ペテロが中庭にいたからというよりは、たき火のそばにいたからであると言ってよかろう。「ペテロが火にあたっているのを見かけ、彼をじっと見つめて、言った。『あなたも、あのナザレ人、あのイエスといっしょにいましたね。』」

おそらく、ペテロは他者を少々押しのけて、火のすぐ近く、明るく照らし出されるところへやってきた。それでみなは彼をじっと見つめることができたのである。いつもそうなのだが、ペテロはあまりにも速く、あまりにも遠くまで進みすぎたのだ。たき火のあったおかげで、女中は暗がりのなかでも彼を見わけられたのであるが、しかしそれがたき火の主要な役割なのではない。ペテロの態度のどこが気に入らなかったのか、なぜ彼に向かって横柄な口をきいてしまったのか、彼女にはあまりよくわかっていないにちがいない。だがマルコのテクストを見れば、たき火が女中にペテロを意識させる何らかの役を果たしているのはたしかである。あのナザレ人の仲間は、あたかも自分の場所にいるかのように、この火のまわりに自分の席をもっているかのように振舞っている。たき火がなかったならば、彼女はある種の憤慨感をいだいてペテロにいきり立ちはしなかった。あるいはいきり立ったとしても、これほどまでにはなっていなかったであろう。たき火はただの背景以上のものなのである。ともにあることは、普遍的になれば必ずその固有の価値をなくしてしまう。だからこそ、それは排除のうえに成り立っているのだ。女中はイエスとともにあることしか問題にはしていないけれども、もうひとつともにあることが存在しているのであり、それがたき火のまわりの存在である。その火は彼女のものであるがゆえに関心を惹く。彼女はその完全性を守ろうとし、したがって、ペテロがたき火のまわりに来て暖をとろうとするのを拒むのである。

ヨハネの福音書では、女中ではなくて門番の女、入口の監視人ということになっている。もうひとりの弟子の口ききによって、ペテロが中庭へはいるのを許可するのは彼女である。女中はなるほど監視人の役をしている。この着想は、それ自体としてはすばらしいけれども、しかしそのおかげで作者は、ペテロがたき火に近づくよりも先、最初から正体を見やぶられたと言わざるをえなくなる。したがって、女中が侵入者を見わけるのはもはやたき火の明りによってではなくなり、また彼女が憤慨するのももはやその場面の内密で儀礼的な性格にたいしてなのではない、ということになる。ヨハネにおいては、また、三度目は召使いたち全員が打ち揃って問いただすのではなくして、ペテロが耳を切り落とした(イエスが捕えられるさいに、彼を守ろうとむなしい努力をして、ペテロは暴力をふるったのであった)男の縁者とされるのが、ペテロを問いつめている。ヨハネは、ペテロの否認の動機として恐怖心しか考えない、伝統的な解釈を助けているのである。恐怖心というものをまったく排除すべきではないのはもちろんであるが、それを決定的な動機と考えるのもいけないのであって、よく眺めてみると、四つの福音書の書き方はそうした解釈とは逆のことを言っている。最初はそう読ませるかに見えるヨハネの書き方でさえ、である。もしも、大部分の註釈者たちが示唆しているように、ペテロが生命を落とすことをほんとうに恐れているのであれば、またとりわけ中庭にもぐりこむ前から正体を見やぶられているのであれば、彼はけっしてそこへはいってゆきはしないであろう。身に危険が迫っているのをただちに感じて、さっさと逃げ出していたであろう。

女中が呼びかけたことによって、もちろんひとの輪は友愛的な性格を失う。ペテロは目立たずに退散しようとするが、背後にはひとがひしめいている。彼はあまりにも中央の近くに来ており、入口のほうへ退いてゆくあいだも、女中は彼の姿を難なく眼で追うことができる。いったんそこまでたどりついても、彼は立ち止まり、次におきる出来事を見守っている。その振舞いは恐怖した男のそれではない。何が女中の気にさわるのか、漠然とではあるがわかるので、ペテロは明るく暖かいところから遠ざかるけれども、しかし立ち去ろうとはしない。だからこそ、彼女はもう一度彼に問いただす。女中はペテロをふるえあがらそうとしているのではなくて、困らせて無理やり追い出そうとしているのである。

ペテロが立ち去らないのを見て、女中はどこまでも執着し、言うべきことを再度はっきりと述べる。「この人はあの仲間です」と、ペテロがイエスの弟子の集団に属していることを大声で告げるのだ。彼女は最初ペテロに向かって直接声をかけたのだったが、実際に話しかけていた相手はすでに、自分と同じ集団の人間、たき火のまわりで暖をとっていた者たち、すなわちよそ者の侵入により脅かされた共同体の成員なのであった。彼女は彼らを動員して侵入者に対抗しようとしたのだ。そして今度は直接彼らに呼びかけて、望みどおりの結果を得る。ペテロに向かい声を揃えて、「おまえはあの仲間だ」、おまえのともにあることはここにはない、おまえはあのナザレ人とともにあるのだ、と繰り返すのは集団全体になる。引きつづいてのやりとりのなかでは、ペテロが口調を強める。「のろいをかけて誓い始める」のはペテロのほうである。もしも自分の生命や、さもなくば自由を心配しているのであるなら、彼はさほど強い調子で語りはしないであろう。

この場面でマルコの卓越しているゆえんは、最初の発言のあとすぐに他の人物に発言させはしないで、二度つづけて同じ女中に発言させたところにある。マルコの描く女中には、はっきりとした輪郭がある。彼女は主導権を握っており、集団全体をゆるがすのも彼女である。今日ならば彼女にはリーダーシップの資質があると言うところだろう。だが、例によって心理学主義には警戒しなくてはならない。マルコが関心をもつのは、女中の個人的な性格ではなくして、集団の仕組みを作動させる彼女のやり方、すなわち集合的な模倣衝動を働かせるやり方についてなのである。

前述したように、彼女は一度目は、おそらく時刻が遅いことやたき火が暖かいことのために鈍くなってしまった集団を目覚めさせようとする。みなが自分を見てあとからついてくるのを望むのだが、そうはならないので、自らが先頭に立って、自分の言ったことにつきしたがってゆく。彼女の授業が効を奏さなかったので、最初の授業の復習とならざるをえない二度目の授業を行うのである。指導者というのは、自分につきしたがってくる者たちを子どものように扱わねばならないことを知っている。つねに模倣を惹きおこさねばならないのである。二度目の手本は最初の手本の効果を強め、今度こそうまくいく。その場にいあわせた者たち全員が見事に一致して、「たしかに、あなたはあの仲間だ。ガリラヤ人なのだから」と、言いだすのである。

模倣はマルコの福音書でのみ特別描かれているというわけではない。ペテロの否認の場面は、四福音書のいずれにあっても、すみずみまで模倣に支配されているのであるが、マルコによる福音書では、たき火とか女中といったものの果たす役割をつうじて、模倣の仕組みが他よりもいっそうはっきりとなっているのだ。模倣の仕組みを作動させようとする女中に二度も同じことを言わせているのは、マルコただひとりである。彼女は自らを手本として示し、その手本がより有効に機能するように、自分からまずそれを模倣してみせ、手本に固有の特性を強調し、仲間たちに期待しているのが何であるのかを、模倣によってはっきりとさせるのである。

生徒たちは女教師の言うことを反復する。女中が発したのと同じ文句が反復され、しかもそのうえに、ペテロの否認の場面で演じられるのが何であるのかを見事に明らかにしてくれる言葉、すなわち「ガリラヤ人なのだから」というのまでつけ加わっている。まずたき火に照らされ、顔で正体を知られたペテロは、次にその言葉づかいによって見破られる。マタイは、他のところでもしばしばそうするように、ここでも細かい点について述べており、「言葉のなまりではっきりわかる」とペテロの迫害者たちに言わせている。たき火のまわりで心やすらかに暖をとっていたのは、全員がエルサレムの人間である。彼らが所属しているのはその地なのだ。ペテロは二度話しただけで、しかもいずれも数語しか口にしていないのだが、彼と言葉を交わした者たちにすればそれだけで充分なのであって、ペテロがよそ者、ガリラヤ人という、いつも少々軽蔑の対象になる田舎者にちがいないとわかるのである。言葉になまりのある者はつねに、その土地に属していない者である。言語はともにあることのもっとも確実な指標になる。まさしくそれゆえにこそ、ハイデッガーや彼に近い立場の人びとは、人間存在の言語の次元に殊に注目するのである。一国民の言葉づかい、いや地方ごとの言葉づかいでさえ、その特殊な性格は国民や地方の根柢部分にかかわっている。あるテクスト、もしくはある言語でも、その本質的な部分、その価値を形成している部分は翻訳不可能である、などということがいたるところで繰返し言われている。福音書は、退化した、無国籍で文学的権威に欠けるギリシア語で書かれているがゆえに、本質的なものにかかわりがない、と思われている。そのうえに福音書は完璧に翻訳可能であって、もともとのギリシア語でも、カトリック教会公認訳のラテン語でも、フランス語、ドイツ語、英語、スペイン語、その他でも、どれかを知っていさえすれば、それを何語で読んでいるのか、読みながらすぐに忘れてしまえる。福音書に親しんでおれば、それをある外国語で読むことは、わずかの労でもってその言語の内奥へわけ入ってゆく最良の手段である。福音書はそっくり万人のものなのだ。福音書にはなまりがない。というのも、あらゆるなまりがそこにはあるからだ。

ペテロは大人であり、その話しぶりはまったく決まってしまっている。それを少しでも変えることはできない。首都で話されている語調を完璧に模倣することができない。望ましい共同存在の所有とは、ただ世界全体と同じことを言うだけではなくして、同じことを同じ言い方で言うということなのである。わずかでも口調がちがえば、正体が露見するかもしれない。言葉づかいは、主人に違背する、あるいはあまりにも忠実なしもべであって、自分の正体を隠そうとする者については、誰であれたえずその正体を大声で叫びたてるのである。

ペテロと彼を問いただす者たちのあいだで、模倣にもとづく競争関係が開始される。両者が争って手に入れようとしているのは、たき火の炎のなかで踊る共同存在である。ペテロはいわゆる《統合》を激しく求める。つまり自分が模倣において卓越していることを証明しようとするが、彼に敵対する者たちは、言葉づかいなどといった、精神現象の無意識的な領域に埋めこまれた、文化の模倣のうちでももっとも模倣が困難な側面を、ためらうことなく問題として取りあげる。

所属は根をはればはるほど、《本物》になればなるほど、そして根を失う度合が低くなればなるほどに、そこで用いられている言語に特有の語法 idiotisme を基礎にして成立することになる。この語法は深遠な意味をもつかに見えるがおそらくは無意味であり、固有のものを意味するギリシア語の idion と同じく、フランス語でも、文字どおりおろかなもの idioties なのである。ある事物がわれわれの所有であればあるほど、実はわれわれはそれに所有されているのである。といっても、その事物が殊に《くみ尽せない》存在だという意味ではない。言葉づかいとともに、性という問題もある。ヨハネは女中が若いということも知らせてくれているが、この細部での記述はおそらく重要であろう。

　われわれはみな、言語と性にとり憑かれてしまっている。おそらくそうなのだ。だが、そのことをいつも憑かれた口調で言わねばならないのだろうか。他にも言いようはあるであろうに。ペテロは今となっては周囲の人びとを欺けぬことがよくわかっており、彼が自分の師イエスを前よりもさらに激しく否認するとすれば、それはもはや周囲の人びとを説得するためではなく、自分をイエスに結びつけていた絆を断ち切るため、また同時に周囲の人びととのあいだに別の絆をつくり出すためなのである。「ペテロはのろいをかけて誓い始め、『私は、あなたがたの話しているその人を知りません』と言った。」

　ここで問題になっているのは、まさしく宗教的な絆をむすぶこと、すなわちむすびつくという意味の *religare* を行うことであって、それゆえペテロは、サロメに法外な申し出をしたヘロデと同じく、のろいに頼るのである。暴力と怒りをこめたしぐさとは、ペテロを問いただした者たちにではなく、イエスその人に向けられている。ペテロはイエスを自分の身代りの犠牲者とするわけだが、それはまず女中によって、ついで集団全体によって自分がある種の付随的な犠牲者とされることから逃れるためなのである。ここにいる人びとがペテロにたいして行うことを、ペテロも彼らにたいしてしかえしてやりたいと思うのだが、しかしそれは不可能である。彼は、復讐を試みて勝利できるほどに強くはない。そこで、イエスに逆らうことで自分の敵と同盟し、彼らとそっくり同じやり方でイエスを取り扱って、それでもって彼らと妥協しようとするのである。大祭司の忠実な使用人たちからすれば、逮捕が妥当と判断され、乱暴な訊問を受けているのであるから、イエスはただの無頼漢にしか見えていない。友好性に欠ける世界にあって友人をつくる最良の手段は、他者の敵意を自分のものにし、彼らの敵を自分の敵にすることである。そうした場合、ひとが他者にたいして言うのは、いつでもほとんど同じである。すなわち、「われわれはみな同じ仲間なのだ。同じ身代りの山羊をもっているのであるから、同一の集団をなしているのだ」と言うのである。

ペテロの否認の根源にはおそらく恐怖もあるだろうけれども、しかしまた何にもまして恥がある。少し以前のペテロの傲岸な態度と同じく、恥は模倣より生じる感情、他の何にもまして模倣に由来する感情である。これを経験するには、誰であれ自分に恥ずかしい思いをさせる者の眼でもって自分を眺めてみなければならない。つまり激しく想像してみなければならないのだが、それは卑しい模倣をなすのと同じことなのである。想像することと模倣すること、このふたつの語は実は同じものにほかならない。ペテロはみなが軽蔑するあのイエスを恥じている。それは自分の選んだ手本についての恥、したがってまた彼自身の存在についての恥でもある。

集団に受け容れられることを望む者は、それを妨げる障碍にいら立つ。ペテロは、したがって、女中やその仲間から拒絶された集団への加入を実現するには、かなりの犠牲を払ってもよいつもりでいるのだが、しかし彼の集団加入の欲望はその場かぎりの一時的なものにすぎないのであって、勝負に熱中したことから生じただけなのだ。それは誰しもが犯す、それゆえ犯したあとでは誰も記憶にとどめてはいないような、卑怯な振舞いのひとつでしかない。ペテロが自分の師をこんなふうに、ほんの少し裏切ったとしても、驚くべきことではない。われわれはみな、これと同じようなことをしているのだ。驚くべきは、迫害と犠牲の構造が、このペテロの否認の場面でも無傷のままで再現されている点、バプテスマのヨハネの殺害あるいは受難の物語におけるのと同じかたちで述べられている点である。

私の考えでは、マタイのいくつかの言葉は、その構造上の同一性に照らしたうえで解釈する必要がある。法的な意味は外見のものにすぎない。イエスが人間にたいして真に告げているのは、いかなる迫害行動も構造としては同じであるということなのである。


昔の人々に、「人を殺してはならない。人を殺す者はさばきを受けなければならない」と言われたのを、あなたがたは聞いています。しかし、わたしはあなたがたに言います。兄弟に向かって腹を立てる者は、だれでもさばきを受けなければなりません。兄弟に向かって「能なし」と言うような者は、最高議会に引き渡されます。また、「ばか者」と言うような者は燃えるゲヘナに投げ込まれます。（マタイ、五、二一―二二）

十字架にかけられないための最良の方法は、結局のところ、みなと同じように行動し、架刑に加担することである。ペテロの否認は、したがって、受難の物語のうちのひとつの挿話、あらゆる人びとをゴルゴタの丘へと運んでゆく、模倣にはじまり犠牲者の殺害にいたる大きな流れのなかの一種の逆流、つかのまの渦なのだ。

このテクストのもつ恐るべき力は、その真の意義を誤解すれば、必ず反撃を受ける、つまり、否認ということそのものの構造を再生産してしまうところからもただちに明らかになる。多くの場合、それは《使徒たちのプリンスたるペテロの心理研究》で終ってしまう。誰かの心理研究を行うことは、つねに多少その人物を訴えることでもある。ペテロを訴えても、結局は譴責をまじえた無罪放免という結論になる。ペテロはまったく邪悪であるわけがないが、しかしまったく善良なわけでもない。彼は頼りにならないのである。移り気で、衝動的で、性格に少し弱いところがある。彼は要するにピラトに似ており、ピラトはヘロデにかなり似ており、そしてヘロデはどんな人間にも似ている。結局のところ、こうした模倣の観点からの福音書の心理研究ほど、単調で一面的なものはない。おそらくそれは何ら心理研究などではないのであろう。遠くから眺めていると、それは非常に楽しく、ひとの心を奪うような、精神を豊かにしてくれる世界が、さまざまにどこまでも拡がっているかのように見える。だが近づいてみると、ほんとうのことを言ってさほど楽しくもないわれわれ自身の生活と同様、いつも同じ要素から成り立っているのがわかるのである。

たき火の周囲に姿をあらわすのは、要するに、いつもながら必ず犠牲をともなった宗教であり、それが言葉づかいや家庭の守護神の完全さ、家族の礼拝の純粋さを保持してくれるのである。ペテロはそうしたもののいっさいに惹きつけられるのだが、これはまったく《自然な》ことであり、われわれもまた同じものに惹きつけられているはずだ。というのも、われわれは聖書の神がわれわれからそれを奪ったとして非難しているからである。それを奪った神はまったく意地が悪い、とわれわれは言う。いわく言いがたい結びつきでもってわれわれを依然として支配している、太古よりの宗教がふくむ迫害の次元を解明するためには、たしかに意地悪くならねばいけないのである。われわれが今でもなおそうである、恥ずべき迫害者にとって、福音書は苛酷なことを語る――これは事実である。今日にあってさえ、福音書はたき火の周囲のわれわれのどんなにありふれた振舞いのうちからも、アステカの犠牲執行者や魔女狩りに加わった者たちと同じ、犠牲者を炎のなかへ投げこむ、古くからの身振りを見つけ出すのだ。

どんな脱党者でもそうだが、ペテロはかつての友人たちを悪しざまに言うことで、自分の転向の真摯さを証明しようとする。われわれはペテロの否認の道徳的な意味あいは理解できているけれども、その人類学的な拡がりにも眼を向けなければならない。ペテロは誓いや呪いの文句でもって、自分とともに祓いによる共同行為 *conjuration* をなすべく、周囲の人間たちに提案しているのである。誓約をとおして結合したあらゆる人間集団は、祓いによる共同行為をなすわけだが、この conjuration という語はとくに、集団が全員一致して、ある目立った個人の死ないし破滅を目標としている場合に用いられる。この言葉にはまた、悪魔祓いの儀礼や呪術に対抗するための呪術の行使……といった意味もある。

　多くの加入儀礼は、ある暴力行為、動物やときには集団全体の敵と見なされた人間を殺害することから成り立つ。集団への所属を獲得するためには、この敵を犠牲者に変えなくてはならないのである。ペテロは誓約、すなわち宗教上の決まり文句に頼ることで、自分の否認の行為に迫害者たちの集団への加入を保証する力をつけようとする。

　ペテロの否認を正しく解釈するためには、共観福音書においてこの場面に先行するあらゆる場面、とりわけそれをごく直接的に準備しかつ告知しているふたつの場面を考慮に入れておく必要がある。すなわち、イエス自身による、受難についての二度の主要な告知である。一度目には、ペテロは何も聞こうとしない。「主よ。神の御恵みがありますように。そんなことが、あなたに起こるはずはありません」（マタイ、一六、二二）。この反応は、弟子たち全員の態度と一致している。当初は、避けられぬことながら、成功への信念がこの弟子たちの狭い世界を支配しているのである。彼らはあい争って神の王国での最良の席を求めている。すばらしい大義のために動員されたと感じている。この共同体全体が模倣による欲望にさいなまれており、したがってイエスの啓示の真の性質にたいして盲目状態におちいっている。彼らにとってイエスは、何よりもまず魔術師であり、群衆の統率者であり、政治的指導者なのだ。

弟子たちの信仰には救世主の勝利への期待が強く滲みこんだままである。とはいえ彼らの信仰はやはり現実のものなのだ。ペテロはそのことを充分に証明してみせたが、しかし彼自身ある部分では、自分が今経験しつつある冒険の意味を世俗的な成功という尺度ではかってもいる。失敗、苦悩、そして死にしかいたらない契約にどんな意味があるのか、というわけである。

このときペテロは、「下がれ。サタン。あなたはわたしの邪魔をするものだ〔わたしの躓きである〕」（マタイ、一六、二三）と、きびしくいましめられる。自分が間違っていることを指摘された場合、ペテロはすぐに方向転換して、前と同じ速度で反対の方向へ走りはじめる。逮捕のほんの数時間前にイエスが受難を告知したさいには、ペテロはもはや最初のときのようには反応しない。「あなたがたはみな、今夜、わたしのゆえにつまずきます」とイエスが弟子たちに言う。

するとペテロがイエスに答えて言った。「たとい全部の者があなたのゆえにつまずいても、私は決してつまずきません。」イエスは彼に言われた。「まことに、あなたに告げます。今夜、鶏が鳴く前に、あなたは三度、わたしを知らないと言います。」ペテロは言った。「たとい、ごいっしょに死ななければならないとしても、私は、あなたを知らないなどとは決して申しません。」弟子たちはみなそう言った。（マタイ、二六、三三―三五）

ペテロは外から見て強固な意志をもっているが、それは彼の模倣への衝動の激しさと同じものでしかない。最初の告知のときと比べると《言説》は逆転しているけれども、根柢は変化していない。いつもペテロの言うことを繰り返す弟子たち全員も同じであって、彼らはペテロと同様模倣の病いにひたっている。彼らはペテロを媒介としてイエスを模倣しているのだ。

このような熱意のすぐ後には放棄がつづくであろうことが、イエスにはわかっている。彼は自分が逮捕されればすぐに、世俗的な名声が失墜し、これまで弟子たちにたいして果たしてきた模倣の手本の役目をもはや果たせなくなるであろうことをよく知っている。イエスという人物やその教えに敵対する個人および集団から、ありとあらゆる模倣にもとづく煽動が生じてくるであろう。弟子たち、とりわけペテロは、あまりにもひとに左右されやすく、新たな影響を受けずにはすまない。福音書のテクストは、これまで註釈を加えてきたいくつかの箇所において、そのことを充分明らかにしてくれている。模倣の手本がイエスであるという事実は、彼が征服への渇望――根本においてはつねに欲望の疎外と同じものであるが――についで模倣されているかぎり、何ものをも意味しない。

最初のペテロの態度の急変は、それ自体はもちろん何ら責められるべきではないが、しかし模倣による欲望を免れてはいないのであって、それこそイエスがはっきりと気づいたことなのであった。イエスはそこに、態度の急変が、しかも破局は迫りつつあるのだから、否認という以外のかたちにしかなりえない態度の急変がもう一度おきるであろう兆しを読みとる。すなわちペテロの否認は合理的に予見できるのである。イエスはそれを予見し、予見することによって、近い将来に生じるであろう一連のことがらを自分の観察するところから抽き出すのみである。要するにイエスが行うのは、われわれが福音書を前にして行うのと同じ分析である。すなわち、彼はペテロが受難の告知に接してあいついで示す反応を比較し、そこから裏切りのありうることを推論する。この点は、模倣にとらわれたペテロの二度目の発言にたいする直接の返答が、否認の予言であることからも明らかであり、自身が判断しようと思う読者には、イエスと同じ材料が与えられているのである。模倣による欲望の何たるかが理解できておれば、必ずやイエスと同じ結論に達するはずである。ということは、イエスという名の人物が、われわれがこの種の欲望を理解しているのと同じ意味で、彼自身もそれを理解していたと考えてもよい。この欲望についての理解こそが、二度の受難の告知、否認の予言、そして否認それ自体とつづく一連の出来事において、すべての要素が合理的に結びついていることを明らかにしてくれるのである。

イエスの見方からすれば、まさしく模倣による欲望が問題になっている。なぜなら、否認をふくめてペテロの反応について述べるさいに、イエスはいつも、この欲望をさす言葉、すなわち躓きという言葉を用いているからである。「あなたがたはみな、今夜、わたしのゆえにつまずきます。」しかもあなたがたはすでに躓きの犠牲者になっているだけに、そのぶんいっそう確実に躓くであろう。そんなことはないという確信、自分たちは不死身だという幻想からして、すでにあなたがたの現実のありようやがて実現する将来がどのようなものであるかは明白である。ここでペテロが「私こそは」と言って弁護した、個人間の差異の神話それ自体が、模倣より生じたものである。ペテロは自分が弟子たちのうちでもっとも正統に属し、イエスの真の好敵手たる能力にもっともめぐまれ、自身の存在の手本を真に所有しうる唯一の者であると感じているのだ。

悪しき双子のようなリア王の娘たちは、彼が芝居じみた情愛をもって見守るなかで、たがいに競いあい、自分たちこそ父親を心から愛していると彼に信じこませる。この不運な男は、純粋な愛情のゆえに彼女たちの競争関係が生じると思っているが、それは逆である。ありもせぬ愛情を出現させているのは、競争関係そのものなのだ。イエスはけっしてものを皮肉に眺めはしないが、しかしまたリアが抱いたような幻想にもけっして屈しない。ペテロが双子のようなリアの娘たちのひとりと同じであるとは言わないまでも、これに類似した、しかも欲望にとり憑かれているがゆえにとり憑かれていることには気づかない、欲望のあやつり人形であると考えなければならない。彼はずっと後になってから、つまり否認の後にはじめて真理をうかがい知る。そのとき師とその予見に思いあたり激しく泣くのである。

福音書は、ペテロや他の弟子たちが受難について偽りの情熱を示す場面を見事に描くなかで、ある種の宗教的熱狂、ことに《キリスト教的》なものだと認めなければならない熱狂を、不完全なかたちでながら諷刺している。弟子たちは新たな宗教的言語、受難についての言語を発明する。彼らは幸福と成功への信念を放棄するが、だがそれにきわめて類似した信念、以前の勝利志向とまったく同じように機能する新たな模倣の仕組みを、苦悩と挫折とからつくり出すのである。

人間が集団をなして何らかのことを企てるのは、それがいかなる参加の仕方であれ、イエスにはふさわしくないのだということが宣言される。まさにこうした態度こそが、キリスト教の長い歴史のなかで、またとりわけ現代において、次つぎと、果てしなく受けつがれているのだ。この成功を断念した弟子たちには、今日のキリスト教世界のある部分に存在する、勝ち誇った反‐勝利志向、いつも教権主義的な反教権主義を思いおこさせるところがある。そうした態度が福音書においてすでに非難されているという事実、この事実からこそ、もっとも深いキリスト教の霊感は、その副産物たる心理学的な、また社会学的なことがらには還元しえないということがわかる。

＊
＊＊

否認の告知のなかの唯一の奇跡とは、イエスの言葉にはっきりとあらわれている、そうした欲望の科学にほかならない。福音書作者たちがこれを狭い意味での奇跡として述べているのは、彼ら自身この欲望の科学を徹底して理解してはいないからではないか、と私は思っている。

「今夜、鶏が二度鳴く前に、あなたは、わたしを知らないと三度言います。」この予言が奇跡的なまでに正確なために、テクストを分析すれば明らかになる優れた合理性は見えなくなってしまう。そんな合理性などは私がただ夢想しただけで、ほんとうに存在しているわけではない、と結論しなければならないのだろうか。私はそうは考えない。その合理性の存在を示唆する材料はあまりにも数多く、また材料のあいだの一致はあまりにも完璧なのである。物語の内容と躓き *skandalon* の理論、すなわち模倣による欲望の理論との一致は偶然によるものではありえない。したがって、福音書の作者たちは、彼らのテクストでは解明されていないこの欲望の仕掛けを徹底して把握しているのかどうかを疑ってみる必要がある。

まずは福音書の作者たち自身が、ついで後世の人びともみなが、鶏を異常なほど重要なものと見なしているが、このことは彼らの理解の不充分さを示唆している。鶏がその周囲にある種の《奇跡》を結晶化させる一種の呪物的な動物に姿を変えてしまうのは、私の考えるところでは、作者たちが相対的に無理解であるがゆえである。

専門家の指摘によると、当時のエルサレムでは、鶏の一回目および二回目の鳴き声とは、ただ単に夜中の一定の時刻を意味するものであったという。すなわち、もともと鶏についての言及は、福音書で鳴いている現実の鶏とは何の関係もなかったのかもしれない。ヒエロニムスは、聖書のラテン語訳を行ったさいに、ギリシア語の原文に書かれてあるよりもさらに一度余計に鶏を鳴かせることまでしている。この翻訳者は、予定されていた二度の鳴き声のうち一度はテクストで述べられていないので、それを許しがたい、破廉恥な言い落としと考え、自分だけの判断で修正したのだ。

マルコ以外の三人の福音書作者は、マルコが鶏を過度に重要視している点に疑念を抱いている、と考えられる。この鶏をあるべき位置に戻そうとして、彼らは一度しか鳴かせないのだが、しかしあえて削除してしまうまでにはいたらない。ヨハネはキリストがペテロの否認を告知する場面全体を削ってしまい、それがなければ鶏の存在理由はもはやないにもかかわらず、彼もまたやはり鶏に言及している。

ペテロの否認およびそれに先行する彼の振舞いがつねに模倣によって動かされていることを把握できていないのであれば、もちろん別だが、しかしそうでないかぎりは、まったく合理的に説明しうるイエスの予見を奇跡としてあつかう必要はない。

作者はなぜ、ひとつの物語のなかで合理的に説明しうる予見を奇跡に変形してしまうのだろうか。その理由のもっとも考えやすい説明は、作者自身がその合理性を把握していないか、さもなくばまちがって把握しているか、ということである。それこそペテロの否認を叙述する過程でおきたことだ、と私は考えている。福音書の作者は、ペテロの振舞いの外見上の非連続性の背後には連続性が存在していることに充分気がついているが、それがいかなる連続性であるのかはわかっていない。躓きという概念の重要であることは理解しているものの、しかしその現実への応用のすべてを知っているわけではなく、躓きについてイエス自身あるいは最初の伝達者から聞いたことを、逐語的に反復しているだけなのである。この事件における鶏の役割についても作者は理解していない。こちらの無理解は前の無理解と比べればさほど重大ではないけれども、だがふたつの無理解はまったく自然に惹きつけあい結びつきあって、鶏の奇跡にまでいたってしまう。両者の不透明性は、反響しあいまた反映しあうので、結局のところたがいに一方が他方の存在を説明しているかに見える――その説明の仕方は超自然的なものにならざるをえないが。鶏はその意味を説明しえないが、しかし手で触れることはできる。この鶏に否認の場面全体に拡散した説明しえないものが集中する。自分には理解できない知のすべてをある種の奇跡と見なす傾向が人間にはあり、これまた同様に神秘的でしかし具体的な細部を得さえすれば、神話の結晶化が生じるには充分なのである。鶏はかくして多少呪物と化する。

私の分析は思弁的なものにならざるをえない。だがそれを奨励してくれるような手がかりが、福音書のなかにいくつかあるのだ。弟子たちが奇跡を過度に好んだり、自分たちに与えられた教えを理解する能力を欠いていたりする点について、イエスは批判的な姿勢を示す。それこそ、奇跡などを何ら必要としない場面にある種の奇跡が挿入されている理由を理解するために仮定しなければならないふたつの欠陥、いやむしろただひとつの欠陥のもつふたつの面にほかならない。この奇跡は余計な存在であって、否認の場面を損っている。なぜなら、それはテクストから抽き出しうる人間の行動についてのすぐれた理解を、暗闇のなかへ投げこんでしまうからである。奇跡というものは、無信仰な者と同様に信仰ある者においても、知的また精神的な意味での怠惰を助長する。

福音書のテクストが作られたのは、最初の弟子たちのあいだにおいてであった。聖霊降臨という経験をとおして正されていたとしても、キリスト教徒の第一世代ついで第二世代の証言は、イエス自身が注意をうながした理解の不充分さの名残りをとどめているかもしれない。最良の弟子たちですら啓示を理解しなかった点を福音書のテクストが強調しているのは、後の時代の眼でもって最初の弟子たちを辱しめたり貶めたりするためではない。イエスおよびその精神と、最初にイエスの教えを受け、それをわれわれに伝達した者たちとのあいだに距離があったことを示唆するためなのである。それこそ、二千年後の今日にあって福音書を解釈するさいに、無視してはならない手がかりである、と私は考えている。今日われわれの基本的な理解力はイエスの時代におけるのと変っているわけではないけれども、それでもやはり、イエスの教義は時代の経過とともにゆっくり滲透してきているので、教義の側面のいくつかをはじめて理解できるようになったのである。そうしたいくつかの側面は、われわれが《キリスト教》とか《福音書》といったものを考えるさいに必ず心中に浮かんでくるわけではない。しかし否認の場面のようなテクストの理解をもう少し深めるためには、何よりも必要とされるものなのである。

かりに私の考えが正しくて、福音書の作者たちがペテロの否認とこれについてのイエスの予言との合理性をさほど理解していなかったとすれば、論理を完全には理解していない作者たちが否認の場面にはりつけた奇跡と、今日ではわれわれがその論理を見抜くのを可能にしてくれる材料とを並べて語っているという点で、ここで取りあげているテクストは驚くべきものである。要するに、福音書は作者が完全には解釈しえない材料をすべてまとめてわれわれの手に委ねるわけだ。なぜ彼らには解釈できないのかと言うと、われわれなら同じ材料から抽き出す合理的な解釈を、福音書は非合理な解釈に取り換えてしまうからである。福音書から材料を得てくる以外ではイエスについて何も言えないということを、私はけっして忘れているわけではない。

このテクストでは、奇跡に頼らないほうがよりうまく解釈できる場面に、奇跡による説明が余分につけ加えられている。すなわち福音書の作者たちは、すべてを理解する能力をもってはいなかったが、材料をひとつにまとめ、これを注目すべきほど正確に書き写したのにちがいない。もし私の考えが正しければ、いくつかの決定的な点での彼らの不充分さは、他のすべての点での非常な忠実さでもってつぐなわれている。

ちょっと見たところでは、そうした長所と短所との組合せは成立しがたいかに思われるが、よく考えてみればわかることだ。あの模倣衝動、まさしくイエスが弟子たちにたいしてたえず咎めていた模倣衝動の影響のもとで福音書がつくられたのであれば、この組合せは逆にまったく真実らしく、またありうることであると、われわれは気づくであろう。この模倣衝動の存在は彼らの行動をとおして明らかになるが、当然のことながら、彼らはそこから脱け出すことに完全には成功していないので、どんな熱意をもってしても、その機能を徹底的に把握できないのである。

もし私の読み方が正しければ、鶏をめぐる神話の結晶化は、福音書そのものがいくつかの実例を示しているのと同じ模倣の激化の現象によるものである、と言えるかもしれない。たとえば、バプテスマのヨハネの殺害において、首を皿にのせることが思いつかれたのは、模倣があまりにもそのとおりに行われたからであった。個人から個人への伝達、ある言語から別の言語への翻訳が真に忠実になされるためには、一定の距離が必要である。あまりにも手本の近くにいる模倣者は、あまりにも手本に吸いよせられすぎているので、手本の細部のすべてを見事なまでの正確さで再現するが、しかしときには神話的思考に固有の無能力に陥ってしまうことがある。無実であることが認識されてもいない身代りの山羊を原始人たちが聖化し神格化するのは、犠牲者を手本にした模倣の配慮が絶対的なものとなり、極端な集中がなされるがゆえなのである。

福音書による証言の長所と短所とは、模倣の観点からのテクストの解読にとって鍵となる概念、すなわち躓きの概念を扱うさいに、とりわけて明確でかつ対照的なかたちをとって、あらためて登場してくる。*skandalon* および *skandalidzein* という語のもっとも興味深い使用例は、すべてイエス自身によるものとされており、断片的な言葉が多少恣意的に配分されたようなかたちでテクストのなかに出てきている。重要な意味をふくむ語句がつねに論理的に配列されているというわけではなく、その順序はしばしば各福音書によってことなっている。この順序は、研究者の指摘するところによると、ある語句のうちにある語が存在することによって決定される。この語は、それと同じ語をふくむという理由だけで、次の語句を抽き出すのである。つまり、暗記され記憶術でもって交互に結び合わされた語句が朗唱されているようなものだ、と考えてよい。

躓きという概念が事物を説明するうえで有効であることを認識するには、したがって、そうした語句のいっさいを再編成すること、ひとたび正しい配置の仕方がわかれば模倣の理論そのものになるはずのパズルの細片と同じように、それらの語句を取り扱うことが必要である。『世の初めから隠されていること』のなかで私が証明しようと努めたのもそのことなのであった。

すなわち、ここで問題になっているのは、驚くべき首尾一貫性、しかしその構成要素が混乱していたり、またときには作者の技量の不充分さのおかげで多少歪曲されていたりもしているがゆえに、これまで註釈学者たちには見抜くことのできなかった首尾一貫性をもつひとつの全体物なのである。福音書の作者たちは、自分たちの判断で結論しなくてはならなくなった場合、「イエスは人間のうちに何があるのか知っている」などと、曖昧な言い方をするが、しかしこの知っていることの内容を明白には語らない。彼らは材料をすべて握ってはいるけれども、その制御が中途半端であるために、材料は多少混乱し、また奇跡でもって汚染されている。

福音書にはどう見ても超自然的としか言いようのない次元が存在しており、私もそれを否定しようとかその力を弱めようとかするつもりはない。しかしながら、この超自然的な次元の存在を理由にして、今後われわれのものとなる理解の形式を拒否すべきではない。それがもし真に理解の形式であるならば、奇跡的な要素の占める部分を減少させる方向にしか動かないであろう。奇跡的なものとは、その定義からして、理解しえないものである。それは、したがって、福音書の言う意味での精神の真の所産ではない。狭義の奇跡よりもいっそう偉大な奇跡が存在するのであって、それは理解不能であったものが理解可能になること、神話の不透明さが透明になることである。

味方するにせよ敵対するにせよ、あらゆる狂信的な考えは、福音書のテクストに奇跡以外のものを見ることを望まず、奇跡の役割が誇張されているかもしれないことを明らかにしようとするきわめて正当な努力をも否応なしに断罪する。だが、奇跡を疑うことはここでは何ら反福音書的ではない。福音書それ自体が、奇跡の濫用にたいする警戒を説いているのであるからだ。

私がここで抽き出してきた合理性――人間関係における模倣――の原則はあまりにも体系的であり、その効果はあまりにも複雑であり、さらにまた躓きについて《理論的》に述べた箇所やそれが全面的に支配する物語においてあまりにもはっきりと姿をあらわしているので、偶然その場に存在しているにすぎないなどというはずがない。しかしまた、この合理性は完璧に考察されているわけではないから、それを物語のなかに配置した者によって考え出されたのではないことも確かである。もし彼らがそれを充分に理解していたのであれば、読者と先ほど読んだ場面とのあいだを、奇跡の鶏などというやや粗雑な幕でもってさえぎったりはしなかったであろう。

こうした条件で考えると、福音書が初期のキリスト教徒の沸騰した世界の内部のみで練成された産物であるとは信じられない。このテクストの始源には、集団の外部の誰か、弟子たちを圧倒し、彼らに作品を書く気をおこさせた優れた知性の持主が実在したにちがいない。福音書のうちの物語的な部分と理論的な箇所、つまりイエス自身のものとされている言葉とのあいだの一種の往復運動をとおして、模倣についての理論を再構築するにいたったとき、われわれが認識するのは、この知性の残した痕跡なのであって、弟子たちの反省なのではない。

福音書の作者たちは、われわれと彼らがイエスと呼んでいる男とのあいだで欠かすことのできない媒介者である。だが、ペテロの否認やこれに先行する彼のすべての振舞いの例からもわかるように、彼らの理解の不充分さこそが何か積極的なものに転化しているのだ。それゆえに証言の信憑性と迫力が高まるのだ。

いくつかのことがらを理解できなかったという彼らの失敗と、大部分の場合における記述の極端なまでの正確さとが結びつき、作者たちはいわば受身的な媒介者となっている。彼らの相対的な無理解をとおして、われわれは彼らよりもすぐれたひとつの理解力に直接触れていると考えないわけにはいかない。すなわち媒介者なしで意味を受け取っているかの印象を抱く。だがわれわれがそうした特権を享受できているのも、われわれの知性が本質的に優れているからなのではなくて、福音書そのものがゆっくりと育てあげてきた二千年の歴史のおかげなのである。

この歴史がイエスの言明した行動の原則に合致したかたちで展開していなくても何らかまわない。最初の弟子たちに理解できなかった福音書のテクストの諸相がわれわれにとって理解しうるものとなるためには、この歴史がユートピアに転化する必要はない。迫害表象についての緩慢な、しかし持続した自覚ということがらが歴史の特性として明らかになってくるだけで充分なのだ。この自覚はたえず深まりつつあるのだが、残念なことには、だからと言ってわれわれが迫害を行わなくなったというわけではない。

そうした意味が突然明らかになる箇所での福音書のテクストは、何を伝えているのか知らない者の代弁をつうじて伝えられた合言葉に多少似ているところがある。その合言葉の受け手であるわれわれは、伝達される内容が伝え手の無知のゆえに保護されているだけに、そのぶんいっそう感謝しながら合言葉を受け取り、その本質部分は歪曲されていないという喜ばしい確信を抱くのである。いや私のたとえはよくない。というのも、任意の記号を合言葉に変えるには、ある取り決めにしたがってその意味を変更するだけでよいのに、これにたいしてここでは、それまで生気がなくくすんでいた記号の総体が、突然何らあらかじめの取り決めもなしに、理解可能となって燃えあがり明るく輝くからである。あたかも、それが死滅しているとさえ知らなかったある意味の復活を祝して、われわれの周囲で光の祭典がはじまったかのようなものだ。

第13章　ゲラサの悪霊たち

福音書は、最初見たところ理解不可能で本質的に非合理と思えるが、しかし結局は模倣衝動という唯一の要因でもって統合できるし、また統合する必要のある、あらゆる種類の人間関係をわれわれに見せてくれる。この模倣衝動は、人間を引き裂くもの、欲望、競争関係、そして悲劇的であるとともに醜悪でもある誤解などの第一の源泉であり、したがってあらゆる無秩序の源泉であるが、しかしまた、身代りの山羊すなわち人びとを自動的に和解させる犠牲者に媒介されたあらゆる秩序の源泉でもある。というのも、犠牲者は、つねに模倣からはじまった、しかし全員を結束させる危機の頂点において、それ以前のさほど極端ではなかった模倣の効果によって相互に対立していた人びとの敵意を一身に集めるからである。

世界中のあらゆる神話と宗教の生成の基礎をなすのは、もちろんこの犠牲の仕組みであり、すでに見てきたとおり、キリスト教以外の宗教は、集団による殺人を削除ないし偽装し、さらに迫害の常套形式をさまざまなやり方でうすめたり消去したりすることによって、この仕組みを見ないようにし、またわれわれ現代人の眼からも隠蔽してしまうのだが、これとは逆に、福音書はその同じ仕組みを他にくらべようがないほど厳密にかつ力強く摘出する。

これこそわれわれがペテロの否認やバプテスマのヨハネの殺害の話を読み、そして言うまでもなく、とりわけ受難の物語そのものを再読することで確認したことがらである。受難の物語は、犠牲の仕組みの解明の核であり中心であって、解明のなされるべき方向をはっきりと示してくれている。永いあいだ神話的かつ迫害的な表象のうちに閉じこめられてきた人びとの頭に、彼らの犠牲者の聖化を妨げ、それでもって彼らを解放するはずのいくつかの真理をしっかりとたたきこむことが問題になっているのだ。

福音書はこれまでに読んできたあらゆる場面において、神話と儀礼を作り出すためには隠蔽されたままでなければならない宗教の生成の過程を眼に見えるものに変えてくれる。この生成過程は本質的に、集団の全員が一致して抱く信念、すなわち犠牲者が有罪であるという信念を基礎としているが、福音書はこの信念を永久に破壊してしまうのである。福音書のなかでおきることと神話——進化した神話、というよりもとりわけ進化した神話——においておきることとのあいだに共通点は存在しない。後代になって成立した宗教では、聖なるものの有罪性やいっさいの暴力はうすめられ、縮小され、全面的に除去されさえするが、これはいっそうの隠蔽にほかならない。そうした宗教は、迫害表象の体系にはまったく手を触れようとしないのである。逆にこの体系こそが、福音書の世界においては崩壊する。ここではもはや迫害表象の緩和や昇華は問題ではない。問題になるのは、われわれが無理解のゆえに、まさしくそこでは始源の暴力がもう一度、といっても今回はそれを目に見えるものに変え、その効力を失わせるために再現されるがゆえに、原始的と見なしているひとつの過程を経て、真理に回帰することなのである。

これまで読んできたテクストはすべてこの過程の実例である。しかもそれらは、イエス自身が、またイエスにつづくパウロがその全書簡をつうじて、この世界の諸勢力にたいするキリストの架刑の壊滅的な作用を明らかにしているやり方に、完璧に一致している。そうした諸勢力が存続するためには姿が見えないままでなくてはいけないもの、すなわち身代りの山羊の仕組みは、受難によってひとの眼に見えるものに変るのだ。

　集団の全員が一致して有罪とし、またそれゆえに聖なるものに変えてしまう犠牲者をめぐる偽りの超越性のうえに築かれた神話表象の体系のなかに、人類は閉じこめられているのであるが、福音書は犠牲の仕組みおよびそれをとりまく模倣衝動を解明することによって、そうした人類の捕囚状態に終止符を打ちうる唯一のテクスト装置を組み立てる。

　この偽りの超越性は、福音書および新約聖書において直接名指しされて登場してくる。その名前は多数あるけれども、主要な名はサタン、もしかりに暴力の偽りの超越性に一致していなければ、同時に最初からの殺人者、嘘の父、また現世の王などとして考えられたりはしなかったであろうサタンである。さらには、サタンのあらゆる欠点のうちで羨望と嫉妬とがもっとも目立っているのも偶然のことではない。模倣による欲望は他の何ものにもまして抽象的なものであるが、そうでさえなければ、サタンはこの欲望を体現していると言ってもよいところだ。あらゆる人間、あらゆる事物、そしてあらゆるテクストの内実を空しくしてしまうのはサタンなのである。

　福音書は、偽りの超越性を根本的に統一された姿で考察するときには、悪魔 diable ないしサタンという言い方をしているが、多様な姿で考察するときには、悪霊たち démons と邪悪な démoniaques もろもろの力を問題にする。悪霊という語はサタンの完全な同義語である場合もあるが、とりわけ《現世の勢力》の低次元での諸形態、また今日なら精神病理的と呼べるかもしれない堕落したかたちでの発現について用いられる。多様な姿で出現し、かつ断片化するという事実だけからしても、超越性は力を失い、模倣に由来する無秩序そのものに転落しようとしていることがわかる。したがって、秩序の原則としてとともに無秩序の原則としても理解されるサタンとはことなり、邪悪なもろもろの力は無秩序が優位に立つ場合によび出されてくる。
福音書は《諸勢力》にたいして、宗教的伝統や呪術的信仰から派生した名前をかんたんに付与しているので、その諸勢力を精神的に自立し、個人的な実体をもつ実体と見ることをやめてはいないかのようである。福音書のほとんどどのページにも悪霊が登場し、話をし、イエスによびかけて、自分たちをそっとしておいてくれと懇願している。荒野での誘惑という重要な場面は三つの共観福音書にあらわれているが、サタンはこの場面にひとの姿をとって介入し、神の子を偽りの約束で誘い、彼を使命から逸脱させようとする。

福音書は、私が主張しているように呪術的な迷信やあらゆる通俗的な宗教信念を打ちこわすどころか、そうした型の信念をことさら有害なかたちで再生させている、と結論しなければならないのだろうか。中世の末に魔女を狩りたてた者たちが、自分たちの行為の正当化のために依拠したのも、結局のところは、福音書の悪魔学とサタンについての議論であった。

多くの人びとにとって、とりわけ今日においては、悪霊の群れは《福音書の光り輝く側面を曇らせる》ものであり、またイエスが病人を治癒した奇跡と原始社会の伝統的な悪魔祓いとは区別がはっきりしない。これまで私が行ってきた註釈には、奇跡をめぐる場面はひとつも出てこない。私を批判する人びとがこのことを記録しておいて、私は自分の主張にとって都合の悪い結果になるかもしれない対決を避けているのではないかと考えたとしても、しかたのないことである。しばしば言われていることだが、私があまりにも良識に反していてまじめに受け取るに値しないような観点を偽って本当らしく見せているのは、論じるべきテクストをきわめて注意深く選択し、それ以外のものはすべて退けているからだそうである。というわけで、私は追いつめられてしまう。

この試練に可能なかぎり断固として立ち向かうために、あらためてマルコの福音書を取りあげることにしよう。なぜマルコかというと、彼は四人の福音書作者のうちで、もっとも奇跡を好み、もっとも多くの紙幅を奇跡の記述に用い、現代的な感受性にもっとも反したかたちでそれを呈示しているからである。マルコが描くあらゆる病気の治癒の奇跡のうちでも、もっとも人目を引くのは、おそらくゲラサの悪霊たちの挿話だろう。このテクストは充分に長くかつ具体的な細部が多いので、それより短い物語であれば容易に入手しえない手がかりを註釈者に提供してくれている。

どんなに容赦なく私を批判する人びとでも、この選択には賛成しなければならないであろう。《未開の》、《原始的》、《後進の》、《迷信的》、その他かつて実証主義者たちが、宗教をその起源で区別することなく、広く宗教全般にたいして用いていた――そして今では、キリスト教以外の宗教にたいして用いるにはあまりにも侮蔑的な言葉だというので、キリスト教にのみかぎって用いているのだが――あらゆる形容詞を付さなくては言及できないテクストがあるが、ゲラサの悪霊たちの挿話は、そうしたテクストのひとつなのである。

マルコのテクストを中心にして分析を進めたいと思うが、ルカやマタイの版に興味深い異稿がある場合は、そのつど彼らにも頼ることにしよう。イエスはガリラヤ湖を渡り、その東岸、異教の地、デカポリスという地方に上陸する。

イエスが舟から上がられると、すぐに、汚れた霊につかれた人が墓場から出て来て、イエスを迎えた。この人は墓場に住みついており、もはやだれも、鎖をもってしても、彼をつないでおくことができなかった。彼はたびたび足かせや鎖でつながれたが、鎖を引きちぎり、足かせも砕いてしまったからで、だれにも彼を押えるだけの力がなかったのである。それで彼は、夜昼となく、墓場や山で叫び続け、石で自分のからだを傷つけていた。彼はイエスを遠くから見つけ、駆け寄って来てイエスを拝し、大声で叫んで言った。「いと高き神の子、イエスさま。いったい私に何をしようと言うのですか。神の御名によってお願いします。どうか私を苦しめないでください。」それは、イエスが、「汚れた霊よ。この人から出て行け。」と言われたからである。それで、「おまえの名は何か。」とお尋ねになると、「私の名はレギオンです。私たちは大ぜいですから。」と言った。そして、自分たちをこの地方から追い出さないでくださいと懇願した。ところで、そこの山腹に、豚の大群が飼ってあった。彼らはイエスに願って言った。「私たちを豚の中に送って、彼らに乗り移らせてください。」イエスがそれを許されたので、汚れた霊どもは出て行って、豚に乗り移った。すると、二千匹ほどの豚の群れが、険しいがけを駆け降り、湖へなだれ落ちて、湖におぼれてしまった。豚を飼っていた者たちは逃げ出して、町や村々でこの事を告げ知らせた。人々は何事が起こったのかと見にやって来た。そして、イエスのところに来て、悪霊につかれていた人、すなわちレギオンを宿していた人が、着物を着て、正気に返ってすわっているのを見て、恐ろしくなった。見ていた人たちが、悪霊につかれていた人に起こったことや、豚のことを、つぶさに彼らに話して聞かせた。すると、彼らはイエスに、この地方から離れてくださるよう願った。(マルコ、五、二―一七)

憑かれた男は墓場を住みかにしている。三度も繰り返していることからもわかるように、福音書作者はこの事実に強く印象づけられている。夜となく昼となく、この男はいつも墓場にいた。その墓場から出てイエスに会いにやって来るのだ。ルカによれば、どんな鎖も引きちぎり、あらゆる規則も侮蔑し、衣服さえ打ち棄ててかえりみないというのだから、彼はもっとも自由な人間であるが、しかし自分の憑依にとらえられている。自分自身の狂気の囚人なのだ。

この男は生きながらの死者である。彼の状態は、危機、すなわち模倣に由来し迫害へといたるはずの差異の消滅という意味での危機のあらわれである。生と死、自由と捕囚とのあいだの差異はもはや存在していない。人の住むところから遠くはなれた墓場で暮らすということは、しかしながら、憑かれた男と共同体とのあいだの唯一かつ決定的な決裂から帰結したものではない。マルコのテクストでは、ゲラサ人たちと悪霊に憑かれた男とが、かなり以前から循環的な型の病理を経験していたことが示唆されている。男を「町の者」と紹介し、発作のおきたときだけ「悪霊によって荒野に追いやられていた」と言うルカは、そのことをいっそう強調する。憑依はまた、町の生活と町の外での生活とのあいだの差異をもなくならせてしまうが、この差異は重要な意味をもつ。というのも、ルカのテクストではあとでもう一度それが言及されるからだ。

ルカの描写からは、病いは間歇的であって、病人が町へ戻っていられる沈静期もあることが推測される。「汚れた霊が何回となくこの人を捕えたので、彼は鎖や足かせでつながれて看視されていたが、それでもそれらを断ち切っては悪霊によって荒野に追いやられていたのである」(ルカ、八、二九)。

ゲラサ人たちと悪霊に憑かれた男とは、同じ危機を周期的に経験する。それもほとんどいつも同じやり方でもって。自分たちと同じ町の男がまたしてもさまよい出そうとしているのに気づくと、町の人びとは彼を鎖と足かせにつなぎ止めて、さまよい出るのを妨げようと努める。テクストによると、そんなふうにするのは男を看視するためである。だが彼らはなぜ男を看視することを望んでいるのか。外見上答えははっきりしている。病人を治癒するとは、彼の病いの症状を消し去ることだ。ところで、ここでの主要な症状は山や墓場をさまようことである。すなわちそれこそ、ゲラサ人たちが鎖を用いて予防したいと思っていることなのだ。この病いはきわめて不愉快なものであり、人びとは暴力に訴えるのもためらわないほどである。しかし彼らの方法は見るからに効き目がない。ことがおきるたびに、彼らの犠牲者は、彼を引き止めるべくなされるどんな試みも打ち破っているからである。暴力に訴えてみても、男の孤独への欲望、またその欲望の力は増大するばかりであり、その結果この不幸な男はまさしく手がつけられなくなっている。「だれにも彼を押えるだけの力がなかった」と、マルコが言っている。

この異常な出来事が何度も反復されるという性格には、どこか儀礼に似たところがある。この劇の登場人物はみな、ことのおきるたびにその次何がおきるのかが正確にわかっており、彼らはまた、いっさいがまったく前のときと同じように再現されるにはどのようにすればよいのかを知って、そのとおりに行動している。ゲラサ人たちが囚人をしばりつけておくに足りる丈夫な鎖と足かせを見つけられないとは信じがたい。おそらく自分たちの暴力に多少気がとがめるのであって、だから暴力をまったく有効なものとするに足りるほどの熱意をもって暴力をふるおうとはしないのだ。いずれにせよ彼らは、病気を押しとどめようと思いながらも、自分で策を弄することによってそれを永びかせている病人と同じような行動をしているかに見える。どんな儀礼もある種の演劇に転じる傾向があり、演技者たちは、すでに「何回となく」演じてきているだけに、そのぶんいっそう見事に自分たちの役を演じる。とはいえ、この場面が参加している者たちに現実の苦しみをもたらさないというわけではない。この劇は町全体とその周辺、言いかえれば共同体全体にたいして現に有効な意味をもっているが、そうであるためには、苦しみはゲラサ人たちにとっても憑かれた男にとっても実在するものでなくてはならない。ゲラサ人たちがこの劇を突然奪い取られると考えて落胆しているのは、目に見えて明らかである。彼らはマルコが記しているとおり、ただちにその地を離れて二度と自分たちの生活に干渉しないようにイエスにたいして懇願するが、それはこの劇がある意味で彼らの気に入り、彼らに必要なものでさえあるからにちがいない。ただ、彼ら自身鎖と足かせを用いることで目ざしているふりをしているけれども、しかし実は望んではいない結果、すなわち憑かれた男の決定的な治癒を、イエスが一気に、しかもいささかの暴力も用いることなく実現した点において、彼らの懇願は逆説的である。

いたるところでそうなのだが、ここでもイエスの存在が隠された欲望についての真理を解明している。いつでもシメオンの預言の正しかったことがわかるのである。すなわち、「この子は……反対を受けるしるしとして定められています。……それは多くの人の心の思いが現われるためです」（ルカ、二、三四―三五）。

だがこの劇は何を意味しているのか。それは象徴の次元ではどんなふうに定義できるのか。マルコが述べるには、この病人は墓や山を走り、叫び声をあげ、「石で自分の身体を傷つけていた」。ジャン・スタロビンスキーは、このテクストをめぐる注目すべき註釈のなかで、この奇妙な振舞いに「自分の手による石投げ刑」という完璧な定義をくだしている。(36) しかしなぜ、この男は自分自身を石投げ刑に処そうとしているのか。なぜ石投げ刑に執着するのか。いましめを引きちぎって共同体から逃れようとしたとき、この憑かれた男は、自分を鎖につなごうとした者に追跡されると考えたにちがいない。おそらく現実に追跡されたであろう。彼は追跡者たちが投げつけるかもしれない石から逃れるのだ。ヨブの村の住人たちは不幸なヨブを石でもって追いたてた。ゲラサの物語にはそのような言及は何もない。悪霊憑きの男が石で自分の身体を傷つけるのは、おそらく実際の石投げ刑の対象にされたことが一度もないからである。彼はある脅威にさらされていると思っているが、その脅威のとらえ方は神話的なものにとどまっている。

彼は現実に脅威を経験したことがあるのだろうか。ヨハネの福音書（八、三―一一）にある姦通女と同じく、石投げ刑が中途で終ったために生きのびた人物なのだろうか。それとも、彼の場合はまったく想像上の恐怖であり、単なる幻覚なのだろうか。今日の人びとに問うてみれば、断固たる調子で幻覚だと答えるであろう。われわれの周囲におきる恐ろしいことから、またこれにたいしてわれわれが頼っているおそらくは一時的な防御策からも眼をそらそうとして、現代のある重要な学派は多分、すべてを幻覚でもって説明することにしたのだ。

石投げ刑が幻覚だとするのは、それでもよいだろう。だが、現代のすぐれた精神分析家のかたがたにひとつ訊ねてみたい。石投げ刑を実行している社会でも、実行していない社会でも、それは同じ幻覚なのか、と。憑かれた男がゲラサの町の人びとに向かって言っているのは、多分次のようなことである。《あなたがたが望んでいるような私の取扱い方は、あなたがたにとって必要でないのは、よくおわかりでしょう。私を石投げ刑に処する必要はないのです。私はあなたがたが宣告する刑の執行を自分で引き受けます。私が自身に科す刑罰は、あなたがたが私に科そうと思っているものよりも、はるかに恐ろしいのですよ。》

彼の振舞いの模倣的な性格を指摘しておかなくてはならない。憑かれた男は、まるで本当に追放され石投げ刑に処せられるのを回避するかのようにして、自ら自身を追放し石投げ刑に処している。中東の社会で決定的に汚染していると見なされた者、救いがたい罪人たちが科せられた刑罰の全階梯を、この男は見事に模倣しているのだ。まず人間を追い立てる段階、次に石投げ刑、そして最終的な帰結は死である。憑かれた男が墓場に住んでいるのもそれゆえである。

ゲラサ人たちは、自分たちに向けられたそうした非難をある程度は理解するはずである。そうでもなければ、彼らは自分たちを非難する男とともに現に行っているような振舞いをしはしないであろう。彼らが暴力を手加減しているのは、非難にたいする無力な抗議なのである。《そんなことはない》、と彼らは答える。《われわれはおまえを石投げ刑に処そうなどとは思わない。なぜならわれわれのそばにおまえをとどめておきたいからだ。おまえにオストラシスムを科そうとはまったく考えていない。》残念なことに、自分たちの受けた非難が誤っているが、しかしそれでも本当らしく響くと感じる者たちは誰でもそうだが、ゲラサ人たちも暴力を用いて抗議する。暴力に頼る抗議は善意から出たものなのだが、しかし憑かれた男の恐怖をあおり立てる。彼らが自分たちの行為の矛盾を少しは意識しているということの証拠になるのは、犠牲者への善意を彼に納得させるに足るほど堅牢なわけではけっしてなかった、あの鎖である。

ゲラサ人たちの暴力は、憑かれた男を安心させるようなものではない。逆もまた同様であって、憑かれた男の暴力はゲラサ人たちを不安にする。誰しもがいつも変ることなく、最終のものになるはずの暴力によって暴力にけりをつけようとするが、しかしそれは暴力の過程の円環的な性格を永続させることになる。こうした異常な出来事のすべては、明白な対称図式をなしている。すなわち一方での自傷行為や墓場での疾駆と、他方でのおおげさな鎖。犠牲者と死刑執行者とはある種の共犯関係をなして、両者のあいだの戯れをいつまでも曖昧なものにとどめている。ゲラサの共同体全体の均衡の維持のためには、明らかにこの曖昧さが必要なのである。

すべてのゲラサ人に向けて彼らの暴力を非難するために、憑かれた男は自分にたいして暴力をふるう。ゲラサ人たちはその非難を投げかえす。しかも暴力を用いて投げかえすのだ。この暴力のおかげで、男の側の暴力はいっそう強まり、また、出来事の体系のなかを告発と反告発とが果てしなく循環していることが、いわば立証される。憑かれた男は犠牲者を石投げの刑に処すゲラサ人たちを模倣しているのだが、逆に彼らも憑かれた男を模倣する。こうした迫害される迫害者たちと迫害する被迫害者のあいだに存在するのは、分身同士の関係、また鏡と鏡の関係、すなわち模倣に由来する対立の相互的関係である。石投げの刑に処せられた者と刑を実行する者たちとの関係そのものではないが、ほとんど同じような関係である。というのも、それは一方で石投げの刑の暴力的なパロディーであるとともに、他方ではそのパロディーのこれまた暴力的な否定、つまり暴力による追放の一形態、石投げの刑それ自体をふくむ他のすべての形態と同じ目標をめざす追放の一形態であるからである。

悪霊のことしか語っていないテクストのなかに分身や模倣衝動を見出そうとするのは、私自身それこそ強迫観念にとり憑かれているのではあるまいか。福音書を自分の思考体系に従属させ、この体系を福音書自体の思想にしようという意志をもっていて、そのために自分の気に入った説明ができるような歪曲をここで行っているのではないだろうか。

私はそうは考えないが、もしかりにここで模倣に由来する分身という考え方をゲラサの悪霊の文脈に援用するのがまちがっているのだとすれば、私が犯すことになる過ちはただ私ひとりの過ちではない。福音書作者のうちの少なくともひとりはこの過ちを共有してくれているのだ。それはマタイであり、彼はこの奇跡の物語がはじまったばかりのところで、意味深い異稿を示している。マルコとルカとでは悪霊に憑かれた男はひとりしか出てこないが、マタイはたがいにそっくり同じであるふたりの憑かれた男を登場させ、理論上は彼らにとり憑いているはずの悪霊――二匹の悪霊――のかわりに、この男たち自身に語らせている。

そこにはマルコとはことなる資料の存在を暗示するようなものは何もない。むしろ注目すべきはマルコとはことなる説明が試みられている点であり、悪霊という主題全般の秘密をあばく試みだとほとんど言ってしまいたいところである。ゲラサの悪霊の場合のようなテクストにおいては、無意味だと判断した細部を削除するためであれ、残しておくことにした主題にひとひねりきかせた説明を加え、それを主題であるとともに主題についての説明ともするためであれ、マタイはしばしばマルコと別の記述をしている。すでに見てきたとおり、そうした一例はバプテスマのヨハネの殺害の件にも出ている。マルコにおいては母から娘への模倣をとおしての欲望の伝達を謎めかしたかたちで暗示する質問と答えの応酬にかえて、マタイは「母親にそそのかされて」という表現を用いたのであった。

今回もマタイはほとんど同じことをしているのだが、そのやり方はいっそう大胆であると言えよう。彼は、われわれが先ほどの読解をとおして学んだことを示唆しようとしている。悪霊憑きは個人にかかわる現象ではなく、激化した模倣衝動のひとつの結果である。どんな場合にも、たがいにとり憑きあう少なくともふたりの人間がいて、おのおのが相手の躓きの石であり、相手の手本＝障碍になっている。まさにそれゆえにこそ、マタイの物語の最初の部分においては、悪霊どもと彼らにとり憑かれた男たちとの現実上の区別がなされていないのである。すなわち、

それから、向こう岸のガダラ人の地にお着きになると、悪霊につかれた人がふたり墓から出て来て、イエスに出会った。彼らはひどく狂暴で、だれもその道を通れないほどであった。すると、見よ、彼らはわめいて言った。「神の子よ。いったい私たちに何をしようというのです。まだその時ではないのに、もう私たちを苦しめに来られたのですか。」（マタイ、八、二八―二九）

マタイが悪霊憑きを分身同士の模倣や躓きの石との関連で考察しようと努めていることとの証拠に、彼はここでマルコやルカのテクストに出てこないことを追加している。すなわち、マタイによれば、イエスに会いに来たのは、「だれもその道を通れない」ほどの男たちであった。言いかえれば、イエスに受難を思いとどまらせようとしたときのペテロと同じように、彼らもまた本質的に道をふさぐ存在なのである。相手をたがいに躓かせあい、また隣人を躓かせる存在である。躓きはつねに伝染する。躓いた者たちは、自

分たちの欲望を他の人びとにも伝え、言葉をかえて言えば、自分たちと同じ道に引きずりこみ、彼らの欲望の手本＝障碍となって、今度は彼らを躓かせるおそれがある。福音書における塞がれた道、越えがたい障碍、重すぎてもち上げられない石などへの言及は、すべて躓きの石への言及であり、そうした言及のあとでは躓きの体系全体が明らかにされるのである。

躓きのもつ模倣的な性格によって悪霊憑きを説明するために、マタイは最小限の模倣関係、その根本的な単位とでも呼びうるものに訴える。病いの根源へ遡ろうとしているのだ。彼の試みは理解されないのがふつうである。現代の心理学や精神分析のまさしく神話的な実践をくつがえすからである。これらの学問は分身を内部にとりこんでしまう。要するに、意識――あるいは無意識と言ってもかまわないが――の内部に想像上の小悪霊を必要としているのだ。ところが逆に、マタイは現実のふたりの人間のあいだの現実の模倣関係というかたちで、悪霊を外在化させる。

思うに、マタイは枢要な一点において、この奇跡についてのテクストを改良している。あるいはむしろその分析を準備している。彼は二元性が模倣の仕組みの出発点には必ず存在することを教えてくれる。それは興味深いことだが、しかし物語の最初に二元性を据えたために、そのあとでこれまた奇跡の展開に欠かせない多数の悪霊の存在を語るのが困難になる。そこで、マルコのテクストの鍵となっている一節、「私の名はレギオンです。私たちは大ぜいですから」という部分の削除を余儀なくされる。悪霊の存在が奇妙にも途中で単数から複数にかわるこの一節は、テクストを世に広めるうえでもっとも貢献した部分である。こうした単数から複数への急変はさらに、悪霊がイエスに言ったとされる発言のつづきを間接話法で再現する一節のなかにも見られる。すなわち、「そして、彼は自分たちをこの地方から追い出さないでくださいと懇願した」。

したがって、悪霊がひとりの男のように語っているにもかかわらず、またある意味ではひとりであるにもかかわらず、実は群衆にほかならないという、核心をついた着想は、もはやマタイには、またさらにマルコのより近くにいるルカにも見あたらない。悪霊どもの群衆を失うことで、マタイは豚の大群の溺死を正当化するものを失う——とはいえ、彼はこの話を書きとめてはいるのだが。つまり結局は、得るよりも多くのものを失っているのである。もっとも彼は自分の失敗を意識しているのかもしれない。それでこの奇跡の終りの部分はすべて短縮して書かれている。

「何を願いましょうか」というサロメの母親への質問の場合に見られるような、マルコのすべての天才的なひらめきと同様に、ひとつの文のうちに単数と複数を並置することは、不手際の一種と受け取られる可能性がある。全体として言葉の扱いがマルコよりも巧みでかつ正確なルカは、そうした不手際を免れている。「『レギオンです』と答えた。悪霊が大ぜい彼にはいっていたからである。悪霊どもはイエスに、底知れぬ所に行け、とはお命じになりませんようにと願った。」(ルカ、八、三〇—三一)

マルコのテクストをめぐる註釈のなかで、ジャン・スタロビンスキーは、レギオンという語が否定的な意味をふくんでいることをはっきりと指摘している。この語のうちには「多数の戦士、敵の軍隊、占領軍、ローマの侵略軍、そしておそらくキリストを十字架にかけた者たち[37]」の存在を認めなくてはならない。悪霊憑きの男の物語のみならず、その直前および直後のテクストにおいても、群衆が重要な役割を演じていることを、この批評家は正しく観察している。憑かれた男の治癒自体は、たしかにイエスと悪霊とだけが対決する闘いとして描かれているけれども、その以前にも以後にも、イエスの周囲にはたえず群衆が存在している。まずガリラヤ人の群衆。弟子たちはこれを去らせて、イエスとともに舟に乗る。ガリラヤへ戻れば、イエスはこの群衆にふたたび出会うであろう。ゲラサには悪霊の群れと豚の群ればかりではなく、町や農場からゲラサ人が馳せ参じてきている。「群衆、それは欺瞞である」というキルケゴールの言葉を引用しつつ、スタロビンスキーは、福音書において悪はつねに複数そして群衆の側にある点を指摘している。

ガリラヤ人とゲラサ人との行動には、しかし注目すべき相違が見られる。エルサレムの群衆と同じく、ガリラヤの群衆は奇跡を恐れてはいない。彼らは呪術師に襲いかかることがあるかもしれないが、目下のところは救世主にたいするかのようにイエスにつきまとっている。いたるところに病人が押しかけてきている。ユダヤの領土では、誰もが奇跡としるしを渇望している、人びとは個人的に奇跡の恩恵を受けたり、あるいは他人にも同じ恩恵を受けさせたり、あるいはもっと単純に、観客となって、教化的というよりは驚異的な性格のほうが強い芝居を見るようにして、度はずれた出来事に接することを望んでいるのである。

ゲラサ人の反応の仕方はこれとはことなる。「悪霊につかれていた人、すなわちレギオンを宿していた人が、着物を着て、正気に返ってすわっているのを見て」、彼らは恐怖にとらわれる。「悪霊につかれていた人に起こったことや、豚のことを」豚の番人たちに説明してもらう。番人たちの話を聞いても、ゲラサ人の恐れがしずまり、熱狂あるいはせいぜいのところ好奇心がかきたてられる、といったところではなく、彼らはいっそう不安になる。この地の住人たちはイエスに立ち去ることを要請する。するとイエスも、何ら言い足すことなく彼らの要求にしたがう。彼が治癒した病人は彼について行こうとするが、イエスは仲間とともにとどまるよう命じる。イエスは黙って舟に乗り、ユダヤの領土へ戻って行く。

福音が語られることはなかったし、ゲラサの人びととイエスとのあいだに、真の意味でのやりとりは、敵対的なものでさえ成立しなかった。イエスに立ち去ることを要求したのは土地の住民全体であった、と思われる。ゲラサ人は整然とやって来たという印象が残る。羊飼いがいなくてイエスが憐みの念をいだいた羊の群れのようではない。彼らは差異の体系にもとづく共同体を形成している。田舎の住人と町の住人とが区別されているからである。彼らは冷静な状態で情報を得ており、イエスに立ち去ることを求めるときにも、熟慮したうえでの決心を伝えているのだ。奇跡に反応するにあたって、彼らはヒステリーに近いような過度の讃美も、また激しい憎悪も示しはせず、何らためらうことなく奇跡を拒否するという意志を明らかにする。イエスやイエスに表象されるものに何らかかかわりたくないのである。

ゲラサの人びとが豚の群れのいなくなったのを悲しむのも、金銭的な理由からなのではない。自分たちの悪霊の溺死にくらべれば、豚の溺死については、さほど困っていないことは明らかである。このことにどのような意味があるのかを理解するには、ゲラサの人びとの悪霊とのつながりが、悪霊のゲラサの人びととのつながりに対応して成立していることを見てとる必要がある。レギオンは、土地にとどまることを許されてさえおれば、そのなかで移動するのはあまり恐れてはいない。「彼は、自分たちをこの地方から追い出さないでくださいと懇願した。」悪霊どもは活きた宿なしにはすませられないので、誰か他の者、できれば人間が望ましいが、そうでなければ動物に、そしてここでは豚の群れにとり憑くことをねがっている。悪霊どもの願望のつつましいことからも、彼らが幻想を抱いていないことがわかる。このいやらしい動物たちに宿る権利を特別の配慮でもって与えられるよう懇願している。すなわち彼らは困った立場にいるのだ。相手の手ごわいことが彼らにはわかっている。少しを得るだけで満足しておけば、許してもらえる可能性がより高くなるだろう、と彼らは考えている。重要なのは、完全に、決定的には追放されてしまわないことなのである。

悪霊とゲラサの人びととの相互の結びつきは、先のわれわれの分析で憑かれた男とゲラサの人びととのあいだの関係について明らかになったものを、別の面で再現しているにすぎない、と考えられる。ゲラサの人びとはこの男なしではすませられず、その逆もまた同様である。そうした関係を記述するために、私は同時に儀礼と循環的な病理とについて論じた。このふたつのものを結合するのが突拍子もないことだとは思わない。儀礼は退化するにしたがって、明瞭なものではなくなってゆく。追放は完全には実行されず、身代りの山羊——憑かれた男——は発作の合間に町へ戻るようになる。すべてが混淆しあい、何ごとも決着がつかなくなる。儀礼は、それが生じてきた原点、すなわち模倣しあう分身の関係、差異の消滅した社会の危機へと再帰する傾向がある。物理的な暴力は、精神病理学的な関係にふくまれる、致命的ではなく、決定不能かつ収拾のつかない暴力に変る傾向がある。

とはいえ、そうした傾向は全体的な差異の消滅にまではいたらない。自発的に追放される男と彼の追放を拒むゲラサの人びととのあいだにはかなりの差異が残っており、またこの追放が反復されるたびにかなりの現実の劇的な場面が生じるのであるから、ここでのテクストに記述された術策には、まだある程度のカタルシスの効果がある。完全な崩壊が準備されつつあるが、しかしそれはまだ実現してはいない。それゆえ、ゲラサの社会は依然として多少は構造を保っている。たとえば町と田舎のあいだの差異に示されるように、社会の体系しっかりとした社会構造を保っている。ガリラヤやエルサレムの群衆にくらべれば、社会の体系にはあいかわらず差異が存在しており、それがイエスの病人の治癒の成功にたいする冷めた否定的な反応としてあらわれるのである。

この社会は活きいきとした状態にはなく、きわめて荒廃しているとさえ言えるが、それでもまったく絶望的なわけではなく、ゲラサの人びとは今にも崩れそうな自分たちの現状を守ろうとしているのである。彼らはまだふつうの意味での共同体を形成している。それは外見から判断すれば、力がきわめて衰えた、しかし貴重でもうこれしか残されていない供犠を行うことでもってどうにかこうにか存続している体系である。というのも、どのように見ても彼らはへたばっているのであるから……。

福音書の註釈者たちはみな、イエスがシャーマニズム型の古典的な手段でもって悪霊憑きの男を治療したと述べている。たとえばここで、イエスは邪悪な霊にその名前を言わせる。すなわち、原始社会においてしばしば見られる、固有名詞の操作と結びついた力を、悪霊にたいして獲得する。これはシャーマニズムと比べて何ら別のものではないかのようである。だが、このテクストが示唆しようとしているのはそんなことではない。イエスの行為に何ら異常なところがないのであれば、ゲラサの人びとが恐れなければならない理由もまったくない。彼らの共同体にも祈禱師がいて、現代の註釈者がイエスの活動にも見出せると主張するシャーマニズムの方法にのっとって、病者の治療を行っていることはまちがいない。かりにイエスがより効果的なまじない師 *medecine man* にすぎないのであれば、ゲラサの正直な人びとは、イエスにおびえるのではなく魅せられるであろう。立ち去るのではなく止まってくれるように懇願するであろう。

ゲラサの人びとの抱いた恐怖は修辞上の誇張にすぎないのだろうか。救世主の勇敢さを強く印象づけるのだけが目的の、内容のない表現なのだろうか。私にはそうは思えない。悪霊に憑かれた豚の群れの転落は、三つの共観福音書のなかで同様な描かれ方をしている。「豚の群れが、険しいがけを駆け降り、湖へなだれ落ちた。」崖はマタイにもルカにも出てくる。崖があるとすれば、豚は岬のような場所で飼われていたはずである。マルコとルカはこのことに気づいており、崖について語るまえに、豚を「山の中腹」においている。マタイには山は出てこないが、崖は残っている。すなわち、崖こそが福音書作者たちの注意を惹いているのである。崖があるおかげで、豚はより高いところから転落することになる。豚の転落が高いところからであれば、場面はそのぶんいっそう衝撃的なものとなる。だが福音書には派手な描写をしようという意図はない。作者がみな崖について語っているのも、視覚的な効果をねらってのことではない。それ以上に機能上の理由からだと言えるかもしれない。湖面に転落するまでの距離の長さによって、豚の消滅の決定的なことが保証されるのである。豚の群れが助かる可能性はない。泳いで岸まで戻ってはこないのだ。そうした説明はすべて正しい。崖は場面に写実的な性格をもたらすうえで必要である。しかし写実性への配慮というのもまた、福音書にあまりふさわしくはない。それとは別の、もっと本質的な事情があるのだ。

神話や宗教のテクストになじんだ者なら、この崖という主題にただちに気がつく、いや気がつかなければならない。石投げの刑と同様に、絶壁からの転落にも集合的、儀礼的また刑罰にかかわる意味がふくまれている。それはいわゆる未開社会のみならず、古代世界においてもきわめて広く見うけられる社会的な慣行である。もともと神に犠牲をささげる様式であり、それが後には死刑という様式に分化したのである。ローマではタルペイアの岩の原理[二五]がこれにあたる。ギリシアの世界では、とりわけ当時のマルセイユでは、儀礼としてパルマコスをそうしたやり方で定期的に殺していた。不運な男が、落ちれば死を免れない高みから海へ飛びこむことを強制されたのである。

石投げの刑と絶壁からの転落という、[38]儀礼的な処刑のふたつの主要な様式が、われわれのテクストのなかに、ほぼはっきりとした姿を見せている。両者はいくつかの点で類似している。同じく集団の成員みなが、犠牲者に石を投げつけることができ、また投げつけなければならない。集団の成員みなが、罪人に向かっていっせいに前進し、死に通じる以外の出口は与えぬようにして、彼を絶壁のふちへ追いつめることができ、またそのようにしなければならない。だが類似点は、処刑の集合的な性格だけにはとどまらない。全員が排除された者の殺害に参加するのだが、誰も彼の身体にじかに接触しはしない。誰も汚染される危険をおかさない。集団のみが責任を負う。個人は全員が同じ程度に潔白と責任とを分けあうのである。

こうしたことがらはいずれも、伝統的な処刑のあらゆる他の様式、とりわけ執行を公開するあらゆる形式（架刑はその一変種である）についても同じようにあてはまる。このことはたやすく確認できる。犠牲者との身体的な接触への迷信的な恐れなどといったことに眼を奪われてはならない。法体系が脆弱であるか、もしくは存在しない社会、すなわち依然として私的な復讐の精神に支配されていて、それゆえしばしば共同体内部の果てしない暴力の脅威に直面する社会にとっての本質的な問題を、右のような処刑の技術が解決しているのだという事実を見のがしてはならない。

こうした様式で処刑が実行されると、復讐心は生じてこない。諸個人の役割のあいだの差異がまったく消滅しているからである。迫害者たちはひとり残らず同じ行動をとる。誰であれ復讐を願う者は、集団全体を相手にしなくてはならない。あたかも、そうした段階の社会ではまだ存在するにいたってはいない国家の力が、全員一致の暴力の諸形式をとおして、一時的ながらしかし確実に、けっして象徴的にのみではなく、存在しはじめているかのようである。

こうした死刑の集合的な諸様式は、先に明らかにしてきたような必要にきわめてうまく対応しているので、それらが人間の集団のなかから自然に発生したものであるとは最初は考えにくい。あまりにもぴったりと目的に合致しているために、出現する以前にあらかじめ考えられていなかったはずがない、と思われるのである。そこで近代的な機能主義は、必要が道具を生みだすという幻想をいだき、またもっと古い時代からの宗教的伝統においてはいつも、一種の原初の立法者、超人的な英知と権威をそなえた存在が、共同体にそのいっさいの基本的な制度を付与したのだとする幻想が生じていた。だがそうしたものは、いずれにせよ幻想なのである。

実際には、事態はそれとはちがうかたちで展開したはずである。ここで論じているような問題が実践において解決される以前に理論的に提起されていたと考えるのは馬鹿げている。しかし、解決は問題の以前には存在しないと考えるかぎり、またいかなる解決が問題に先行しているかがわからないかぎり、そうした馬鹿げた考えを避けることはできない。解決とは、当然のことながら、身代りの山羊の自然発生的な効果のことにほかならない。模倣にはじまる争いが極点に達すると、唯一の犠牲者にたいする暴力の集中はきわめて強くなり、集団を構成する全員が犠牲者の殺害に参加しようとする。こうした型の集合暴力はおのずから、先に規定したような全員が一致して実行する、平等で、犠牲者にたいしては一定の距離をたもった処刑の形式へと向かうであろう。

ということは、多くの宗教的伝統がそのよりどころにしている、原初の偉大な立法者というのはまったく存在しなかったことになるのか。けっしてそんなわけではない。古来の伝統は、とりわけ類似した伝統がある場合には、真面目に受け取らなければならない。偉大な立法者たちは存在した。しかし彼らが生前に法を公布したことは一度もないのだ。立法者たちとは、明らかに身代りの山羊にほかならない。その殺害が成功すると人びとを和解させる効果があるゆえに、それは儀礼において注意深く模倣され、複製され、より精妙なものになる。この効果は現実のものである。なぜなら、身代りの山羊の殺害は、そこから派生して同じ効果を再現する死刑の様式に似ているからである。すなわち、この殺害は復讐への道を断ち切る。したがって立法者は人間を越えた英知をそなえているかに見えるが、犠牲の仕組みから派生したあらゆる制度と同じく、聖化された身代りの山羊としか考えようがないのである。至高の立法者は聖化された身代りの山羊の本質であるとさえ言える。

モーセという人物は、そうした法を創始する身代りの山羊の一例である。その吃音が犠牲者のしるしのひとつである。彼が罪を犯したという痕跡も神話として残っている。すなわちエジプト人を殺害したこと、約束の地へ足を踏み入れるのを禁止されるもととなった過失、またエジプトの十の厄災、つまり差異の消滅をもたらすペストについての責任、である。集団による殺害をのぞけば、すべての迫害の常套形式がここにあり、集団による殺害も、ロムルスの場合と同じく、公認された伝承の周辺には姿を見せている。モーセが集団の手で殺害されたという噂を真面目に受けとめたフロイトはまちがってはいなかった。

さて、ゲラサの悪霊に話題を戻そう。石投げの刑と絶壁からひとを突き落とす刑をもち出して、このテクストを説明してもよいのであろうか。またふたつの死刑の様式を結びつけて考えてもよいのであろうか。よい、と私は思う。テクストがわれわれをそんなふうに考えるべく誘っているのだ。石投げの刑は福音書や使徒行伝のいたるところに出てくる。イエスが救ってやる姦通女についてはすでに述べた。最初の殉教者ステパノは石投げ刑に処せられている（使徒行伝、七、五四―六〇）。受難自体、その前に石投げの刑らしきものがいくつか姿をあらわしている。そして、これはきわめて意味深いが、イエスを絶壁から突き落とそうとして失敗した企てもあった。

この事件はナザレでおきる。イエスは幼年時代をすごした町で冷たくあしらわれる。そこではどんな奇跡もなしえない。ユダヤ教の会堂での説教は聴衆のひんしゅくを買う。イエスはおとなしく町を去るが、ルカの福音書にだけは、次のような記述がある。

これらのこと〔イエスの言葉〕を聞くと、会堂にいた人たちはみな、ひどく怒り、立ち上がってイエスを町の外に追い出し、町が立っていた丘の崖のふちまで連れて行き、そこから投げ落とそうとした。しかしイエスは、彼らの真中を通り抜けて、行ってしまわれた。（ルカ、四、二八―三〇）

この挿話は受難の先がけであり、したがって受難を予告していると考えなくてはならない。この挿話を入れている点から明らかなように、ルカは、そしておそらく他の福音書作者たちも、絶壁のうえからの転落や石投げの刑を架刑と同じ意味をもつものとして把握している。それらがたがいに等価であることの意義を彼らは理解しているのである。集団による殺人の形式はすべて同じことがらを意味しているのであり、またその意味こそが、イエスとその受難とが解明しているものなのである。重要なのはこの解明であって、あれこれの断崖がどこに実在しているかという問題ではない。ナザレの町を知っているひとによれば、町やその近辺は、ルカが演じさせたがっているような役割には適していない。つまり断崖は存在しないのである。

歴史 - 実証主義者の細心な眼は、そうした地理上の不正確さを見のがしはしなかった。批評家たちは意地の悪い註釈を存分に加えた。だが残念なことに、彼らはなぜルカが実在しない絶壁をナザレの町に付与したのかと問うところまで、好奇心を進めようとはしなかった。実証主義の先生がたは、どちらかという と無邪気な精神の持主であった。彼らの宇宙は広い範囲にわたる歴史と地理の試験から成り立っており、彼らは福音書には一貫して落第点をつけ、そうすることで福音書に永久に《反論》し、それが破廉恥な欺瞞をふくむことを立証しえたと信じていたのだ。彼らの幸福にはそれで充分であった。

福音書の関心はさまざまなかたちの集団による殺害にあるので、ナザレの地形はどうでもよいのだ。真の関心は、悪霊憑きの男が自ら行う石投げの刑と断崖からの豚の転落とにある。

だがここでは、絶壁を越えて落ちてゆくのは身代りの山羊ではない。ただひとりの犠牲者や少数の犠牲者ではない。悪霊の群れであり、悪霊にとり憑かれた二千匹の豚である。通常の関係が逆転している。高みにとどまり犠牲者を突き落とすのは群衆のはずである。ところがここでは、飛びこむのが群衆で、犠牲者は救われるのだ。

ゲラサの憑かれた男の治癒は、この世界のあらゆる社会の基礎になる暴力という普遍的な図式を逆転させている。こうした逆転はおそらく、いくつかの神話においてもおきているかもしれないが、しかし性格は同じではない。神話の場合はつねに、破壊された体系の修復、あるいは新たな体系の設立にゆき着くのである。ここでは事情はまったくことなる。悪霊に憑かれた豚の溺死には決定的な性格がある。すなわち、それは奇跡を受けた男を別にして、将来のない出来事なのである。

マルコのテクストでは、イエスの行う奇跡とふつうの祈禱師による病いの治療とは、程度のうえではなしに本質的にことなっていることが示唆される。しかもこの本質的なちがいは、関連する資料の総体と現実に一致している。現代の註釈者たちが理解しないのはこの点である。奇跡の幻想的な側面はあまりにも根拠がなさすぎると思われ、そのためにひとの注意を長く引きとめておくことができない。悪霊どものイエスにたいする懇願、豚の群れへの先を争うような退却、そしてその群れの転落といった一連の出来事を、ひとは古くからの呪術の決まり文句としか考えていない。実は、福音書のそうした主題の取扱い方は例外的なのであって、物語全体の文体が依然として悪魔学的であることを考慮に入れたとしても、犠牲にいたる模倣の解明に必要なことがらと厳密に合致している。

悪霊どもは、この地方の外へは追放されないという条件で、やむなく追放されることは受け容れる。このことは、ふつうの悪魔祓いが、共同体の構造の内部でたえず生じうる、悪霊の居場所の移動、交換、また置換えにすぎず、構造全体に著しい変化をもたらしたり、存続を脅かしたりするものではない、ということを意味している。

伝統的な祈禱師たちも病気にたいして現実の作用をおよぼすが、しかし個人Xの状態をよくするには、別の個人Yを犠牲にすること——あるいはその逆——が必要であるかぎりにおいて、その作用は限定される。悪魔学の用語で言うなら、Xの悪霊が彼を離れて、Yにのり移った、ということだ。祈禱師たちはいくらかの模倣による関係を変更するものの、彼らがわずかな操作をしたところで、体系の均衡が危機にさらされることはなく、不変の状態を保ちつづける。疲弊した内閣の内部で大臣をあれこれ交替させているようなものだ。体系は残る。しかもその体系は、ただ人間のみからではなく、人間と悪霊の双方からなる体系なのである。

憑かれた男の治癒およびこれに付随するレギオンの溺死によって脅かされるのは、そうした全体の体系である。ゲラサの人びとはこのことを見抜き、それゆえ不安になる。悪霊どもはさらにはっきりと事態をのみこんでいる。この点について彼らは人間よりも明敏であるところを見せるけれども、しかしだからと言って、他の点でも盲目ではなく、容易にだまされたりはしないというわけではない。これらの主題は、まったく想像や幻想より生じたものであるどころか——凡庸な精神の持主はそんなふうに考えるのだが——豊かな意味をふくんでいるのである。悪霊どもに付与された特質は、福音書において彼らが具現させられている奇妙な現実、すなわち模倣による欲望の抽象化という現象の真の特徴と厳密に合致している。欲望が熱狂的で悪魔的になればなるほど、欲望は欲望本来の法則をいっそう深く把握できるようになるが、しかし明敏であるからと言って欲望の隷属状態が少しでも解消されるわけではない。偉大な作家たちは、そうした認識の逆説を理解し、かつそれを作品化する。ドストエフスキーが、『悪霊』という小説の題名のみならず、作中の人物のあいだの関係の体系、またその体系を動かす奈落の力学を借用したのは、ゲラサの悪霊の物語からであった。

悪霊たちは、土地の祈禱師にたいする場合と同じように、イエスと《取引き》しようと試みる。彼らは、自分たちとさほどちがわない能力あるいは無能力の持主とは、対等の立場で交渉するのである。だが、イエスとの取引きは、実質的には取引きとは呼べないものである。この旅人は土地のいかなる宗教の奥義にも通じていない。共同体の誰の委任も受けてはいない。悪霊が男から離れ去るようにするために、何らかの譲歩をする必要がない。イエスは豚に宿ってもよいという許可を悪霊たちに与えるが、この許可には持続的な効力が少しもなく、豚はすぐに溺死するのであるから、重大な結果をもたらしはしない。悪霊どもを追い払い、どんな社会にあっても必ず悪魔的な性格をおびる秩序を脅かすには、イエスはどこかに姿を見せるだけでよい。悪霊たちは、彼を前にしては自分たちの存在をもちこたえることができない。彼らは激しく動揺し、最後の苦悶から短い痙攣をし、そして完全な崩壊へと向かう。この奇跡の物語が頂点に達した瞬間にわれわれが眼にするのは、そうした事態の不可避の流れである。

どんな大規模な敗走においても、敗者の側の最終的な作戦が壊滅を仕上げる決め手となる。悪霊の最終作戦が自分たちの敗北のとどめにもなるという、この二重の意味こそ、ここでのテクストが奇跡を行う人イエスと悪霊たちの駆引きに付与することのできたものである。この主題はたしかにシャーマンやその他の祈禱師たちの活動からの借用ではあるけれども、しかしここでは、それを越える意味を運ぶ役割を果たしているにすぎない。

イエスを前にしては、悪霊たちはかつて君臨していた世界の辺境、もっとも不潔な片隅で生息することしか望みえない。自分たちを脅かす奈落を避けようとしながら、結局は自らそちらのほうへ向かうのである。恐怖をきたし、他に適当なものがないので、彼らは急いで豚になる決心をする。これに似たことは、奇妙にも、ほぼどのようなところでもおきている。だが豚になってみても、オデュッセウスの部下たちと同じく、彼らはもちこたえることができない。溺死は決定的な滅亡である。超自然の群れがもっとも恐れていること、この地方からの追放が、これによって実現する。そうした表現を用いたのはマルコだが、この表現は貴重である。そのおかげで、イエスと悪霊の対決で賭けられた対象の社会的な性質、また、精神分析学派において《象徴界》と呼ばれるものにおいて悪魔的なものが果たしている役割を認識できるようになるからである。ルカのテクストもまた悪くはない。奈落の底へ永久に追放したりはしないでくれとイエスに懇願する悪霊たちを描くことによって、ルカは悪魔的なものの決定的な消滅、すなわちテクストのもっとも重要な意味をいっそう見事に語りえている。ゲラサの人びとの反応もこの意味でもって説明できる。この不運な人びとは、自分たちが悪魔的なもののうえに立って、言いかえれば、一種の土地の名物になった憑かれた男と自分たちとのあいだで定期的に展開される活動のうえに立って、一時的な均衡を保っている、ということを察知しているのである。

憑依現象のうちには、熱狂的な模倣衝動の結果でないものは何ひとつ存在しない。すでに述べたとおり、マタイが他のふたつの共観福音書ではただひとりになっている悪霊憑きの男にかえて、差異を失した、ということは模倣関係にあるふたりの男を登場させるのも、そのことを示唆せんがためである。ひとりであると同時に多数であり、単数であると同時に複数でもある悪霊に憑かれた男をただひとり描き出したマルコのテクストも、結局のところは同じことを表現しているのだが、表現の仕方がマタイほど鮮明ではない反面、より本質的であり、またより本質的であるがゆえに、さほど鮮明ではないのである。マタイが示唆しているように、この男はただひとりの他者にとり憑かれているのではない。彼が憑かれているのはひとりであると同時に多数でもある存在としてのすべての他者、言いかえれば、人間的という意味――あるいは、そのほうがよければ、悪魔的と言ってもよいが――での社会、すなわち集団による犠牲者の追放を基礎とする社会を構成する存在としてのすべての他者なのである。まさしくこの他者こそ、憑かれた男が模倣するものである。悪霊たちは人間の集団の姿をとってあらわれる。彼らは人間集団の模造 *imitatio* であるのだから、そのイマーゴになっているのだ。このテクストの最後に出てくるゲラサ人の社会と同じく、冒頭に出てきた悪霊たちの社会にも、ひとつの構造、ある種の組織がそなわっている。その構造とは、多数性の統一である。すなわち、「私の名はレギオンです。私たちは大ぜいですから」と彼らは言う。物語の最後にひとりの声があがって、ゲラサの人びと全員の名において語るのと同じく、冒頭ではひとりの声がして、悪霊たち全員の名において語る。しかもこれらふたつの声は、実は同じことを言っているのだ。イエスと悪霊たちの共存はまったく不可能なのであるから、悪霊たちが自分たちを追放しないでくれと懇願するのと、ゲラサの人びとがイエスに立ち去ってくれと頼むのとは同じことなのである。

悪霊たちとゲラサの人びとが同一であるという私の主張を根本的に証明してくれるのは、この悪霊たちにとり憑かれた状態にある男の行動である。ゲラサの人びとは自分たちの犠牲者を石投げの刑に処し、悪霊たちは犠牲者自らの身体を石で傷つけるよう強いるが、このふたつは結局同じことなのだ。欲望の模倣の元型であるこの憑かれた男が模倣しているのは、もっとも根本的な社会的慣行、すなわち、もっとも細分化して模倣しあう多数の人間を、もっとも堅固な社会的統一に変えることをとおして文字どおり社会を生みだす慣行――文明の基礎となる殺人に由来する全員一致の状態――である。多数者が一体化していると言うレギオンは、社会の原理そのものを象徴している。つまり悪霊たちの決定的な追放ではなく、まさにこの憑かれた男が例証しているような曖昧で緩和された追放、結局のところ人間と悪霊の共存に終ってしまう追放にもとづいた型の組織を象徴しているのである。

レギオンは社会的なもののもつ多数性の統一という性格を象徴している、と私は述べた。これはたしかに真実であるが、しかし「私の名はレギオンです。私たちは大ぜいですから」という、まさに有名な一節において、レギオンは、すでに解体の過程にはいった統一を象徴しているのである。というのも、ここでは社会の発生とは逆の方向の秩序が支配しているからだ。同一の文のなかで不可避的に複数へと変貌する単数——これは統一が模倣関係にもとづく多数性へと回帰しつつあること、またイエスの存在にふくまれる破壊的な力がはじめて効果を示し(二六)はじめたことを意味している。これはもうほとんど現代文学のようである。私とはひとりの他者である、とマタイは言っているのだ。私とはすべての他者である、とマルコは言うのだ。

　豚の群れと迫害者たちの群衆とを同じものと考えてもよいのであろうか。それとも、私は自分のなげかわしい強迫観念に沿って福音書を歪めていると非難されるのであろうか。両者を同じものと考えることを私は要求したいが、そうした考え方は少なくとも福音書のひとつ、すなわちマタイによる福音書にはっきりとあらわれているのであるから、そうした非難は成立しがたい。ここで私が考えているのは、ゲラサの物語からさほど離れてはいない箇所にある、イエスのきわめて意味深い格言である。すなわち、「豚の前に、真珠を投げてはなりません。それを足で踏みにじり、向き直ってあなたがたを引き裂くでしょうから」（マタイ、七、六）。

　だが、ゲラサの物語においては、前にも述べたとおり、迫害者たちが《通常》なら犠牲者に向けられる処置を受けるのである。彼らは、憑かれた男のように自らを石投げの刑に処するわけではないが、崖をこえて転落するのであり、どちらも結局は同じことである。この逆転にこめられた革命的な意義を理解するには、近代の反聖書的な人文主義がユダヤ教よりも敬意を払う世界、ギリシアあるいはローマの古典古代の世界のなかにおいて考えてみる必要がある。すなわち、パルマコスが、哲学者や数学者をふくめて古代ギリシアの都市国家の人びとを崖から放り投げるところを想像してみる必要がある。また、タルペイアの岩のうえより虚空へ落ちてゆくのが、もはや罪人ではなく、有徳なカトー、厳粛な法律家たち、ユダヤを治める総督たち、その他すべてのローマの元老院議員と市民だと考えてみよう。そうした人びとがみな奈落の底へ消えてゆく一方で犠牲者であった人物が崖のうえで「着物を着て、正気に返って」、驚くべき墜落を静かに見守っているのである。

奇跡の結末はある種の報復の欲求を充たしてくれるが、しかしこの結末は、私が明らかにした思想の枠組の範囲で正当化しうるであろうか。福音書には復讐精神がないという私の主張に反する、まさしく復讐にかかわる側面が、ここにはふくまれているのではないであろうか。

豚をガリラヤ湖へ突き落とす力が、豚の転落を見たいというわれわれ自身の欲望でも、イエスその人の暴力でもなければ、この力とは何なのであろうか。いかなる強制もなしに豚を自滅へと導くものは何であろうか。答えは明らかである。それは群居精神とも呼ぶべきものであり、それこそが群れをまさに群れたらしめ、言いかえれば模倣への抗いがたい傾性を作りだしているのである。おろかな恐慌状態に陥ったり、悪霊が侵入したために痙攣したりして、一匹の豚が偶然に、あるいはひょっとすると事故から湖に落ちるだけで、その仲間みなが同じようになるには充分なのである。熱狂的な追従癖は、豚という動物をめぐっての諺に出てくるほどの不従順な性格と見事に対をなしている。模倣の程度がある段階、以後は憑依と定義できるのとちょうど同じ段階を越えると、群れ全体は即座に、ふつうの振舞いから外れているかに見える振舞いを再現するようになる。これは、いわゆる先進的な社会における流行現象に多少似たところがある。その意味ではゲラサの社会もすでに非常に進んだ状態にあったのであるが。

群れのうちのどれでもよいのだが、ある一匹が突然、わざとではなしに足を滑らせると、それが奈落への落下という新たな流行のはじまりとなり、最後の仔豚にいたるまで熱狂的な興奮にひきこまれてしまう。模倣をつうじての煽動は、どんなにわずかなものであっても、密集状態にある群衆をゆさぶるのである。

目的が薄弱で無益であればあるほど、また致命的であればなおのこと、それはますます神秘に包まれ、よりいっそう欲望をかき立てるであろう。それらの豚はみな躓いており、したがってすでに均衡を失っているが、それゆえ必ず、さらにいっそう激しい均衡の喪失に関心を抱き、高揚しさえする。彼ら全員が漠然とながら追求していたのは、見事な立居振舞い、自分のものとすることが不可能な立居振舞いにほかならない。彼らは先を争って《大胆な革新者》に追随するのだ。

イエスが語るときにはほとんどいつでも、悪魔の仕業というのはどれも、躓きにふくまれる模倣という性質を指している。この場合でも彼がそうするだけで、神秘は消えてなくなる。豚どもは骨の髄まで模倣の病いに冒された、真の憑かれた者たちである。かりにどうしても福音書以外に言及したいとしても、その言及は悪魔学の概説書にでもなければ、悲しくも人類の将来をレミングの暗い物語に見出すような、本能をめぐる偽りの近代科学にたいしてでもない。もっと快活でしかもいっそう深遠な文学に言及することのほうを私は好む。すなわち、自殺を志向するゲラサの悪霊たちは、パニュルジュの羊(二七)以上に模倣を好む存在であって、海へ飛びこむためにダンドノーをすら必要としていない。このテクストの提起する問題には、模倣という観点からの解答を欠かすことができず、しかもそれがいつも最良の解答なのだ。

第14章　サタンの内部分裂

テクストを分析してみても、奇跡による治癒それ自体については、何ら解明することができない。[39] テクストの分析は、奇跡を記述する言葉づかいにしかかかわりをもてないのである。福音書は自分たちの世界の言語で語る。それゆえ、メシアは祈禱師とは別の存在であると言いながらも、福音書はイエスを多数の祈禱師のうちのひとりにしてしまっているかに見える。すべての悪霊たちと彼らの世界の破壊、すなわち福音書の作者たちに記述のための言葉、悪霊たちとその追放の言葉を提供する世界それ自体の破壊について記述することによって、ゲラサのテクストは福音書の正しさを確認してくれている。したがって問題になるのは、追放……、すなわち追放というこの世界を構成する仕掛けそのものの追放なのであり、何度も繰り返すことになるが、悪霊たちと悪霊的なものに永遠の終止符を打たなくてはならないのである。

福音書には稀ないくつかの箇所で、イエスは自らも追放と悪魔学の言葉を用いる。そのうちでも中心になる箇所は、敵対する質問者との議論の場面である。それは重要なテクストであり、三つの共観福音書に出ている。以下に見るのは、三人のなかでもっとも表現力に富むマタイの記述である。イエスがある悪霊憑きの男を治癒した。群衆はこれを讃えるが、しかしその場には聖職者の支配階級に属する人びと、マタイでは《パリサイ人》、マルコのテクストでは《律法学者》と呼ばれる人びとがいて、彼らは治癒を疑わしいものと見ている。

群衆はみな驚いて言った。「この人は、ダビデの子なのだろうか。」これを聞いたパリサイ人は言った。「この人は、ただ悪霊どものかしらベルゼブルの力で、悪霊どもを追い出しているだけだ。」

イエスは彼らの思いを知ってこう言われた。「どんな国でも、内輪もめして争えば荒れすたれ、どんな町でも家でも、内輪もめして争えば立ち行きません。もしサタンがサタンを追い出していて仲間割れしたのだったら、どうしてその国は立ち行くでしょう。また、もしわたしがベルゼブルによって悪霊どもを追い出しているのなら、あなたがたの子らはだれによって追い出すのですか。だから、あなたがたの子らが、あなたがたをさばく人となるのです。しかし、わたしが神の御霊によって悪霊どもを追い出しているのなら、もう神の国はあなたがたのところに来ているのです。」（マタイ、一二、二三―二八）

このテクストをたった一度で読んですますことはできない。直接的な読み方が、さらに深い、間接的な読み方へとつながってゆくからである。まず直接的な読み方からはじめよう。まず最初の文句は、どんな民族の諺にも出てくる、当然で平凡な原理しか述べてはいないように見える。英語では、*Every kingdom divided against itself…… shall not stand.* という格言になっている。

その次の文句は、一見したところでは、先の原理の応用のように思われる。「もしサタンがサタンを追い出していて仲間割れしたのだったら、どうしてその国は立ち行くでしょう。」イエスはこの問いに答えてはいないが、答えは明白である。もしサタンの国が仲間割れしているのであれば、それは立ち行かないであろう。もしパリサイ人たちが真にサタンに敵対しているのであれば、サタンによってサタンを追放しているとしてイエスを非難すべきではないであろう。たとえ彼らの言っていることが正しいとしても、イエスはサタンの最終的な破滅に貢献しているのである。

だが、次にもうひとつ別の仮定と質問が出てくる。「もしわたしがベルゼブルによって悪霊どもを追い出しているのなら、あなたがたの子らはだれによって追い出すのですか……」 もしわたし自身の行為が悪魔に由来しているのであれば、あなたがたの行為、またあなたがたの仲間や精神上の息子たちの行為は何に由来しているのか。イエスは彼を批判する者たちに非難を投げかえす。すなわち、彼らこそサタンによって悪霊を追放しているのであり、自分が要求しているのは、それとは根本的にことなる追放、神の精霊による追放であると言う。「しかし、わたしが神の御霊によって悪霊どもを追い出しているのなら、もう神の国はあなたがたのところに来ているのです。」

イエスは、どんどん拡大して不毛なものにならざるをえない論争にはまりこんでいるかに見える。競争関係にある祈禱師たちは、それぞれ自分だけがもっとも有効でもっとも正統的な、《良い追放》を実行しているのであって、他はみな悪魔に由来する追放を実行していると主張する。これは各自が他者をまさに追放する、模倣からはじまった競技なのであって、ソポクレスの『オイディプス王』に出てくる、競争しあうふたりの予言者、オイディプスとティレシアスの関係と多少似ている。すなわちいたるところに暴力が充ちあふれており、すべては力の問題に行きつく。このテクストにつづく、まだ引用していなかった箇所で示唆されているのもそのことにほかならない。そこではふたとおりの追放の関係が、滑稽なほど暴力的なかたちで描かれているのだ。

強い人の家にはいって家財を奪い取ろうとするなら、まずその人を縛ってしまわないで、どうしてそのようなことができましょうか。そのようにして初めて、その家を略奪することもできるのです。(マタイ、一二、二九)

冒頭に出てくる強い人とは、ここでは住宅の正当な所有者、あるいは少なくともそれを最初に占拠した者である悪魔のことである。最初の男を縛りあげる、さらに強い男とは神のことである。しかしそうしたものの見方はイエス本来の見方ではない。神は野卑な強盗ではないのだ。イエスは彼を問いただす者たちの言葉づかい、すなわち競争しあう者同士がたがいに相手を追放するために用いる言葉づかいを採用して、そこから暴力と聖なるものの体系を抽き出すのである。神がサタンより強いことはたしかであるが、しかしここで言われているような意味で強いのならば、神はもうひとりのサタンでしかなくなる。

ゲラサの人びとは、イエスが彼らの共同体にやってきて示した離れ業を、まさにそのようなものと受け取っている。彼らの家には強い男がいる。悪霊のレギオンである。家の所有者であるこの男のおかげで、彼らはきびしい生活をしているが、しかし一定の秩序は保たれている。そこへイエスがやって来るが、彼はその強い男を無力にするのであるから、男よりもさらに強いはずである。ゲラサの人びとはイエスに家財のすべてを奪われるのをおそれる。だからこそ、イエスに立ち去るよう断固として要求するのだ。最初の専制的な支配者をさらにいっそう専制的な次の支配者に変えることを、彼らは望んでいないのである。

イエスは自分がいる世界の言葉づかいを採用する。それは多くの場合福音書自体の言葉づかいでもある。福音書の作者たちには自分たちの位置がよくわかっていない。彼らのテクストは省略がひどく多く、おそらくは大きく改変されている。とはいえ、マタイはすべてを文字どおりに受け取るべきではないことをよく心得ている。先ほど読んだ文章には大変な皮肉がふくまれていることを指摘しておかなくてはならない。その皮肉には、直接目につく論争の水準――イエスを問いただした者たちや、今日でも大部分の読者には、おそらくこの水準しか目にはいらないのだが――ではとらえることのできない意味がこめられている。マタイはイエスの言葉を引用する前に、「イエスは彼らの思いを知ってこう言われた……」という、意味深い予告を記しているのだ。

マルコはこれと同じ書き方ではなく、別の、より啓示的な書き方をしている。すなわち、ここでのイエスの言葉はたとえ *parabole* であると読者に注意している（マルコ、三、二三）。これは、たとえによる表現というものを定義するうえでも重要であると思われる。たとえによる表現とは、物語的な要素に依拠した間接的な表現のことであるが、物語的な要素はここでは存在しないのであるから、必ずしもそれに依拠していなければならないわけではない。福音書で用いられるたとえの本質は、迫害表象に閉じこめられて、他のことは何も理解できないでいる人びとのために、イエスが自ら進んで迫害表象のうちに閉じこもる、というところにある。イエスは迫害の体系を手段として利用する。何が人びとを待ちうけているのかを、彼らにわかる唯一の言語で注意するのである。そうすることによって、この体系は終焉に近づいていること、また彼らの言うことには脈絡がなく矛盾していることを同時に明らかにする。これとともに、彼は聴衆の意識のうちにある同じ体系を動揺させ、彼らに第二の、より真実に近い、しかし迫害の暴力とは疎遠なゆえにより理解しがたい意味を、自分の言葉に付与させることを望んでいる。すなわちその意味とは、そうした暴力やまたそれがわれわれ各自におよぼしている閉じこめの効果を明らかにする意味である。

われわれの分析から照らして見れば、第二の意味という考え方が間違ってはいないことは容易に理解できる。このことについてはテクストが、これまでわれわれがテクストから抽き出してきたことにもましてはっきりと語ってくれている。われわれの結論の本質を要約し、私が自分の手でもって明らかにした原理、すなわちあらゆる人間社会の創始のために、自らを追放する暴力――それも暴力によって――の原理をはっきりと定式化しているのである。

まず、すでに述べたとおり、仲間割れした共同体はどれも滅びるという考えは、正しい観察にもとづいてはいるものの、平凡な知恵でもある。イエスは、議論をはじめるために、誰もが同意するであろう命題を出したのである。

第二の文句は、最初のそれの特殊な例としてあらわれる。あらゆる国、あらゆる町、あらゆる家について真であることは、サタンの王国についても真であるはずである。

だが、サタンの王国は、数ある他の王国と同じではない。サタンはあるゆる王国の原理である、と福音書ははっきり述べている。どうしてサタンが王国の原理となりうるのであろうか。暴力による追放およびその帰結としての欺瞞の原理であるがゆえである。サタンの王国とは、パリサイ人が言及した悪魔祓いの儀式やあらゆる儀礼において自らを追放している暴力にほかならない。もっと根源にさかのぼって言うならば、文化を創始し、そうした儀礼の元型となる秘められた行為、すなわち全員一致して自発的になされる身代りの山羊の殺害における暴力である。第二の文句は、サタンの王国の複雑かつ完全な定義を示してくれているのだ。そこでは、いつの日かサタンを破滅させるにちがいないのは何であるのかということのみならず、サタンをよみがえらせこれに権力すなわちサタンの王国の構成原理を付与するのが何であるのかということもまた語られている。当然ながら、ここで奇妙なのは、サタンの構成原理と終局的な破壊とが同じものだという点である。無知な者たちはこの点に驚くけれども、しかしわれわれは何ら驚きはしない。模倣による欲望、欲望の競争関係、欲望が惹きおこす内部分裂といった原理は、これまた模倣によって生じる社会的結合の原理、すなわち身代りの山羊の原理と同じものであることが、われわれにはよくわかっているからである。

われわれの眼前で幾度も繰り拡げられたのは、この過程そのものであった。それゆえにこそ、無数の神話の冒頭にも、バプテスマのヨハネの殺害の物語の冒頭にも、敵対する兄弟の争いが出てきていたのだ。兄弟の片方がもう片方を当然のことのように *normalemant* 殺して、人びとに規範 *norme* を示すのである。

第二の文句が最初の文句で提起された原理のたんなる応用であるのではなくして、最初の文句が第二の文句の提起する原理の応用例を述べているのである。順序を逆にして考えなくてはならない。テクストを最後の部分からもう一度読みかえさなくてはならない。そうすれば、なぜ最初の文句が人びとの記憶に残るのかも理解できる。まずはじめに指摘できた平凡な知恵以上のものを示唆する何か異常な要素がここにはあるのだ。本書で引用しているエルサレム版の仏訳聖書では、ギリシア語原文に二度出てくる「すべての」という重要な形容詞が繰り返されていないために、この平凡な知恵以上のものがどのようなものであるか、うまく伝わってこない。「内輪もめしたすべての王国は荒れすたれ、内輪もめしたすべての家は……」とでも訳すべきところなのである。「すべての」という語を反復すれば、ここで言及された共同体の形式はどれも対称をなしているという印象が強くなる。このテクストでは、王国、町、家といった、もっとも大規模なものからもっとも小規模なものまで、あらゆる人間の社会が列挙されている。そうした社会をどれひとつとして言い落とさないよう特別の配慮がなされているのだが、最初われわれはその理由がつかめない。また「すべての」を反復することで意図が強調されるのだが、直接的な意味の水準においては、反復の意義は理解しえない。とはいえ、それは偶然に生じた何ものかでも、あるいは意味と無関係の文体上の効果でもない。そこには第二の意義がこめられており、われわれは必ずその意義を把握しうるのである。

このテクストにおいて執拗に示唆されているのは、すべての王国、すべての町、すべての家が現に内部分裂しているということである。言いかえれば、あらゆる人間の共同体は、第二の文句で提起された建設的であると同時に破壊的でもある原理に、例外なく従っている。すべてサタンの王国の実例なのであり、サタンの王国、すなわち暴力の王国が、社会学者の言う経験的な意味での社会の何らかの一例となるのではないのだ。

最初のふたつの文句は、したがって、外見以上に豊かな意味をふくんでいる。社会学全体、基礎となる人類学の全体の要約がここにはある。だがそれで終りではないのだ。この輝きはじめた光に照らして見れば、第三の、そしてとりわけ、一見したところもっとも謎めいている第四の文句の意味もまた明瞭になってくる。すなわち「また、もしわたしがベルゼブルによって悪霊どもを追い出しているのなら、あなたがたの子らはだれによって追い出すのですか。だから、あなたがたの子らが、あなたがたをさばく人となるのです」という箇所である。

仏訳で「仲間」とされているところは、ギリシア語原文では「子ら」となっている。なぜ、精神上の息子たち、つまり弟子、模倣者が、自分たちの師であり手本である者を裁く者となるのであろうか。裁く者の原語は kritai であり、これは危機や分裂といった観念を想起させる。模倣が激化するにつれて、あらゆる《サタン的》な共同体において、内部の分裂が拡がってゆく。合法的な暴力と非合法の暴力との差異は縮まり、人びとはたがいに追放しあうようになる。息子たちは父親たちの暴力をさらに激しいかたちで再生産し、ますます嘆かわしい結果を万人にもたらすばかりである。彼らは結局父親を手本にしたのが害毒のもとであることに思いいたり、自分たち自身の父親を呪詛する。今日のわれわれもそうだが、息子たちは自分たちに先行するものすべてについて、裁く者という語がふくんでいるのと同じような否定的な判断をくだすのである。

神の暴力なるものが存在し、それがあらゆる暴力のうちで最強である、という思想が、このテクストから出てくるかに見える。ゲラサの奇跡の物語の場合と同じく、こうした思想が存在することははっきりしているが、しかしある一線を越えると、解釈は逆転し、神による追放などは存在しない、というよりはむしろ、それはただ迫害表象にたいしてのみ、たがいに非難しあう精神にたいして、言いかえればサタン自身にたいしてのみ存在しているのだ、ということにわれわれは気づく。追放の力はつねにサタン自身より発しており、神はそれに何のかかわりもない。神の手をかりずとも、その力だけで《サタンの王国》を終焉させるには充分すぎるほどなのだ。全滅するまでたがいに追放しあうのは、模倣衝動によって分裂した人間たち、サタンに《とり憑かれた人びと》である。

だが、内部分裂（模倣に由来する競争関係）と追放の追放（身代りの山羊の仕組み）とが、人間の社会にとって解体の原理であるのみならず、構成の原理でもあるのならば、どうしてイエスは、ただ破壊のみを予告する、きわめて黙示録的な文句のどの文末においても、この第二の側面を考慮していないのであろうか。私はこのテクストのなかに無秩序とともに秩序をも産み出す模倣による暴力の逆説を見出したのだが、それは誤っていたのではあるまいか。このテクストもまた、はなはだしく論争的で、無意識のうちに模倣にとらわれ、卑しい二面性をもっているのではあるまいか。直接的な読み方、怠惰で悪意を抱いた者ならばすぐに飛びついてそれ以上には求めないような読み方をすると、そんなふうに思えてくる。

サタンはいつまでもサタンを追放しつづけ、将来のある確実な時点で追放を止めてしまわねばならぬという理由はないようである。他方イエスは、あたかも悪魔の原理にふくまれていた秩序形成の力が尽きてしまい、以後あらゆる社会秩序は本来の無秩序に屈服せざるをえないかのように語る。秩序の原理はこのテクストの最初のふたつの文句のなかにたしかに、あらわれてはいるが、しかしただ文体上の効果をとおして暗示されているにすぎない。あたかも、秩序の原理が多少ともすでに過去のものになり、時とともに破壊されるべく宿命づけられていて、この破壊がここでの問題をめぐる唯一のはっきりとしたメッセージつまり大多数の読者に理解しうる唯一のメッセージであるかのようである。

秩序を意味するものはたしかに存在しているが、しかしその存在がまさしく遺跡のように取り扱われるのは、その存在のゆえにほかならない。なぜであるのか。福音書のあらゆる箇所――主として受難の物語であるが、同時にまたこれまで読んできたすべてのテクスト、そして現在取りあげているテクスト――において解明される文化の暴力的な秩序は、解明されたのちは生きのびることができないからである。

文化を創始する仕組み、身代りの山羊の仕組み――暴力による暴力の追放――は、その存在が明らかにされることでもはや通用しなくなる。何の意味もなくなるのだ。福音書が関心をいだくのは、この解明によって、またサタンの仕組みの終焉によって人類に開かれる将来にたいしてである。もはや身代りの山羊が人間を救済しえず、迫害表象が崩壊し、牢獄にあった真理が輝きだすとしても、それは悪い知らせではなく良い知らせである。暴力の神は存在しない。真の神は暴力とは何のかかわりもなく、遠くより媒介をとおしてではなくして直接にわれわれに呼びかけるのである。神がわれわれに送ってよこした息子と神とは同じひとつの存在にほかならない。神の王国の時が告げられたのである。

「わたしが神の御霊によって悪霊どもを追い出しているのなら、もう神の国はあなたがたのところに来ているのです。」神の王国は、サタンの王国やまた内部分裂と追放というサタンの原理のうえに築かれたこの世の諸王国に通じるところが何もない。神はいかなる追放も行わないのだ。

質問する者たちに理解できるのがただ追放と暴力という語だけであるので、イエスもまた自分の行為をめぐって議論するにあたり、そうした語を用いることを承知するのである。だが、その議論の目的は、そうした語とは比べようもない出来事を示唆するというところにある。「わたしが神の御霊によって悪霊どもを追い出しているのなら」、悪霊も追放もやがて問題にはならなくなるであろう。というのも、暴力と追放の王国はただちに、今すぐにでも滅ぶからである。「神の国はあなたがたのところに来ているのです。」聴衆たちは直接呼びかけられている。神の王国は雷鳴のようにやって来る。愚かな娘たちと賢い娘たちとが待っている花婿（マタイ、二五、一）のように、それはずいぶんと遅れたが突然到着する。

神の王国は、今イエスの話を聞いている人びとのところにはやって来たが、しかしイエスが何も言わずに別れたゲラサの人びとのところにはまだやって来ていない。なぜならゲラサの人びとは同じ地点に立っていないからだ。時が充ちれば、言いかえるともはや暴力で暴力を追放することができなくなり、内部分裂が危機的な点つまり身代りの犠牲の地点にまで達したときに、イエスは介入する。この身代りの犠牲の地点とは、ここまで来るともう後もどりのできない地点である。というのも、かりに犠牲者が以前の秩序をしばらくのあいだ回復させるとしても、彼は世界から秩序を追放したりはせずに、逆に秩序の手で追放されることによって、またその追放の謎、サタンが漏らすべきではなかった秘密を明らかにすることによって、実は以前の秩序を永久に破壊するからである。なぜサタンは秘密を漏らしてはならなかったのか。それは、この秘密こそが現実の次元でのサタンの権力、すなわち暴力の秩序形成力の基礎になっているからである。

この秘密の解明の歴史的な側面にたえず注意を向けているマタイは、ゲラサの物語のなかで、憑かれた男ふたりに次のように言わせていた。マタイの福音書にしか登場しないこの言葉は、法に従っている世界と従っていない諸世界とが時間のうえでへだたっていることを示唆している。すなわち、「神の子よ。い

ったい私たちに何をしようというのです。まだその時ではないのに、もう私たちを苦しめるのですか。」（マタイ、八、二九）
彼らのこの嘆きは、目下の分析の文脈において深い意義をもっている。すでに述べたことだが、ゲラサの群衆は、イエスがいつも説教をする対象である、指導者のいない群衆にくらべると、群衆の様を呈していない。そこでの共同体はより《構造化》した状態にある。それは共同体が異教を崇拝しているがゆえである。とは言っても、もちろんながら、ユダヤ教を貶めて異教を賞揚しようというのではない。この共同体の進化はまだ、ユダヤ人の社会ほどの危機の地点にまでは達していないと言いたいのである。
最終の解明を決定する最終の危機は、特殊なものでありながら特殊なものではない。この危機は原理においては、暴力による暴力の《サタン的な》追放のうえに築かれるあらゆる犠牲の体系の消耗にほかならない。聖書が、ついで福音書が行う解明のおかげで、この危機は良きにつけ悪しきにつけ取りかえしのつかないものとなる。模倣にはじまった無秩序の頂点において犠牲の仕組みが機能し、解体した秩序にとってかわりうる新たな秩序を儀礼的な追放によって産出する、といったことが、迫害表象に風穴をあける解明のおかげで、ついには実現しなくなるのである。
おそかれ早かれ、福音書の酵母は、それが滲透する社会およびすべての類似の社会の崩壊を惹きおこすはずである。一見したところこの酵母にのみ依存していると思われる社会、すなわちキリスト教社会すら崩壊するであろう。キリスト教社会はたしかに福音書の思想に依存してはいるものの、しかしその依存の仕方は曖昧であり、しかも部分的な誤解の信仰のうえに成立しているからである。部分的な誤解というのは、福音書とあらゆる神話的な宗教文献とのあいだにまちがって類似性を認めてしまうことに端を発した誤解のことであり、これは必然的に供犠に帰結する傾向をもっている。「家いえはつぎつぎに崩壊する」

とマルコは言うが、この崩壊は神ないしイエスが行うより強力な追放ではなくして、逆にあらゆる追放の終焉なのだ。それゆえ、神の国の到来は、破壊しか欲しない者には破壊を意味し、和解を求める者には和解となる。

内部分裂すれば立ちゆかないという王国の論理はいつも無条件に真実ではあったけれども、しかし現実の歴史においては一度も真実でなかった。身代りの犠牲の隠れた仕組みが作動することによって、供犠のつくり出す差異や暴力による暴力の追放がふたたび活力を取りもどし、崩壊の期日はたえず先に延ばされてきたからである。ところがここで崩壊の期日が現実の歴史においてやってくる。まずイエスの説教を最初に聴いたユダヤ人たちの前に、ついで異教徒たちの前に、そして公式上はイエスの名をもち出しながら、イエスにたいしていつも多少福音書のゲラサの人びとのように振舞ってきた、近代世界のゲラサの人びとの前に登場するのである。彼らは自分たちの共同体には取りかえしのつかないことがけっして到来しないのを見て喜び、福音書にたいしてそれが架空の破局を好む傾向の強いことを認めさせた、と考えているのである。

ゲラサの悪霊の挿話を一度読むと、われわれはすべてがふたとおりの追放の論理にもとづいているという印象を受ける。第一の追放は決定的な結末にはいたらない。出てくるのは、市の盗人どものように裏では通じあっている悪霊とゲラサの人びとのあいだのつまらぬ駆引きといった程度の結末である。第二の追放はイエスが示す追放であって、彼によると、それは住居もいっさいの住人も吹き飛ばしてしまう、真の清掃ということになる。

このふたとおりの追放――ひとつは追放のおかげで安定する社会体系の内部での追放、もうひとつはその体系を破壊する外部での追放――は、われわれが先に読んだばかりのテクストにもはっきりと姿をあらわしている。「もしわたしがベルゼブルによって……。」テクストをいっそう深く理解すれば、神の力が破壊的ではないことがわかる。神の力は誰をも追放しはしないのだ。人間たちに贈られるこうした真実こそ、自動調整能力を奪い去ることによって、破壊的な模倣衝動というサタンの力を荒れ狂わせるのである。サタンの存在は根本的に曖昧であるので、そのため神の行為も表面上は、とはいっても説明可能なかたちでではあるが、曖昧なものになる。イエスは根本的には平和をもたらすがゆえに、分裂したサタンの世界にとっては戦いをもたらす。人間たちはわかっていないか、さもなくばわかっていないふりをしている。ここで取りあげたテクストはうまく作られており、わかっている読者とわかっていない読者のいずれにも合うようになっている。どれもみな内部分裂している人間の集団やサタンを追放するサタンをめぐる文章は、サタンの模倣衝動の自動調整能力について語っているとともに、その能力の喪失についても語っているのである。このテクストは、秩序の原理と無秩序の原理とが同一のものであると、はっきり述べてはいないけれども、二重の意味をもつ文章のなかでそのことを実現させている。この文章には尽きることのない魅力がある。そこではひとつの真理、それが現実におけるのとまったく同様にテクストのなかにおいても機能するためには、あまり注意を惹きつけぬほうがよい真理が、薄明の光のなかで呈示されているからである。この真理を認識しない者は、サタンの世界にあって、最初の読み方の水準にとどまり、サタンの暴力と競合する神の暴力が存在すると信じ、したがって迫害表象にとらわれたままにとどまる。他方この真理を認識する者には、真理が解明されるのであるから、それゆえサタンの王国は滅亡に向かっているのだということがわかり、したがって彼は迫害表象からも免れるのである。

神の王国とはどのようなものであり、またどうしてそれが人間にとって無条件の恵みとはならないのかは、右のようにして理解できる。それは永遠に緑をなす牧場に牛の群れを定着させるようなこととは、まったくことなる。むしろそのために人間はその歴史におけるもっとも苛酷な仕事に立ち向かわねばならないのだ。われわれ現代人と比べれば、ゲラサの人びとにはどこか正直で共感をさそうところがある。彼らはまだ消費社会の居丈高な消費者のように振舞ってはいない。身代りの山羊や悪霊なしで生活するのは困難であることを、彼らは認めているのだ。

これまで読んできたどのテクストにおいても、悪魔学的なものの考え方が残存してはいるが、しかしそれはひとりでに覆る。その潰滅を完成させるには、イエス自身がその理論をつくり、われわれがいたるところでその驚異的な切開力を確認した躓きの石の効力の範囲を少し拡大するだけでよい。本書で註釈を加えたテクストは、共観福音書のうちに見出されるもののいっさいを代表している、と思われる。

要するに、悪霊の潰滅を完成させるには、イエス自身の勧める方向、すなわち躓きとこの語にまつわるいっさいのものの方向、さらに言いかえれば、模倣衝動とその追放という問題の設定を行う方向でテクストを読めばよいのである。

イエス自身が発したあらゆる悪魔学的な表現のなかでももっとも雄壮な表現を文字どおりには受け取るなと、マルコやマタイが警告しているのも理由のないわけではないことがわかる。たとえを用いたために生じたあるテクストの歪みとは、結局のところそのテクストを神話的で暴力的な表象、つまり集団による身代りの山羊の殺害に由来する表象にたいする一種の譲歩に変えたものにほかならない。このことを確認するには辞書を参照するだけでよい。

手許のギリシア語辞典で *paraballo* という語を引いていただきたい。この動詞が何を意味しているかは、最初に出ている意味からはっきりとわかる。この語はまさに集団による殺人の問題へとわれわれを連れ戻すのだ。パラボロとは、暴力に飢えた群衆をなだめるために、何かを——望むらくは犠牲者や死刑囚を——餌として彼らに投げ与えることを意味する。明らかに、ひとはそんなふうにして危険な状況を切りぬけるのである。演説者がたとえすなわち暗喩を用いて話をするのは、群衆が態度を変え自分に向かって殺到してくるのを防ぐためである。極端な言い方をすれば、たとえを用いない演説というのはない。他のいかなる文化的制度と同様に、人間の言語全体が、実は集団による殺人に端を発しているにちがいないからである。きわめて衝撃的なたとえを聞いたあとで、群衆はしばしば暴力に訴えるそぶりを見せるが、イエスはその場より逃げ去る。彼の時はまだ来ていないからだ。

イエスがたとえを用いて語ると読者に予告すること、これは読者にも考慮できるよう、迫害による歪みを知らせることにひとしい。その予告は、ここでは、必然的に読者を追放の言葉づかいにたいして用心させることになる。それ以外に考えうる方策はない。追放ということがらがある次元ではたとえにかかわっているということがわからなければ、暴力の存在には気づかぬままであり、したがって、避けるべきだが、しかしほとんど避けられないものとして、イエス自身がわれわれに予告している読み方をしてしまうのである。すなわち、「弟子たちが近寄って来て、イエスに言った。『なぜ、彼らにたとえでお話しになったのですか。』イエスは答えて言われた。『あなたがたには、天の御国の奥義を知ることが許されているが、彼らには許されていません。(……)わたしが彼らにたとえで話すのは、彼らは見てはいるが見ず、聞いてはいるが聞かず、また、悟ることもしないからです。』」(マタイ、一三、一〇—一三)

この点では、マルコはマタイよりもさらに密接に、たとえを福音書が戦っている相手の表象の体系と結びつけている。この体系のうちに生きる者には、すべてがたとえのかたちをとって伝わる。したがって、たとえはわれわれをこの体系から脱け出させてくれるどころか、われわれを囲む牢獄の障壁を堅固なものにしているのだ。このことこそ以下の数行の引用が意味しているところである。これをもってたとえが聴衆の改心を目的とはしていないと結論するのは正しくなかろう。ここでもまたイエスは弟子たちに向かって言う。「あなたがたには、神の国の奥義が知らされているが、ほかの人たちには、すべてがたとえで言われるのです。それは、『彼らは確かに見るには見るがわからず、聞くには聞くが悟らず、悔い改めて赦されることのないため』です。」（マルコ、四、一〇－一二。傍点部分については、イザヤ書、六、九－一〇）

*
**

一般に《古拙》と形容され、悪霊信仰が随所に見あたるように思える福音書のいくつものテクストにおいてすら、悪霊信仰はたえず廃棄されようとしている。先ほど読んだばかりの追放をめぐる対話の場合がそうであり、ゲラサの奇跡の場合もまたそうである。この廃棄は追放される追放と追い立てられる悪霊という矛盾した言葉づかいをとおして表現されるために、われわれはこれを見逃してしまうのだ。悪霊は、いわば彼と《同体》である無、彼自身の存在の無のなかへと投げかえされる。

まさにそうしたことこそが、「わたしはサタンが稲妻のように倒れるのを見た」というような、イエスの発する表現の意味である。福音書にはただひとつの超越した存在しかない。すなわち、暴力と聖なるものとの虚無を明らかにすることによって、それらのいかなる出現にも打ち勝つ神の愛という超越存在である。福音書を検討してみると、イエスは悪霊憑きの言葉よりも躓きの言葉のほうを好んで用いていることがわかるが、弟子たちや福音書の作者たちにおいては逆である。したがって、イエスのものだとされる言葉と物語の部分とりわけ奇跡の物語とのあいだに、何らかのずれのあることが確認されるとしても、驚くべきではない。イエスの言葉はどの場合にもひとをはっとさせる力をもっているが、しかしどの場合にも首尾一貫した順序で呈示されているわけではなく、また物語の部分は文学として見れば前者よりもよく整理されているが、イエスの言葉の直接の引用から抽き出しうる思想にくらべるとわずかながら後退したところがある。弟子たちが福音書で描かれているとおりの、注意深くて善意に充ちてはいるが、彼らの師の言行をいつも充分に理解できるとはかぎらない者たちであったとすれば、両者の言葉のあいだのずれは非常によく説明できる。これはすでに、ペテロの否認の物語をとおして想定しえたことであった。イエスの言葉の転記よりも物語の部分の作成のほうに、より直接に弟子の手が加わっている、と考えてよい。

躓きの言葉を自在に操るのは、ただイエスのみである。言いかえると、福音書のうちの深い意味をふくむ箇所からは、同一の対象をめぐって二種類の言語が用いられていること、また、イエスが悪霊のロゴスを模倣による躓きの言語に翻訳しようとしていることが明らかになる。すでに引用したペテロにたいする有名な叱責の文句で実現されるのもそのことである。「下がれ。サタン。あなたはわたしの躓きである〔わたしの邪魔をするものだ〕。あなたは神のことを思わないで、人のことを思っている」。このときイエスは、魔女を狩り立てる者たちが用いていたような意味で、ペテロをサタン自身にとり憑かれた男と見ていたのであろうか。何らそのようではないことの証拠は、「あなたは神のことを思わないで、人のことを思っている」という、ペテロの態度を何か典型的に人間らしいものにしている文句である。

人間は長いあいだにわたって、おそらくは健全な、しかし盲目的な恐怖を、地獄の力にたいして抱いてきた。躓きの言語はこの恐怖にかえて、人間が模倣の円環の罠に陥る理由の分析を呈示するのである。ペテロは自身の世俗的な欲望の伝染にイエスをさらし、その心をまどわせることにより、神から授けられた使命を世俗的な企てに変えてしまう。そうした企ては、競争相手の側にも野心を惹きおこさないわけにはいかず、あるいはペテロの企てをはじめとして、企てそれ自体が相手の野心から生じたと言ってもよいのだが、必然的にこの野心と衝突する。すなわち、ここでペテロは、たしかにサタンの手先、*suppositus* つまり模倣によってはじまった欲望の手本＝障碍という役割を演じているのである。

福音書のなかで悪霊について語られていることと、イエスが定式化したような、またいくつかのすぐれた文学作品において解明されているような模倣関係をめぐる真理、あるいは現代風に言えば模倣関係の理論的な分析とは、厳密に対応しあっていることがわかる。悪霊の信仰を反映している大部分のテクストについては、同じような対応関係を指摘することができないのだが、今日の大多数の註釈家たちは、この点を詳細に検討しようとしない。彼らにとっては、悪霊信仰を題材にしたテクストはどれも同じ迷信に汚染されているように思われ、したがって彼らはそうしたテクストを一貫して拒絶する。テクストの内容が真に検討されることはないのだ。

実を言うと、福音書は、まだ呪術的な思考を片すみにとどめているすべてのテクストにたいしてのみ優位に立っているというわけではない。今日の心理学者や精神分析家、民族学者、社会学者、その他人文諸科学の専門家たちが提案しているような、人間関係についての近代的な解釈にたいしても、同じく優位に立っているのである。福音書は模倣という問題の理解においてのみならず、ゲラサの物語の場合のようなテクストが呈示する悪魔学と模倣衝動とを結びつけて考察した点においてもまたすぐれている。すでに見てきたとおり、悪魔学的な思想は、われわれには近づきがたいほどの力強さでもって、ある種の個人的また社会的な態度の統一性と多様性とを支えている。であるからこそ、シェイクスピア、ドストエフスキー、あるいは今日ならベルナノスなど、もっとも偉大な作家のうちに数えられる人びとは、同時代の、また現代の似非科学的な知識の無力な平板さから逃れるために、悪霊の言葉を用いて書かなければならなかったのである。

悪霊の存在を肯定すること、これは何よりもまず、欲望と憎悪、羨望と嫉妬というある種の力が人間のあいだで作用しているのを認識することである。この力の作用は、これまで幾人かの人びとが努力して、超自然の存在にたよることなくその同じ人間の行動を説明するために考えついたどんなことがらにもまして、さらに狡猾で悪賢い効果をおよぼし、さらに逆説的で突然の逆転と変身を行い、さらに複雑な結果をもたらし、さらに単純な原理、お望みならば単純すぎると言ってもよい原理——悪霊はきわめて頭がよいと同時にきわめて馬鹿でもある——にもとづいている。悪霊の本性が模倣にあることははっきりしている。なぜなら、悪霊は何よりも神の猿であるからだ。入神状態、儀礼における憑依現象、ヒステリーの発作、それに催眠状態は、いずれも《悪霊的》な性格をもつ点で一致しているというのが伝統的な考え方であるが、この考え方を認めるならば、そうした現象はすべて現実に存在する同じひとつのことがらとしてまとめることができ、しかも真に精神医学を進展させるには、その共通の基盤を発見する必要があるということになる。ジャン゠ミシェル・ウグルリアンが発見しつつあるのは、まさにそうした基盤、すなわち葛藤的な模倣衝動と呼ぶべきものである。

だが悪霊という主題がすぐれているのは、いかなる水準の人間関係にも発生する分裂の力——すなわちギリシア語で憎悪と羨望を吹きこむ者を意味する *diabolos*——《諸々の邪悪な効果》、まったくの無秩序のもつ生成の力と、社会的なもののもつ結合の力、秩序形成の力とが、この主題においては、他に比類ないほどうまくひとつにまとめあげられているからである。社会学、人類学、精神分析、文化の理論全体があらためてなすべく余儀なくされ、しかもけっして成功しえないことがらが、この主題をとおして容易に実現するのだ。社会の超越性と個人的関係の内在性とを区別すると同時に結合しうる原理、つまり今日のフランスの精神分析学において《象徴界》と《想像界》と呼ばれるふたつのものの関係を統御しうる原理が福音書のなかにはある。

一方では人間関係において葛藤を誘うすべての傾向すなわち共同体内部の遠心力の全体、また他方では人間をひとつにまとめる求心力すなわちこの同じ共同体の不思議な絆は、悪霊的なものによっても正当に認識できる。だが、そうした悪魔学の知識を真の認識に変えるには、福音書の指し示す道をたどり、まさに福音書が開始した知の翻訳を完成させる必要がある。そうすれば、まったく同じ力が模倣にはじまった競争関係のなかで人間を引き裂くとともに、身代りの山羊を用いる全員一致の模倣のなかで人間をひとつにまとめあげているのだということがわかってくる。

明らかに、サタンのことを「初めからの人殺し」、「偽り者であり、また偽りの父」とするヨハネは、そのことについて語っているのである（ヨハネ、八、四四）。受難は犠牲者の無実を立証することによって、まさにこのサタンの欺瞞が誰からも信用されなくなるようにしているのだ。サタンがちょうど受難と同じ瞬間に敗北するように設定されているとすれば、それはこの事件についての真実を語る物語が、永遠の欺瞞より逃れて、犠牲者のこうむる中傷を認識するのに必要なものを人間に提供しているがゆえである。犠牲者は有罪であったという嘘をうまく信用させることがサタンにできるのは、彼が周知の模倣による欲望を巧みに操れるからである。ヘブライ語でサタンとは、告発者のことを意味する。この語においては、あらゆる意味、あらゆる象徴がそれぞれ厳密に絡みあって、ひと続きでまったく理にかなった建築物をなしているかのようだ。こんなことがたんなる偶然によるものだなどと信じられるであろうか。比較研究やたがいに接合しあった構造の好きな一群の研究者が、どうしてこの完璧さに気づかずにいられるであろうか。

模倣を原因とする危機が深刻になればなるほど、欲望とその葛藤は物質をはなれたものになり、対象を失い、そして《倒錯した》方向に進展してゆく。その結果、きわめて観念的な模倣にたいする信仰が強まり、また人間関係はますます強迫的なものになるにもかかわらず、これを相対的に自律性をもった実体と見なす傾向も必ずや強まる。悪魔学がそうした自律性に完全に欺かれているわけではない証拠は、悪霊が存続するには生命ある存在にとり憑くことが絶対に必要であると、悪魔学自体が述べている点にある。悪霊はこの憑依なしで存在できるほどに充分な実体ではないのだ。だが、模倣による欲望の煽動にたいする人間の抵抗が弱ければ、悪霊はそのぶんいっそう力強く存在できる。そうした煽動のいくつかの主要な様態が、荒野の誘惑という大場面で列挙されている。そのうちでももっとも深い意味をもつのは最後の誘惑であり、そこでは神のかわりに崇拝の対象、すなわち必ず妨げられるにちがいない模倣の手本になりたがるサタンの姿が描かれている。この模倣されるサタンは模倣による躓きの石であるということの証拠になるのが、イエスのサタンにたいする返答、ペテロがサタンのように扱われるさいに受けるのとほとんど同一の返答である。どちらの場合でも出てくるのは、退け、という同じギリシア語の動詞 *upage* であって、これはひとを躓かせる障碍物を示唆している。サタンを崇拝することは、世界の支配を熱望すること、したがって他者とともに、相互の崇拝と相互の憎悪の関係に突入することである。そのような関係は、人間が暴力と聖なるものとに幻想を抱きつづけるかぎり、それらの産み出す偽りの神々への信仰に行きつくしかなく、だが最後にそうした幻想がもはや保ちえなくなる日が来れば、完全に破壊されるにいたるのである。

……悪魔は、イエスを非常に高い山に連れて行き、この世のすべての国々とその栄華を見せて、言った。「もしひれ伏して私を拝むなら、これを全部あなたに差し上げましょう。」イエスは言われた。「引き下がれ、サタン。『あなたの神である主を拝み、主にだけ仕えよ』と書いてある。」（マタイ、四、八―一〇）

第15章　歴史とパラクレイトス

これまで検討してきた福音書の箇所はどれも、集団的迫害の現象の信用失墜および断罪ということに帰着する。しかもその信用の失墜と断罪とは、われわれが自分たちの歴史のなかでおきた迫害現象にたいして行ってきたのと同じものなのだ。福音書にはきわめて多様な状況にあてはまりうるテクストがそっくり揃っている。要するに、人間が自らの迫害表象を批判するために、また人間を迫害表象のうちに閉じこめたままにしている模倣と暴力の仕組みに抵抗するために必要なものすべてが揃っているのである。

そうした問題にたいする福音書の具体的な作用がはじめてはっきりとしてくるのは、キリスト教世界で殉教者と呼ばれる者たちのこうむった暴力の場合をめぐってである。われわれは彼らを迫害された無実の人びとだと考える。そのような真実こそ、歴史をとおしてわれわれに伝達されたものであった。迫害者の観点は世界を支配できない。これが根本的に確認しうることである。神話的な意味での聖なるものが存在するためには、迫害がなされしかもそのうえに犠牲者の讃美がなされる必要がある。迫害者の想像した犯罪が真実であると信じられる必要がある。

殉教者の場合でも必ず告発がなされる。きわめて常軌を逸した噂がかけめぐり、すぐれた作家たちでさえそれを信じる。告発の対象になるのは、神話の英雄や民衆の暴力にはすでにおなじみの犯罪である。キリスト教徒は、幼児殺しやその他の犯罪を自分の家族にたいしてなしたとして告発される。また彼らは緊密な共同生活を送っているので、近親姦の禁忌を破っているのではないかと疑われる。そうした侵犯行為がローマ皇帝を崇拝することの拒否と結びつき、群衆の眼には、また権力の側から見ても社会的に重要なことがらとなってくる。もしローマが火事になれば、それはおそらくキリスト教徒が火をつけたのだ……といった具合である。

そうした犯罪のすべてが最終的に神の礼讃と合体すれば、ほんとうに神話が生まれるであろう。そうすればキリスト教の聖人は神話の英雄と同じになるであろう。幸いをもたらす超自然の存在であると同時に、自分にたいするいっさいの無視、いっさいの無関心を罰するために、何らかの禍いをこの世へ送ることのできる全能の秩序破壊者ともなっているであろう。神話における聖なるものの本質を特徴づけているのは、その幸いをも禍いをももたらすという性格である。われわれは神話における聖なるものが二重の超越的存在であり、逆説的なものの結合であるという印象を抱くが、それはわれわれが事態をキリスト教の視点から把握しているからである。われわれはこのキリスト教の視点を規範と見なしているが、実は例外的な視点なのである。

殉教者の無実はけっして疑われることがない。「彼らは理由なしにわたしを憎んだ。」受難が獲得したものは具体的な真理に姿を変える。復讐の精神の持主は時代おくれの激しい戦いをつづけるが、殉教者は自分の死刑執行人のために祈るのである。「父よ。彼らをお赦しください。彼らは、何をしているのか自分でわからないのです」と。

もっとも、人間は無実の犠牲者の名誉を回復するのに、キリスト教を待っていたわけではない。それ以前のソクラテス、アンティゴーネ、その他の名前がいつも出てくるが、これはもっともなことである。そこにはキリスト教の殉教者観に類似した思想がある。しかしそれは偶然に生じたものであって、社会全体にはいかなる影響もおよぼさない。殉教者の特異な性質は、犠牲者の聖化が、その成立にもっとも好都合な条件——すなわち群衆の興奮、迫害へと向かう宗教的情熱——のもとにありながら失敗してしまう点にある。その証拠に迫害の常套形式はすべてここに揃っている。多数派から見れば、キリスト教徒は物騒な少数派をなしている。犠牲者として選択されるしるしをふんだんにもっている。彼らはとりわけ下層階級に所属している。女性と奴隷が数多くいる。しかし、迫害者の観点による表象の歪みはまったく生じない。迫害表象はそのままの姿であらわれる。

列聖は聖化ではない。もっとも殉教者の讃美や、後になるが中世の聖人の伝記には、原始的な聖なるものの残存が見られる。そのいくつかについては、聖セバスティアヌスをめぐってすでに述べたとおりである。殉教者が発する魅惑においては、暴力と聖なるものとの仕掛けがある役割を果たしている。以前に流された血の効き目は、ときどき新たな血を流すことで活性化させなければ衰えてゆく、と言われている。キリスト教の殉教者の場合まったくそのとおりであり、しかもそれが殉教という現象の影響力や伝播力の重要な要素であることは疑いえないが、しかし問題の本質はそれとは別のところにある。

それ以後大部分の観察者は、キリスト教徒でさえ、供犠につながる痕跡を強調することしかしない。キリスト教のもっぱら供犠に関連した神学の側面と、これまた供犠に根をもつその社会的な効力とをつなぐ蝶番を発見したと思いこむのだ。観察者たちがそこで手にしているのは、何か現実的ではあるがしかし二義的なものであり、それを手にしたためにキリスト教に特有の展開過程が見えなくなってしまうということであってはならない。その展開過程は、供犠とは逆の方向、言いかえれば供犠の秘密を解明する方向に進んでいるからである。

対立するふたつの作用が結びつくという事実は逆説的だが、それはただ見かけのうえのことにすぎない。というよりもむしろ、この事実は受難と福音書全体との逆説を再現しているのであって、福音書は神話の生成過程を明るみに出し、それを根柢から覆すために、その過程をよりいっそう正確に再現する必要があり、そのぶんだけよけいに神話の二義的で表面的な結晶化に同意するのである。

福音書をもっぱら供犠とのかかわりで解釈する神学でさえ、最終的には「ヘブル人への手紙」に依拠しなければならず、しかも「ヘブル人への手紙」は、殉教の現象にまつわる供犠的な装飾のみを重要することを絶対に承認しない。「ヘブル人への手紙」は、私の考えでは、受難の真に特異な性格を明らかにするにはいたっていないけれども、明らかにしようと努めており、あらゆる供犠を無効にする、すなわちそれより以後のあらゆる供犠の企てを受け容れられなくする、完全で決定的な供犠としてキリストの死を呈示することによって何らかの重要なことがらをなしとげているのである。そこでの受難の規定をもってしては、私がここでその輪郭を描こうと努めているもの、キリスト教の絶対的な特異性はまだ暗闇のなかに残ったままではあるが、しかしそれでもやはり供犠を反復する原始的な伝統への単純な回帰を禁じてはいる。しかも暴力と聖なるものの仕掛けに限定された範囲で殉教を解読するさいに生じるのは、まさにそうした回帰なのである。

殉教から神話は生成しえなかった。そのおかげで、歴史家たちが迫害表象とこれに対応する暴力を理性の光に照らして把握することが、はじめて大々的に可能となった。神話的で詩的な *mythopoétique* 活動のさなかにある群衆の姿をわれわれは発見するのであるが、それは現代の神話や文学の理論家たちが想像しているほどきれいなものではない。キリスト教に反対する人文主義の人びとにとっては幸運なことだが、ここで問題になっているのがまさに他のどこにあっても神話を生み出す過程であるということは、まだ否定できる。

受難をとおしてその秘密が解明されるがゆえに、身代りの山羊の仕組みは、もはや真の神話を生産するに足る効力を失う。だがそうであるからこそ、それが神話を生み出す仕掛けなのだということが、直接に立証しえなくなるのである。逆にこの仕掛けが効力を保っていたならば、キリスト教などは存在せず、ただもうひとつの神話のみが残り、すべてがそれまでと同じくまさに歪んだ神話的な主題とモティーフの姿をとってあらわれてきているであろう。いずれにしても、最終的な結果は変らないであろう。つまりこの場合にも、神話を産出する仕掛けの存在は認識されないのだ。この仕掛けが作動しているのを見抜く者は、言葉と物とを取りちがえ、迫害を捏造して神話の高貴な想像力の背後に実在しているかのごとくに置いた、として非難されるであろう。

このことは立証しうるし、また立証しえたと考えたい。立証はまったく確実ですらあるが、しかしそのためには、われわれのたどってきた間接的な道に立ち戻る必要がある。

聖人たちの伝記においては、受難がつねに彼らの行為の手本となり、またあれこれの迫害という特定の状況のもとにあってそれとなく言及されるのも、つねにこの受難である。だがそれは、現代の似非欺瞞暴露者たちの想像するような、ただ修辞上の問題や形式的な信仰心からのみなされたものではない。ここから迫害表象の批判がはじまるのだ。この批判ははじめ硬直し、無器用な、また断片的な成果をもたらすにすぎないが、しかしそれでも以前には考えられなかったものであり、そのためには長期間の修練を要するのである。

殉教者の名誉回復は、党派の利害にかかわることがらであり、犠牲者とその弁護者とが信仰を共有しているところに根があるのだ、という反論が出てくるであろう。《キリスト教》はこれに帰依する犠牲者の弁護しかしない。ひとたび勝利すれば、キリスト教もまた圧制的で専制的になり、迫害者の側にまわる。キリスト教は自らのふるう暴力については、かつて自らを迫害した者たちと同様に盲目であることを示す。

そうしたことはすべて真実である。殉教が犠牲という意味内容をふくむのと同じように真実である。だがこの真実は、第一の真実を隠蔽してしまう第二の真実にすぎない。恐るべき革命が目下生起しつつある。人間は、あるいは少なくとも幾人かの人間は、もはや自身の信仰とりわけ《キリスト教》を引きあいにして行われる迫害に魅惑されるがままにはならない。迫害が荒れ狂う世界のさなかにあってこそ、迫害にたいする抵抗が噴出するのである。ここで私が考えているのは、言うまでもなく、本書の冒頭で長ながと述べてきた過程、すなわち魔女を狩り立てる者たちの欺瞞の暴露や、ある社会全体におけるきわめて粗野な呪術－迫害的な思考の放棄である。

西欧の歴史をつうじて見れば、迫害表象は弱体化し、崩壊しつつある。とは言っても、必ずしも暴力の生じる頻度や激しさが低減したということではない。迫害者たちが自分たちのものの見方を、周囲の人間に永続して押しつけることができなくなった、という意味である。中世の迫害の欺瞞を暴露するには数世紀を要したが、今日の迫害者たちの信用を失墜させるには数年で充分である。たとえ明日何か全体主義の体制が地球全体を支配したとしても、それに固有の神話、言いかえればその呪術－迫害的な思考を広めさせるにはいたらないであろう。

今日の迫害にたいする抵抗とキリスト教の殉教者の扱いとは同じ過程をたどっているが、前者においては聖なるものの最後の痕跡が一掃され、したがって欺瞞の暴露が徹底的になされる。そこでは犠牲者と迫害の体系の欺瞞を暴露する者とのあいだで、いかなる信仰が共有されていることも要求されてはいないからである。このことは、使用している言語からも明らかである。われわれはいつも同じ言語を用いる。欺瞞を暴露するための言語はそれ以外にないのだ。

古典ラテン語で迫害 *persequi* という語は、不正という意味をふくんではいない。この語は単に、起訴するということを意味している。迫害 *persecutio* という語を近代的な意味に屈折させたのは、キリスト教の護教論者たち、とりわけラクタンティウスとテルトゥリアヌスであった。(三八) 正義ではなく不正に奉仕し、一貫して迫害によって歪められる法的装置という発想には、ローマ的なところが少しもない。同様にまた、ギリシア語の殉教者 *martyr* も証人を意味しており、この語が不正な暴力を受ける英雄的な犠牲者という現代の意味へと発展したのは、キリスト教の影響のもとにおいてであった。

《この犠牲者は身代りの山羊だ》と叫ぶとき、われわれは聖書の表現を援用しているわけだが、しかし、先に述べたように、同じ名称の儀礼に参加する者たちにとっての意味はもはやそこにはない。身代りの山羊という表現にこめられているのは、イザヤ書に出てくる無垢の牝羊、あるいは福音書に出てくる神の仔羊と同じ意味である。受難ははっきりと言及されることがまったくないものの、迫害表象と並置されるのは、どの場合でも受難なのである。迫害のテクストの解読手段となるのは同じモデルであるが、このモデルは以後きわめて見事に消化されてしまうので、われわれは、それをすでに用いることのできるところならどこでも、そのユダヤ・キリスト教の起源にはっきりと言及することなく、機械的に適用しているのだ。

これ以後キリストはあらゆる犠牲者のかわりになる、と福音書が断言するとき、われわれはこれを感傷や信仰心の誇張としか考えないけれども、実は認識論の観点よりすれば、文字どおりの真実なのである。人間は、無実の犠牲者たちをキリストの立場におくことによって、はじめて彼らの存在を確認するすべを学びえたのであった――ライムント・シュヴァーガーはこの点を非常によく理解している。(40) 当然のことながら、福音書の関心は知的遊戯にはない。福音書において必然的になる――ある人びとは、馬鹿げたことにそう要求するのだが——のではなく、可能になるのは、犠牲者にたいする態度の変化なのである。

> 人の子が、その栄光を帯びて、すべての御使いたちを伴って来るとき、人の子はその栄光の位に着きます。
> そして、すべての国々の民が、その御前に集められます。彼は、羊飼いが羊と山羊とを分けるように、彼らをより分け、羊を自分の右に、山羊を左に置きます。
> そうして、王は、その右にいる者たちに言います。「さあ、わたしの父に祝福された人たち。世の初めから、あなたがたのために備えられた御国を継ぎなさい。あなたがたは、わたしが空腹であったとき、わたしに食べる物を与え、わたしが渇いていたとき、わたしに飲ませ、わたしが旅人であったとき、わたしに宿を貸し、わたしが裸のとき、わたしに着る物を与え、わたしが病気をしたとき、わたしを見舞い、わたしが牢にいたとき、わたしをたずねてくれたからです。」
> すると、その正しい人たちは答えて言います。「主よ、いつ、私たちは、あなたが空腹なのを見て、食べる物を差し上げ、渇いておられるのを見て、飲ませてあげましたか。いつ、あなたが旅をしておられるときに、泊まらせてあげ、裸なのを見て、着る物を差し上げましたか。また、いつ、私たちは、あなたのご病気やあなたが牢におられるのを見て、おたずねしましたか。」すると、王は彼らに答えて言います。「まことに、あなたがたに告げます。あなたがたが、これらのわたしの兄弟たち、しかも最も小さい者たちのひとりにしたのは、わたしにしたのです。」
> それから、王はまた、その左にいる者たちに言います。「のろわれた者ども。わたしから離れて、悪魔とその使いたちのために用意された永遠の火にはいれ。おまえたちは、わたしが空腹であったとき、食べる物をくれず、渇いていたときにも飲ませず、わたしが旅人であったときにも泊まらせず、病気のときや牢にいたときにもたずねてくれなかった。」
> そのとき、彼らも答えて言います。「主よ。いつ、私たちは、あなたが空腹であり、渇き、旅をし、裸であり、

病気をし、牢におられるのを見て、お世話をしなかったのでしょうか。」

するとと、王は彼らに答えて言います。「まことに、おまえたちに告げます。おまえたちが、この最も小さい者たちのひとりにしなかったのは、わたしにしなかったのです。」

こうして、この人たちは永遠の刑罰にはいり、正しい人たちは永遠のいのちにはいるのです。（マタイ、二五、三一―四六）

暴力的であるにもかかわらず自分ではそれと気づいていない者たちに向かって語るために、暴力の言語に頼っているという点において、このテクストにはたとえに似た性格があるが、その意味はきわめて明らかである。はっきりとイエスに言及するかどうかは、これ以後重要なことがらではなくなる。犠牲の秘密が解明されたのちに必要となってくるいくつかのこととわれわれとの関係は、ただ犠牲者にたいするわれわれの具体的な態度のみによって決まるのであり、かりにキリスト自身は一度も言及されなくても、この解明は効力をもちうるのである。

福音書のテクストはそれが広く世界中に伝わることについて語っているが、しかしだからと言って、福音書に寄せられるであろう支持の性質とか、あるいはまたこれと並行して、緩慢にながらひとの心の深いところにまで、福音書が滲透してゆくことから生じる実践的な成果とか、そうしたものにかんして福音書が夢のような幻想を抱いている、というわけではない。依然として異教的な性格を残した世界のキリスト教への皮相な支持、つまり《キリスト教化》した中世世界をも、また近代世界における無関心ないし悪意からのキリスト教にたいする拒絶をも、福音書ははっきり予言している。近代世界は、ひそかにではあるが犠牲の仕組みの解明の影響を受けており、したがって、異教的な性格を残すかつてのキリスト教に対抗して、福音書の世界の反キリスト教的なパロディーを仕立てざるをえなくなることがしばしばあるのだ。イエスの死を最終的に決定したのは、《奴を十字架にかけろ》という叫び声ではなく、《バラバを釈放しろ》という叫び声であった（マタイ、二七、二一。マルコ、一五、一一。ルカ、二三、一八）。

これらのテクストの語るところの明白さには反論の余地がないように思われるが、しかしそのことを指摘すれば、文字どおり嵐のような抗議や、ほとんど普遍的とも言える怒号の合奏をまきおこさずにはいられない。なぜ普遍的であるかというと、今日まで残った最後のキリスト教徒までが進んでそのなかに加わるからである。おそらくは、それ以後福音書のテクストはきわめて強い力をもつにいたるので、テクストを援用し、その正当であることを明らかにするという行為自体が、何か論争を挑み迫害を行うような印象を与えるのである。

他方ではまた、依然として多くの人びとが、キリスト教は本質的に迫害を行うものであるとする、昔ながらの近代主義の観点にしがみついている。そうしたものの見方は、外見があまりにもことなっているからこそ、一致していないはずがないと思える二種の材料のうえに立脚しているのである。

コンスタンティヌス帝以後、キリスト教は国家の水準においても勝利し、急速に変化して、初期のキリスト教徒を犠牲者としたのに類似した迫害を擁護するにいたる。後代になされる多くの宗教上、イデオロギー上、また政治上の企てがそうであるが、キリスト教もまた、脆弱な段階では迫害をこうむり、強大になるやいなや迫害を行う側にまわるのである。

キリスト教は他の宗教と同様に、あるいはそれ以上に迫害的であるとする見方は、近代西欧世界が迫害表象を解読する能力を備えているがゆえに、減少するというよりはむしろ強化される。この能力が、歴史上で直接に近代とつながっている世界、つまり皮相にキリスト教化した世界にたいしてのみ用いられているかぎりは、宗教的な迫害すなわち宗教が容認するか、さもなくば宗教が惹きおこす暴力は、西欧世界に特有のものだと見られかねなくなる。

他方でまた、十八－十九世紀になると、ヨーロッパ人は、自己崇拝をさらに進めるために、科学を偶像に仕立てあげた。科学精神の自律性を信奉する彼らは、この精神の創始者であると同時にこの精神の所産でもある。彼らは古来の神話にとってかえて、進歩の神話、言いかえれば、近代が本来かぎりなく優越しているという神話、人類が自己を解放し、また自らの手段でもって少しずつ自己を神に近づけてゆくという神話をもち出すのだ。

科学精神は、人間にとって最初のものではありえない。科学精神の前提となるのは、現代の民族学者たちが見事にも明らかにした、呪術－迫害的思考への古びた好みの放棄である。人類はつねに、自然に由来し、遠くにあって理解しがたい原因よりは、「社会的に意味があり、人間が干渉して変更させることができる」原因、言いかえれば犠牲者のほうを好んできたのであった。

自然の原因のたゆみない探求に人間の目を向けさせるためには、まず人間をその犠牲者から引きはなさなくてはならないが、しかし今後は、迫害者が犠牲者を「理由なしに憎んでいる」のであり、しかもその憎しみのもたらす結果は何ら尊重に値しないということを証明してみせる以外には、人間を犠牲者から引きはなすすべはない。そうした奇跡とも言うべき証明を、ギリシアの場合のように数人の例外的な個人にたいしてではなく、広く人口全体にわたる規模で行うためには、知識、道徳、また宗教にかかわる要因を特別に結合することが必要であるが、福音書はこの結合をなしとげている。

人間は科学を創始したから魔女狩りをやめたのではなく、魔女狩りをやめたから科学を創始したのである。経済における企業精神と同じく、科学精神もまた、福音書のテクストの歴史の深奥部分での作用の副産物である。ところが近代西欧世界の人間は犠牲の仕組みの解明を忘れ去って、その副産物にしか関心を示さない。近代西欧世界においては、この副産物からさらに武器や権力の装置が作り出されて、今日この産出の過程は本来の意に反した結果を呼ぶにいたっている。近代人は自分を解放者だと信じていたが、実は迫害者であることがわかってきたのだ。息子たちは父親たちを呪い、彼らを裁く者となる。現代の研究者によれば、いかなる古典的な形態の合理主義と科学とにも、呪術の残存しているのが見うけられる。われわれの父祖たちは、自分では脱出しえたと想像していたのであろうが、暴力と聖なるものとの円環からいっきょに脱出したわけではなく、神話と儀礼とを作りなおして、その力弱い変異体を生んだのであった。

現代人はそうしたものをすべて批判する。近代西欧世界の高慢を声高に断罪するのだが、そのためいっそうたちの悪いかたちの高慢に陥る。われわれはすぐれた資質を付与されているのに、それをまずい方法で用いており、その責任が自分たちの側にあるとは認めたくないので、すぐれた資質が現に存在していることを否定する。われわれは進歩の神話を放棄するが、その結果は、いっそうたちの悪い永遠回帰の神話に陥ることしかない。現代の衒学者たちの主張にしたがって状況を判断するならば、われわれにはいかなる真理の酵母も作用しておらず、歴史にはいかなる意味もなく、歴史という概念自体からして何の意味もない、ということになる。時代を見分けるしるし(マタイ、一六、二―三およびルカ、一二、五四―五六)が存在しないというのである。われわれが経験したはずの特異な経験は特異なものではなくなる。科学は存在しない、知というものも存在しない、ということになるのだ。

われわれの精神史は、最近ますます悪霊憑きの男が自分を脅かす治癒よりは死のほうを望んで、痙攣し硬直する姿に似てきつつある。あらゆる知の可能性に抗して砦に立てこもるためには――われわれは現にそうしているわけだが――敵と見なせる知が到来するのを強く恐れなくてはならない。これまで明らかにしようとしてきたように、現代世界の多くのことがらは、迫害表象の解読が突然停止してしまったことによって決定されている。数世紀にわたって、われわれが解読しえた迫害表象もあれば、そうでないものもある。われわれにそなわった欺瞞暴露の能力は、その能力自体によって歴史的と規定される領域をこえたところまではおよばない。理解できることではあるが、この能力はまず、もっとも手近にある表象、つまり福音書が解明したおかげですでに弱体化しているゆえに、もっとも容易に解読しうる表象にたいして発揮されてきたのであった。

しかしそれ以後作業は足踏み状態にあるのだが、このことを説明できるほどの困難な障碍があったわけではない。すでに指摘したとおり、ギリシア・ローマの神話や未開社会の神話にたいしても当然あてはめてよい解釈方法を拡大してあてはめるのを拒否する点において、現代の文化は文字どおり分裂症に陥っている。われわれは西欧ヒューマニズムの神話、人間のもつ自然で素朴な善良さというルソー流の神話を守ろうとしているのだ。

だが、実のところ、そのような神話はさほど重要ではない。さらに頑強な抵抗の前哨にすぎないのである。神話を解読し、文化の秩序全体における《身代りの山羊》の役割を発見し、原始宗教の謎を発見することは、福音書そして聖書による欺瞞暴露が力をつけて戻ってくるのを準備することに必ずつながる。神話を真に理解した瞬間から、われわれはもう福音書をもうひとつの神話とは見なすことができなくなる。神話を理解しうるのは福音書のおかげであるからである。

われわれはどんな場合にも、自分たちを脅かすこの福音書の光にたいして抵抗する。この光はずいぶんと以前から、われわれの周囲にある多くの事物を明らかにしてきたけれども、自らの姿についてはまだ明らかにしたことがない。われわれはどうにかして、その光がわれわれから発していると信じようとしてきた。それを不法にもわがものにしていたのだ。その目撃者でしかないのに、自分がその光であると思いこんでいた。だが光がもう少し輝きをまし、その届く距離ものびてくると、その光自体が影から脱け出し、自らを照らし出して明るく輝きはじめる。神話にまでおよんでゆくにしたがって、福音書の光はそれ本来の特性を明らかにするのである。

福音書のテクストは、要するに、福音書とはかかわりがないとわれわれには思えた精神史が終点に達したところで、自らの正しさを証明しようとしているのだ。どうしてわれわれがそのように思ったのかと言うと、この精神史のおかげで、われわれのものの見方は、ある意味ではあらゆる暴力の宗教とかかわりのないものに変ってしまったからであり、しかも馬鹿げたことに、われわれは暴力の宗教と福音書のテクストとを混同していたのだ。だが今や、この精神史は新たに前進した。それ自体としては些細な前進だが、しかしわれわれの知的かつ精神的な均衡にとっては重要な帰結をはらんでおり、そうした前進があったからこそ、暴力の宗教と福音書のテクストとの混同も消えてなくなり、暴力の宗教の批判が福音書による犠牲の解明の意義そのものであることが明らかになってくるのである。

かりにそうしたことが福音書において問題になっていないのであれば、福音書はそれ自体の歴史をもちえていないであろう。現在われわれが知っているのとは別のものになっているであろう。しかしそれは問題になっているのである。精霊の項目で問題になっているのである。パラクレイトスをめぐる偉大なテクストをとおして、われわれが今も生きつつある歴史の過程が明らかになる。まさにそれゆえに、このテクストの外見上の難解さも消えはじめる。神話の解読が精霊をめぐるテクストを明らかにするのではない。福音書が、その光でもって神話を貫きとおし、しかるのちにそれを無と化することによって、無意味で暴力と迷信とがしみわたっているかに見えるパラクレイトスをめぐる言葉を、われわれに理解させてくれるのである。どうしてこの言葉が暴力と迷信とに充ちたものであるかのように見えるかと言うと、そこでは、われわれの経験する歴史の過程が、キリストのサタンにたいする、あるいは真理の霊の欺瞞の霊にたいする勝利というかたちで告知されているからである。ヨハネの福音書のうちでパラクレイトスのためにさかれた数節では、本書のあらゆる主題がひとつにまとめられている。

これから取りあげる章句はすべて、イエスが弟子たちに別れを告げる場面、第四の福音書の頂点をなす場面に出てくるものである。これほどに荘重な瞬間にサタンが再登場するのを見れば、現代のキリスト教徒はいささか戸惑うかもしれない。ヨハネの述べようとしていること、それは歴史におけるイエスの正しさの証明、その認定と、サタンの否定とは同じものにほかならない、ということである。この単一にして二重の意義をもつ出来事は、受難をとおしてすでになしとげられた、と同時にまだなしとげられてはいない、すなわち弟子たち自身の眼にも見えていないがゆえに、やはりまだこれから来たるべきことがらとして語られる。

その方〔パラクレイトス〕が来ると、
罪について、
義について、
さばきについて、
世にその誤りを認めさせます。
罪についてというのは、
彼らがわたしを信じないからです。

また、義についてとは、
わたしが父のもとに行き、
あなたがたがもはやわたしを見なくなるからです。
さばきについてとは、
この世を支配する者がさばかれたからです。

（ヨハネ、一六、八―一一）

神と世界とのあいだには、世界の側に、つまりこの世の暴力に由来する深淵が存在している。イエスが父のもとへ戻るという事実は、暴力にたいする勝利、またこの深淵の乗りこえを意味する。だが人間は最初はそのことに気づかない。まだ暴力の世界にとどまっているので、そのような人間にとっては、イエスは他の死者たちと同じひとりの死者にすぎない。イエスが神のもとへ戻れば、その後はイエスも神も、いかなる輝かしい言葉を送りもしないであろう。たとえイエスが神格化されるとしても、その神格化はまたもや昔からの神々に似た様式で、暴力と聖なるものとの永遠の円環のなかでなされるであろう。このような状況にあっては、迫害表象の勝利は保証されているように見える。

しかしながら、事態はそんなふうには進展しない、とイエスは言う。最後まで神の言葉を支持し、そのために暴力に抗して死ぬイエスは、人間と神とを隔てる深淵を乗りこえる。イエスは自ら人間のパラクレイトス、つまり守護者となり、またもうひとりのパラクレイトスを人間に送る。この送られたパラクレイトスは、たえず世界で働きつづけて、真理を白日のもとで明るく輝かせるであろう。

今日の賢い人びと、また抜け目ない人びとは、これが歴史上の敗北者の、著述をとおしての想像上の復譬ではないかと疑う。しかしながら、たとえその言葉づかいにわれわれが驚くとしても、またこのテクストの作者が、自分の視野の広大さを前にして、ときに眩暈にとらえられるとしても、われわれは先ほどから述べてきたことを認めないわけにはいかない。精霊は、イエスがすでに解明したこと、すなわち身代りの山羊の仕組み、いっさいの神話の発生、あらゆる暴力の神々の無意味さを解明しようとして、歴史のなかで作業をつづける。福音書の言葉づかいを用いて言いかえれば、精霊はサタンの敗北と断罪とを完遂しているのだ。この世界は迫害表象のうえに建てられており、それゆえイエスを信頼しないか、さもなくば誤ったかたちで信頼するのが必然である。受難のもつ解明能力がどのようなものであるのか、この世界には考えつくことができない。いかなる思考の体系も、それを破壊しうる思考を真に考えることはできない。したがって、そうした世界を驚かせるためには、また神より送られ、受難ののちには神のもとへ戻る者としての、すなわち暴力の神々とは共通するところのない神的存在としてのイエスを信頼することが、理と正義にかなっていることを証明するためには、精霊が歴史のなかに登場してきて、この世界を解体し暴力の神々の信用を少しずつ失墜させる作業を行うことが必要なのである。信者であるなしを問わずわれわれ全員の過ちから、キリスト教の三位一体が暴力に由来する聖なるものの巻きぞえになっているように見えるかぎりにおいて、聖霊はキリストの信用さえ失墜させているかのようだ。現実には、ただ歴史の過程がまだ完結していないという理由のみで、世界の不信心が存続し強まってさえいるにすぎないのである。つまり、知識の進歩によってその神秘をはぎとられたイエス、他の神々と同時に歴史によって排除されるイエスという幻想がひろまっているのである。だが歴史がもう少し進めば、人びとは歴史が福音書の語っていることを立証するのに気づくにちがいない。信用を失うのは《サタン》であり、イエスはその正しさが証明されるのだ。すなわち、イエスは受難のさいに、原理上はただちに勝利するのだが、その勝利は、犠牲の解明がひそかに導いている歴史の終末にいたってはじめて、大部分の人間にとって具体的な姿をとる。福音書に対抗してではなく、福音書のおかげでもって、すべての暴力の神々の空虚さを証明し、すべての神話の無意味さを説明しかつその無効を宣告することが、ついに実際上可能であるとわれわれが確認したとき、イエスの勝利は明白なものになるのだ。

サタンは、福音書の出現以前にはいたるところで権勢をふるっていた迫害表象の力をかりなければ、世界を支配することができない。サタンは、したがって、本質的に告発者、人間の眼を欺き、彼らに無実の犠牲者を有罪であると信じこませる者である。それでは、パラクレイトスとは何であるか。

ギリシア語の *parakleitos* は、フランス語の弁護士 *avocat* あるいはラテン語の弁護者 *ad-vocatus* とまったく同義である。パラクレイトスは、被告発者、犠牲者の傍らに呼び出されて、彼のかわりに、また彼の名において弁明し、彼の弁護者となる。パラクレイトスは普遍的な弁護人であり、あらゆる無実の犠牲者の弁護を担当する者、あらゆる迫害表象を破壊する者である。それは、したがって、真理の精霊であり、あらゆる神話の霧を消し去る精霊である。

通常は大胆さに欠けることのない、傑出した翻訳者であるヒエロニムスが、パラクレイトスというきわめてありふれた普通名詞の翻訳にさいして躊躇したのはなぜなのか、と考えてみなくてはならない。彼は文字どおり驚愕にとらえられている。彼はこの語の意義の適切さを理解せずに、単純にパラクレトゥス *paracletus* と置換えることを選ぶのである。大部分の近代語がうやうやしくも彼の例に従ったために、仏語の paraclet、英語の paraclete、独語の Paraklet などの訳語ができあがることになる。それ以来この神秘的な名称の不透明な性格からはつねに、テクスト自体の理解不可能性ではなく——実はテクストはまったく理解可能なのだ——これを解釈する者の理解能力の欠如がわかるということになる。この理解能力の欠如こそ、まさにイエスが弟子たちを叱責したことであり、また福音書を信奉する人びとがいつまでもそのまま、いやしばしば、より悪化したかたちで保ってきたことなのである。

言うまでもなく、パラクレイトスについてはおびただしい数の研究がなされてはいるが、いずれも神学の狭い範囲の用語の問題に限定した研究であるために、どれひとつとして満足のいく解決を出していない。この語が歴史や文化とのかかわりでもつ驚くべき意味は理解されぬままであり、ふつうは、もしほんとうにパラクレイトスが誰かの弁護人であるとするなら、父なる神につかえる弟子たちの弁護人であるにちがいない、という結論が出ておしまいになる。そうした結論が依拠しているのは、次のような「ヨハネの第一の手紙」の一節である。「もしだれかが罪を犯したなら、私たちには、御父の御前で弁護してくださる方があります。それは、義なるイエス・キリストです」(二、一)。……つまりイエスがパラクレイトスだというわけだ。

ヨハネのテクストにおいては、イエスその人がパラクレイトスだとされる。同じ作者の手になる福音書では、イエスは実際に、人間に向けて送られた最初のパラクレイトスとして出現する。

わたしは父にお願いします。
そうすれば、父はもうひとりのパラクレイトスをあなたがたにお与えになります。
そのパラクレイトスがいつまでもあなたがたと、ともにおられるためにです。
その方は、真理の御霊です。
世はその方を受け入れることができません。
世はその方を見もせず、知りもしないからです。

(ヨハネ、一四、一六―一七)

犠牲者の弁護と名誉回復のいっさいは、受難のもつ解明能力を基礎にしてなされるのであるから、キリストは迫害表象における比類ないパラクレイトスである。だがキリストがいったんこの世から去っても、真理の精霊すなわち第二のパラクレイトスがやって来て、この世界にすでに存在してはいるが、人間はできるかぎり見ないようにしている光を、すべての人間のために輝かせるであろう。

弟子たちにイエスその人がいるのであれば、彼らはたしかに、神のもとで第二の弁護人を必要とはしない。もうひとりのパラクレイトスは人間たちのあいだに、歴史のなかへと送りこまれる。それをうやうやしく超越存在にまつりあげることで厄介払いしてしまってはならない。このパラクレイトスの行動に内在する本性は、共観福音書のテクストによっても確認されているのである。すなわち、

人びとがあなたがたを引き渡したとき、どのように話そうか、何を話そうかと心配するには及びません。話すべきことは、そのとき示されるからです。というのは、話すのはあなたがたではなく、あなたがたのうちにあって話されるあなたがたの父の御霊だからです。(マタイ、一〇、一九―二〇)

このテクスト自体が問題をふくんでいる。言おうとしていることのすべてを言ってはいないのだ。殉教者たちは自分の弁護に心配する必要はない、というのも精霊がやって来て彼らの正しさを認めてくれるからだ、とテクストは語っているようである。だが、すぐさま勝利することは問題とはなりえない。犠牲者は裁判の途次にあってさえ、告発者たちをやりこめようとはせず、間違いなくむごい目にあうであろう。このことを証拠だてるテクストが数多く残されている。福音書があれば迫害は中止されるだろう、などと福音書のなかで想像されているわけではまったくないのである。

ここでは個人にたいする裁判も、また父なる神が告発者の役目をつとめる、超越世界での裁判も問題にはなっていない。そんなふうに考えるのは、最高の善意でもって——地獄は善意で舗装されているという諺もあるが——神をサタンの姿にたえず作りかえることになる。ここで問題になっているのは、したがって、天と地とのあいだの裁判、《天上》ないしは《地上》の諸勢力とサタン自身との裁判、つまり全体としての迫害表象の裁判以外のものではありえない。福音書の作者たちは、ときおりあまりにも超越的すぎるかあるいはあまりにも内在的すぎる場所にこの裁判を設定しているが、それは彼らがいつもその場を明確に規定しうるとはかぎらないからである。そしてまた、近代の註釈者たちがこの超越か内在かという分裂のあいだでためらい、そこから脱け出せずにいるのも、暴力より生じる聖なるもの全体の運命は、告発者たるサタンと弁護人たるパラクレイトスとの戦いのいかんにかかっているということが、彼らには少しもわかっていないからである。

殉教者たちの語ることはさほど重要ではない。なぜなら、彼らはふつう想像されているような、確固とした信仰の証人なのではなくして、人間が集団をなして無実の者を血祭りにあげ、自分たちの共同体の統一をはかろうとする、そのような恐ろしい性向の証人であるからだ。迫害者たちは、死者をすべて迫害表象の墓に埋めようと努めるのだが、殉教者の数がふえればふえるほど、それだけ迫害表象は衰退し、証言はいっそう明白なものとなる。まさにそうであるからこそ、われわれは信仰あるいは教義の相違を考慮せずに、どんな無実の犠牲者にたいしても、いつも殉教者という——つまり証人を意味する——語を用いる。これは福音書において告げられているとおりである。身代りの山羊という語についてと同様、殉教者という語のふつうの用法は、学者の解釈よりもはるか遠くにまで達しており、神学のいまだ知らないいくつかのことを神学にたいして示唆してくれるのである。

依然として無傷のままの世界には、迫害表象を超越するものをいささかも理解することができない。パラクレイトスを見ることも知ることもできない。弟子たち自身の頭もさまざまの幻想でいっぱいであって、この幻想を解消するには、受難の影響が歴史をつうじて深まってゆくしかない。したがって、そのときには無意味であると思えるので、弟子たちはイエスの次のような言葉に注意することができないのだが、将来それを思いおこすであろう。

このことをわたしは、
あなたがたといっしょにいる間に、あなたがたに話しました。
しかし、パラクレイトス、すなわち、
父がわたしの名によってお遣わしになる精霊は、
あなたがたにすべてのことを教え、
また、わたしがあなたがたに話したすべてのことを思いおこさせてくださいます。

（ヨハネ、一四、二五—二六）

わたしには、あなたがたに話すことがまだたくさんありますが、
今あなたがたはそれに耐える力がありません。
しかし、その方、すなわち真理の御霊が来ると、
あなたがたをすべての真理に導き入れます。
御霊は自分から語るのではなく、
聞くままを話し、

また、やがて起ころうとしていることをあなたがたに示すからです。
御霊はわたしの栄光を現わします。
わたしのものを受けて、
あなたがたに知らせるからです。

（ヨハネ、一六、一二―一四）

パラクレイトスをめぐるあらゆるテクストのうちでもっとも驚嘆に値するものを最後に引用しておきたい。それは異質な部分と断片とからなっているように見え、あたかも一種の神秘的な精神分裂症から生じた支離滅裂な結果であるかのようである。しかし実のところ、そんなふうに見えるのは、われわれ自身の文化が分裂症に陥っているからなのだ。このテクストの解明にあたって、現実の世界以外のものではありえず、したがってパラクレイトスを見ることも知ることもできない原理と方法から出発しようとしているかぎり、われわれはそれをまったく理解しえない。ヨハネは、驚嘆に値する真実を、われわれには吸収できず、また吸収したいとも思わないほどやつぎばやにたたきつけてくる。どんなときにも多少はわれわれにとり憑いている混乱と暴力とを、このテクストに投影してしまう可能性は高い。そのうちのいくつかの箇所はキリスト教会とユダヤ教会との抗争の影響を受けているかもしれないが、しかし、ここでの真の主題と今日《ヨハネの反ユダヤ主義》をめぐって展開されている論争とのあいだには何の関係もない。

わたしを憎んでいる者は、わたしの父をも憎んでいるのです。
もしわたしが、ほかのだれも行ったことのないわざを、

彼らの間で行わなかったのなら、
彼らには罪がなかったでしょう。
しかし今、彼らはわたしをも、わたしの父をも見て、
そのうえで憎んだのです。
これは、「彼らは理由なしにわたしを憎んだ」と
彼らの律法に書かれていることばが成就するためです。
わたしが父のもとから遣わすパラクレイトス、
すなわち父から出る真理の御霊が来るとき、
その御霊がわたしについてあかしします (ekeinos *marturesei* peri emou)。
あなたがたもあかしするのです (kai humeis de *martureite*)。
初めからわたしといっしょにいたからです。

これらのことをあなたがたに話したのは、あなたがたがつまずくことのないためにです。
人びとはあなたがたを会堂から追放するでしょう。
事実、あなたがたを殺す者がみな、
そうすることで自分は神に奉仕しているのだと思う時が来ます。
彼らがこういうことを行うのは、
父をもわたしをも知らないからです。
しかし、わたしがこれらのことをあなたがたに話したのは、
その時が来れば、

わたしがそれについて話したことを、あなたがたが思い出すためにです。
（ヨハネ、一五、二三―二七および一六、一―四）

このテクストを読むと、たしかに、われわれはそれが書かれた時代の対立抗争や迫害のことを考えてしまう。このテクストから直接に思いおこせるものはそれ以外にはない。だがそれ以外のもの、それ以外のいかなるものでも、間接的には思いおこすことができるのだ。というのも、復讐の念がこのテクストを支配しているのではなく、このテクストが復讐の念を支配しているのだからである。このテクストがかつて一度も理解されなかったというのを口実にして、これを今日の反ユダヤ主義の単なる先駆的形態と考えることは、躓きに身を委ねることである。躓きからわが身を守るために、また犠牲の仕組みの解明が外見上は挫折することから誤解が生じるのをあらかじめ覚悟しておくために与えられたはずのものを、躓きにかえてしまうことなのである。

犠牲の仕組みの解明は挫折するかのようだ。解明は迫害へとゆきつき、迫害は解明を圧殺するかに見える。だが迫害は最終的には、解明を完全に実現するのだ。イエスの言葉がわれわれにまでとどかないかぎり、われわれに罪過はない。その場合われわれはゲラサ人と同じ段階にとどまるのである。そこでは迫害表象は、相対的にではあるが合法なものとして残っている。罪過とは、犠牲の仕組みの解明に抵抗することである。この抵抗は必ず、犠牲の仕組みを解明する者つまり真の神自身にたいする、憎悪にみちた迫害という具体的なかたちをとってあらわれてくる。なぜなら、われわれが慣れ親しんだ悪霊どもと、多かれ少なかれ安逸な取引きをこまごまと行うのを妨げにやって来るのが、この犠牲を解明する真の神であるからである。

迫害者が抵抗すると――たとえば改心する以前のパウロの抵抗がそうであるのだが――、実際に抵抗するためには隠しておかねばならぬはずのもの、すなわち犠牲の仕組みがあらわになってくるのだ。この抵抗のおかげで、他のどの言葉にもまして犠牲の解明の核心にふれた言葉、迫害者側からの告発の信憑性を失わせる言葉、つまり、「彼らは理由なしにわたしを憎んだ」という言葉が成就するのである。

私はここに福音書の過程、すなわちこれまで本書で扱ってきたどのテクストにも記述されている過程、われわれの歴史においても展開され、また今後は歴史として公然と展開される過程のこのうえない理論的な要約を見る。しかも、これはパラクレイトスの到来と同じものなのである。パラクレイトスがやってくれば、それは自分の証人となり、自分が無実でありながら死んでゆくことと、世の初めから終末までのあらゆる無実な人間の死との意義を明らかにしてくれるであろう、とイエスは言う。キリストのあとに来た者たちは、したがって、言葉や信仰によってではなく、殉教者となること、イエス自身のように死ぬことによって、イエスと同じような証言を残すであろう。

たしかに、ユダヤ人によって、あるいはローマ人によって迫害された初期のキリスト教徒が問題になっているのであるが、しかし、後の時代にはキリスト教徒により迫害されるユダヤ人や、あらゆる殺人者たちによって迫害されるあらゆる犠牲者もまた問題になるのである。それでは、この証言は何にかかわっているのか。宗教的幻想を産出する集合的迫害につねにかかわっているのだ、と私は言いたい。「事実、あなたがたを殺す者がみな、そうすることで自分は神に奉仕しているのだと思う時が来ます」という一節が暗示しているのは、まさにこのことにほかならない。中世また近代における歴史上のさまざまな迫害という鏡のなかには、文化を創始する暴力そのものではないにせよ、少なくともその代替物がうつっているのを、われわれは見つける。そうした迫害は、もはや何らの秩序形成力をも備えてはいないだけに、そのぶんいっそう血に飢えてもいる。しかし魔女を狩り立てる者たちも、迫害に加担する全体主義の官僚どもも、福音書による犠牲の解明を前にすれば、一撃のもとに倒れるのである。それ以後、いかなる暴力も、キリストの受難により解明されたもの、すなわち宗教、政治、イデオロギーなどの領域における血ぬられた偶像やすべての偽りの神の愚劣な生成を明らかにするものとなる。それでもやはり、殺人者たちは、自分たちの犠牲の殺害が賞讃に値する行為であると考えている。彼らもまた、何をしているのか自分でわかっていないのだ。だが彼らを許してやらねばならない。たがいに許しあうべき時が来たのである。これ以上待っていれば、もはやわれわれに時間は残されぬことになるであろう。

原注

1 Œuvres de Guillaume de Machaut, publiées par Ernest Hoeppfner, I, *Le Jugement du Roy de Navarre*, Société des anciens textes français, 1908, pp. 144—145.

2 J.-N. Biraben, *Les Hommes et la Peste en France et dans les pays européens et méditerranéens*, Paris-La Haye, 1975-1976, 2 vol.; Jean Delumeau, *La Peur en Occident*, Paris, 1978.

3 *Des choses cachées depuis la fondation du monde*, Paris, Grasset, 1978, I, ch. V, pp. 136—162.（小池健男訳『世の初めから隠されていること』法政大学出版局、一九八四年、一九一—二三一ページ）。

4 J. Hansen Zauberwahn, *Inquisition und Hexenprozess im Mittelater und die Entstehung der grossen Hexenverfolgung*, Munich-Leibzig, 1900; Jean Delumeau, *op. cit.*, II, ch. II. 魔女裁判の終焉については、Robert Mandrou, *Magistrats et sorciers*, Paris, 1968. を見よ。また Natalie Zemon Davis, *Society and Culture in Early Modern France*, Stanford, 1975. も参照のこと。

5 Fco de Santa Maria, *Historia de sagradas congregaçoes...*, Lisbonne, 1697, cité par Jean Delumeau, *op. cit.*, p. 112.

6 この近親姦の告発について注意をうながしてくれたジャン＝クロード・ギルボーに感謝したい。

7 *La Violence et le sacré*, ch. III.（古田幸男訳『暴力と聖なるもの』法政大学出版局、一九八二年）。

8 *Des choses cachées...*, pp. 114—140.（邦訳、一五五—一九八ページ）で検討した三つの神話を参照のこと。

9 Mircea Eliade, *Histoire des croyances et des idées religieuses*, Paris, 1978, I, p. 301. 傍点はジラール。

10 *La Violence et le sacré*, pp. 125—129.（邦訳、一三八—一四三ページ）*Des choses cachées*…, pp. 32—50.（邦訳、三三—六一ページ）。

11 Joshua Trachtenberg, *The Devil and the Jews*, Yale University, 1943, p. 98; H. Michelson, *The Jew in Early English Literature*, Amsterdam, 1928, pp. 84 sqq. キリスト教世界におけるユダヤ人の表象については、以下の論文を参照せよ。Gavin I. Langmuir, 《Qu'est-ce que "les juifs" signifiaient pour la société médiévale?》, dans *Ni juif ni Grec: entretiens sur le racisme*, Léon Poliakov éd., Paris-La Haye, 1978, pp. 179—190; 《From Ambrose of Milan to Emicho of Leiningen: the transformation of hostility against Jews in Northern Europe》, dans *Gli Ebrei nell'alto*

Medievo, Spoleto, 1980, pp. 313—367.

12 Joshua Trachtenberg, *op. cit.*, pp. 52—53.

13 Claude Lévi-Strauss, *La Pensée sauvage*, Paris, Plon, 1962, p. 19. （大橋保夫訳『野生の思考』みすず書房、一九七六年、一五ページ）。

14 E. E. Evans-Pritchard, 《Witchcraft》, *Africa*, vol. 8, no. 4, London, 1955, pp. 418—419.

15 Lévi-Strauss, *op. cit.*, p. 18. （邦訳一四—一五ページ）。

16 Georges Bataille, *La Part maudite*, Paris, Minuit, 1967, pp. 101—103. （生田耕作訳『呪われた部分』二見書房、一九七三年、五九—六二ページ）。

17 Jean Delumeau, *op. cit.*, p. 107.

18 Jacques Soustelle, *La Vie quotidienne des Aztèques*, Paris, Hachette, 1955, pp. 126—129.

19 Georges Dumézil, *Mythe et Epopée*, Paris, Gallimard, 1968, p. 224.

20 Strabon, X, 468; Jane Harrison, *Themis*, Cambridge, 1912.

21 Mircea Eliade, *op. cit.*, I, pp. 382—387.

22 République, 378 a-b, traduction Léon Robin, Gallimard, 1950, p. 927. （藤沢令夫訳「国家」『プラトン全集・一一』岩波書店、一九七六年、一五七—一五八ページ）。

23 Georges Dumézil, *La Religion romaine archaïque*, Paris, Payot, 1966, p. 108. に引用のもの。

24 Mircea Eliade, *op. cit.*, I, pp. 156—157.

25 Tite-Live, *Histoire romaine*, I, p. 16.

26 Plutarque, *Vie de Romulus*, XLIII-XLV, traduction Amyot, Paris, 1950, pp. 72—75. （河野与一訳『プルターク英雄伝（一）』岩波文庫、九三ページ）。

27 Tite-Live, I, VI-VII, traduction Gaston Bayet, 《Les Belles Lettres》, 1940, p. 13.

28 Mircea Eliade, *op. cit.*, II, p. 109.

29 *Des choses cachées...*, pp. 163—304. （邦訳、二三三—四五三ページ）。

30 Raymund Schwager, *Baruchen wir einen Sündenbock?*, Munich, 1978. とりわけ、旧約聖書を論じた第二章を参照のこと。また Paul Beauchamp, *Psaumes nuit et jour*, 1980. も見られたい。

31 J.-P. Vernant, *Mythe et tragédie en Grèce ancienne*, Paris, Maspero, 1972, pp. 99—131.

32 Sandor Goodhart, 《Œdipus and Laius' many murderers》, *Diacritics*, mars 1978, pp. 55—71.

33 *Des choses cachées...*, pp. 438—453.（邦訳、六五八—六八一ページ）。

34 *Ellicott's Bible Commentary*, Grand Rapids, Michigan, 1971, p. 715.

35 Jean-Michel Oughourlian, *Un mime nommé désir*, Paris, Grasset, 1982. を参照のこと。

36 Jean Starobinsky,《Le démoniaque de Gérasa》, dans *Analyse structurale et exégèse biblique*, Neuchâtel, 1971, pp. 63—94.（「ゲラサの悪霊憑き」久米博・小林恵一編訳『構造主義と聖書解釈』ヨルダン社、一九七七年）。

37 *Ibid.*（邦訳、二〇三ページ）。

38 崖からの転落および石投げの刑については、*Des choses cachées...*, pp. 115—117, 193—195.（邦訳、一五七—一五九、二七九—二八二ページ）を見よ。

39 奇跡および奇跡による治癒の意味については、Xavier Léon-Dufour, *Etudes d'Evangile*, Paris, Seuil, 1965. を参照のこと。また、同じ著者の *Face à la Mort, Jésus et Paul*, Paris, 1979. とりわけ受難の物語を供犠の観点から読もうとしている部分を見られたい。

40 Raymund Schwager, *op. cit.* 神話的思考にたいしてその秘密を解明する福音書の力について、この書物はいくつかの重要な論点を明らかにしている。残念ながら、仏語訳はまだなされていない。

訳注

一　鞭打ち苦行者　一二六〇年、イタリアのペルージアで発生。十四世紀半ばのペスト流行後、また各地でさかんになった。自分と世界の罪をあがなうために、身体を鞭打ちつつ行列した。ペスト流行時に、ユダヤ人、癩病患者とともに、リンチの標的にされることが多かった。

二　エジプトの十の厄災　出エジプト記第五―一二章。エジプト王がイスラエル人のエジプト出国を許可しないので、ヤーウェがエジプトを襲わせた十の災害。(1)エジプトのすべての水を血に変える、(2)蛙の大群、(3)ぶよの大群、(4)はえの大群、(5)家畜の病、(6)腫物、(7)雹《ひょう》、(8)いなごの大群、(9)三日間の暗黒、(10)エジプト人のすべての初子の死、である。

三　素朴な迫害者たちは「何をしているのか自分でわからない」　イエスが処刑の場所に引き立てられたときに述べた言葉。「父よ。彼らをお赦しください。彼らは、何をしているのか自分でわからないのです」（ルカ、二三、三四）。なお、本書では、以下一八一ページをはじめとして何度もこの文句の引用がなされる。

四　《邪視》　ある特定の人物が悪い目つきをしていて、彼にひと目見られただけで災いを受けるという信仰、またその災いを防ぐためのおまもりは、世界中のいくつもの文化に見うけられる。C. Maloney (ed), *The Evil Eye*, New York, 1976. 他を見よ。

五　オデュッセウスと仲間たちは一眼巨人ポリュペモスにつかまり、一日に二人ずつ食われる災難にあう。オデュッセウスがポリュペモスに酒を与えると、彼はオデュッセウスの名をたずね、オデュッセウスは「誰でもない」（ウーティス）と答える。オデュッセウスは眠りこんだ巨人の一眼をとがったこん棒で突きつぶす。仲間の巨人が助けに来て、誰がやったのかと問うが、ポリュペモスが「誰でもない」（ウーティス）と答えたので、帰ってしまう。

六　ジャン・ボダン Jean Bodin（一五三〇―一五九六年）　フランスの政治思想家。絶対主義王制を基礎づけた『国家論』、後世の歴史哲学、近代経済学の萌芽を有するとされる『歴史理解の方法』、『マレトロワ氏の逆説に答う』などの著書があるが、魔女の存在を信じ、『悪魔崇拝』という魔女弾劾の書を著した。

七　レヴィ記第一六章。なお、谷泰『「聖書」世界の構成論理』（岩波書店、一九八四年）に詳しい分析がある。

八　シャルル・ボードレール『悪の華』中の「読者に」最終行。

九　青銅の蛇　民数記第二一章。神とモーセに逆らったイスラエル人を罰するために、神は燃える蛇を送ったので、多くの人々がこの蛇にかまれて死んだ。そこで、「モーセは一つの青銅の蛇を作り、それを旗ざおの上につけた。もし蛇が人をかんでも、その者が青銅の蛇を仰ぎ見ると、生きた」(二一、九)。

一〇　ヴァロ Marcus Terrentius Varro (紀元前一一六—二七年)　ローマの学者・文人、最初、政治に志したが、カエサルに反対して敗れ、引退して文筆に日を送った。現存する著述は、『農業論』と『ラテン語』の一部。

一一　ハリカルナソスのディオニュシオス Dionusios Halikarnasseus (紀元前一世紀後半)　ギリシア人歴史家、文人。小アジアのハリカルナソスに生まれた。『ローマ史』(全二〇巻、うち一一巻現存)のほか、古典作家の文章批評論がある。

一二　アリストテレスの《過誤》　『詩学』第五章一四四九a、第一三章一四五三a、および第一四章一四五三b。

一三　聖ゲオルギウスと竜　ゲオルギウスが竜を倒し、王女を救うという五世紀頃のパレスティナの伝説。十字軍によって、ヨーロッパに広まった。

一四　アラワク族の水蛇とそれを殺す解放者　アラワク族はフロリダ、アンチル諸島、オレノコ河流域、ペルー沿岸に住む部族。この神話は、レヴィ=ストロース『神話研究』第一巻『生のものと焼いたもの』(三〇九ページ)によれば、次のとおり。人間と鳥類が連合して、よこしまな大水蛇をやっつけようとするが、誰も近づこうとしない。そこでウが水にとびこみ、水蛇に致命傷を与える。次に人間たちがとどめをさし、皮をはぐ。鳥類は水蛇の皮を分配し、以後、色とりどりの体をもつようになった。

一五　本書八五—八六ページに既出のエヴァンズ=プリッチャードよりの引用。なおこの言葉は、以後一三七—一三八ページをはじめ随所で用いられる。

一六　メデューズ号の筏　一八一六年、フランスからセネガルへ向かうメデューズ号が遭難し、縦二〇メートル、横七メートルの筏で一四九人が一二日間漂流した。救助されたのはそのうちの一五人で、残りは生き残った人間に海へ突き落されたり、食われたりした。この事件を題材にしたジェリコーの有名な絵がある。

一七　エテオクレスとポリュネイケスの双子の兄弟　オイディプスとイオカステの息子たち。父の死後、王位を争い、一年交代で国を治める約束をしたが、結局決闘になり、両者ともにたおれる。

一八　溶融集団　ジャン=ポール・サルトル『弁証法的理性批判』第二部「集団から歴史」で述べられる、共同的実践の諸形式のうちのひとつ。なお、本書一八五ページに再出。

一九　主のしもべ　イザヤ書第四二、四九、五〇、五一章に登場する人物。苦難のしもべとも呼ばれる。

二〇　歴史家ヨセフス Flavius Josephus (三七—一〇〇年)　『ユダヤ古代史』、『ユダヤ戦記』などを残したユダヤの歴史家。

二一　ラグランジュ神父 Albert (Marie Joseph) Lagrange (一八五五—一九三八年)　フランスのカトリック神学者、聖書学者。エルサレムに聖書学研究所を設立し、指導した。聖書学に本文考証の方法を導入。

二二　フロベールに聖ヨハネの斬首を題材とする短篇「ヘロディアス」(『三つの物語』所収)がある。

二三　マラルメの氷　マラルメにサロメを主人公とする詩篇「エロディヤード」があり、glace (氷、鏡)が女主人公の自我を閉じこめる象徴として用いられている。

二四　サルトルのねばねばしたもの　『存在と無』第四部第二章三節「存在を顕示するものとしての性質について」参照。ねばねばしたものは対自を吸収し、溶かそうとする忌まわしく、恐ろしいものを表わす。ねばねばしたものは、「対自にとって、或る種の新たな危険、われわれが避けなければならない脅迫的な一つのありかた」（松浪信三郎訳『存在と無』第三分冊三九七ページ）である。

二五　タルペイアの岩　ローマのカピトーリーヌス丘の断崖にある岩。古代ローマで、この岩から罪人を突き落して、処刑した。

二六　私とはひとりの他者である　アルチュール・ランボーの一八七一年五月一五日付ポール・ドゥムニー宛書簡。

二七　パニュルジュの羊　ラブレー『第四之書・パンタグリュエル物語』第六―八章に出てくる話から。パンタグリュエルの家来パニュルジュは同じ船に乗り合わせた羊商人ダンドノーにののしられ、仕返しのため、ダンドノーから一番りっぱなリーダー格の羊を買い入れ、海中へ投げこむ。すると残りの羊たちは全部そのあとを追い、溺死する。転じて、パニュルジュの羊とは、盲目的に付和雷同する者を指す。

二八　ラクタンティウス Lucius Caecilius Firmianus Lactantius（二六〇―三二五年）　ローマ時代の修辞学者、のちキリスト教護教哲学に転じる。『神の制度』『迫害者の死について』などの著作がある。

テルトゥリアヌス Quintus Septius Florens Tertullianus（一五五頃―二二二年？）　カルタゴ出身。重要な護教論者のひとり。晩年にはモンタヌス派の異端に共鳴して、教会の信仰からはなれた。

訳者後記

ルネ・ジラールの著作の邦訳は、本書でもって六冊目となる。現代フランスの何人かの思想家の難解さとはまた別の意味でではあるが、やはり取りつきやすいわけではないこの著者が、しかし日本においても少しずつ受け容れられつつあることの証拠であろうか。もしそうであるとすれば、その過程に翻訳者として参加できたことは、われわれにとって大きな喜びである。

先に『暴力と聖なるもの』や『世の初めから隠されていること』を読まれた読者にはもちろんのこと、本書ではじめてジラールの所説に接するという方がたにも、ここで訳者がくだくだしい解説をなすのは無用であろう。本書の主旨そのものは単純明快であるからである。すなわち、その内部で差異が消失して危機に陥った社会は、無実の人間を犠牲者に仕立てあげ、これに全員一致の集合暴力を加えることによって、秩序を回復する、というのが著者の基本的な主張であり、この『暴力と聖なるもの』以来の考え方を、さまざまな神話、物語、そしてとりわけ福音書のテクストの検証をとおして、これまでよりもいっそう精緻な、あるいは徹底したかたちで呈示しているのが本書である。その点では、本書はこれに先行する著作の応用版であり、それこそ本書第11章で著者が苦言を述べているような、独自性や新奇さを何よりも信奉する人びとからすれば、いかなる新しい話題をも提供していない、ということになるかもしれない。

ただし、そうした新しい話題のなさを弁護するのではないが、それでも読者の注意を多少とも喚起しておきたいのは、福音書の読解をめぐる著者の姿勢についてである。前著『世の初めから……』においては、聖書がジラールの視点からの読解の対象であるという印象が依然として強かったのにたいし、本書を読みすすめてゆくと、実はそのジラールの視点自体を支えているのが福音書であることがわかってくる。同じく犠牲と迫害の仕組みにかかわりながらも、神話は欲望の模倣や基礎になる暴力といった、人間社会の真実をたえず隠蔽しつづけるが、他方で福音書は真実を明らかにしようとしている——ジラールによれば、この違いには決定的な意味がある。聖書のテクストを人類学や記号論の立場から読みとくという作業の例は他にも少なくはないけれども、本書はむしろ逆に、福音書による迫害表象全体の解明の試みになっているのだ。

もっとも、こうした著者の認識が鮮明であるがゆえに、本書が読者に受容されるうえで、大きな困難の生じるであろうこともまた否めない。というのも、福音書が真実を語っているとする著者は、神に死が宣告されてすでに久しい、この二十世紀の末にもなって、古めかしい宗教に依然としてしがみついているかのような誤解と反発を招かないわけにはいかないからである。現にジラールを時代おくれの護教論者と見なす意見は数多く出ている。そのような批評にたいして論駁を展開するだけの余裕はここにはないが、しかし、著者がキリスト教の絶対性や無謬性を唱えているのではけっしてないこと、また福音書が明らかにしている、とジラールの言う真実、すなわちわれわれ自身も分有しているはずの暴力についての真実それ自体は、ただ特定の信仰の圏の内側においてのみならず、非キリスト教徒の者にとっても、充分な説得力をもちうることを強調しておきたい。他の著作においてもそうであるが、ジラールの記述は、しばしば単なる社会科学的な分析であることを超えて、倫理あるいは宗教の領域へと踏みこむ場合がある。これがジラール自身にある種の困難をもたらす。しかしまた同時に、そこから得られる解答の如何は別にしても、何らかのものを求めようとする、一見したところ不器用な姿勢が、この著者のもつ魅力でもありはしないか。

著者の経歴その他についても、『欲望の現象学』をはじめとする、これまでの訳書のなかですでに詳しく述べられており、ここであらためて紹介すべくもないであろう。あえて書き添えるとすれば、まず、今年になって、ジラールの最新作が出版された（René Girard, *La Route antique des hommes pervers*, Grasset, 1985.）というニュースがある。これは、旧約聖書ヨブ記に登場する迫害と犠牲の仕組みを分析の対象としており、本書の続篇とも呼ぶべきものである（法政大学出版局より邦訳刊行予定、小池健男訳）。また、この最新作の刊行と時を同じくして、同じ書肆から、一昨年六月ノルマンディーのスリジー＝ラ＝サルにおいて「ルネ・ジラールを囲んで」と題して開催された国際研究集会の記録も、Paul Dumouchel (éd.), *Violence et vérité: autour de René Girard*, Grasset, 1985. として出版された（なお、一九八一年九月にも同様の研究集会がスタンフォードで開かれ、その成果が Paisley Livingston (ed.), *Disorder and Order*, Stanford University Press, 1984. として出ているが、訳者はまだ見てはいない。ついでに申せば、この編者はジラールの理論に依拠しつつイングマル・ベルイマンの映画を分析した書物の著者でもある）。『暴力と真実』は、三〇名を越えるさまざまの分野からの研究者の報告と討論を収録しており、ジラールの思想の応用範囲の広さを示してくれている。さらに巻末にジラール自身によるニーチェ論（Le meutre fondateur dans la pensée de Nietzsche）があることは、かつて訳者のひとりとの会見のなかで、これまでにいくつか書いたシェイクスピアについての論文を一冊にまとめたいと語っていたのとあわせて、最近の、あるいは将来のジラールの関心の方向をうかがううえで興味深い。

本書の訳出にあたっては、さまざまな領域にわたって専門的な助言をねがうなど、多くの方がたのお世話になった。とりわけ、ギョーム・ド・マショーの詩について懇切な御教示をいただいた、京都大学の山本淳一先生、またわれわれを訳者として推薦し、さらには校正の段階で訳文に目を通してもいただいた作田啓一先生に感謝申しあげたい。翻訳の最終的な責任は、しかし、言うまでもなくわれわれふたりが負うべきものである。最後になったが、法政大学出版局の稲義人、藤田信行の両氏にたいして、訳業が予定よりもはるかにおくれたことのおびとともに、心からのお礼を述べさせていただきたい。

織田年和
富永茂樹

一九八五年夏

《叢書・ウニベルシタス　170》
身代りの山羊

1985年12月20日　　初版第1刷発行
2010年11月25日　新装版第1刷発行

ルネ・ジラール
織田年和／富永茂樹　訳
発行所　財団法人　法政大学出版局
〒102-0073 東京都千代田区九段北3-2-7
電話03(5214)5540 振替00160-6-95814
製版，印刷：三和印刷／製本：ベル製本

Printed in Japan

ISBN978-4-588-09929-8

著　者

ルネ・ジラール（René Girard）

1923年南フランスのアヴィニョンに生まれる．パリの古文書学院，アメリカのインディアナ大学で学業を修め，同大学をはじめジョンズ・ホプキンズ大学，ニューヨーク州立大学などを経て1981年からスタンフォード大学のフランス語学・文学・文明の教授．独自の模倣理論・三角形的欲望理論・暴力理論をもとに，文学・社会学などの分野で注目すべき評論を行なっている．本書のほかに『欲望の現象学』，『暴力と聖なるもの』，『ドストエフスキー』，『世の初めから隠されていること』，『このようなことが起こり始めたら…』，『羨望の炎――シェイクスピアと欲望の劇場』，などが邦訳〔法政大学出版局刊〕されている．

訳　者

織田年和（おだ　としかず）

1949年生まれ．京都大学大学院文学研究科博士課程修了．フランス文学専攻．京都産業大学教授．訳書：デュムシュル／デュピュイ『物の地獄』〔共訳，法政大学出版局刊〕，ほか．

富永茂樹（とみなが　しげき）

1950年生まれ．京都大学大学院文学研究科博士課程修了．社会学専攻．京都大学人文科学研究所教授．訳書：デュムシュル／デュピュイ『物の地獄』〔共訳，法政大学出版局刊〕，ほか．